山西抗日根据地文化传播研究——综合卷

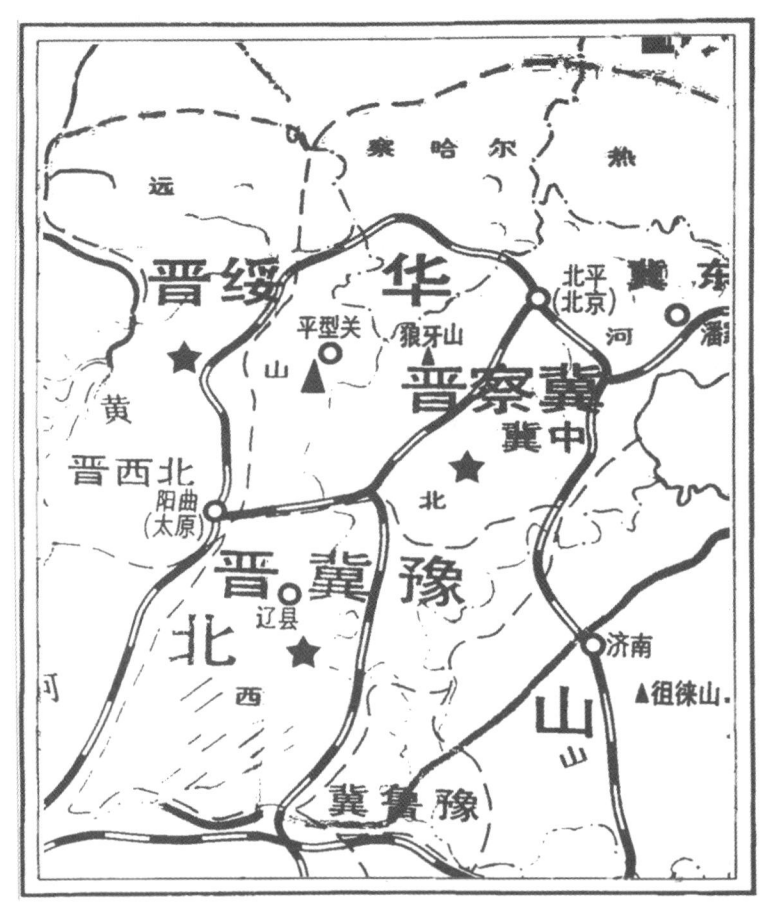

主编 张汉静

王鹏飞 张汉静 著

山西出版传媒集团　山西人民出版社

图书在版编目（CIP）数据

山西抗日根据地文化传播研究——综合卷 / 张汉静主编；王鹏飞，张汉静著. -- 太原：山西人民出版社，2023.8

ISBN 978-7-203-12648-5

Ⅰ.①山… Ⅱ.①张… ②王… Ⅲ.①农村革命根据地—文化史—研究—山西 Ⅳ.①K269.5

中国国家版本馆CIP数据核字（2023）第031198号

山西抗日根据地文化传播研究——综合卷

主　　编：	张汉静
著　　者：	王鹏飞　张汉静
责任编辑：	刘　远
复　　审：	傅晓红
终　　审：	梁晋华
装帧设计：	张慧兵
出　版　者：	山西出版传媒集团·山西人民出版社
地　　址：	太原市建设南路21号
邮　　编：	030012
发行营销：	0351-4922220　4955996　4956039　4922127（传真）
天猫官网：	http://sxrmcbs.tmall.com　电话：0351-4922159
E-mail：	sxskcb@163.com　　发行部
	sxskcb@126.com　　总编室
网　　址：	www.sxskcb.com
经　销　者：	山西出版传媒集团·山西人民出版社
承　印　厂：	山西基因包装印刷科技股份有限公司
开　　本：	787mm × 1092mm　1/16
印　　张：	19.75
字　　数：	300千字
版　　次：	2023年8月　第1版
印　　次：	2023年8月　第1次印刷
书　　号：	ISBN 978-7-203-12648-5
定　　价：	60.00元

如有印装质量问题请与本社联系调换

总序

山西地处黄土高原，有"表里山河"之称，具有俯瞰中华之形势的独特地理优势。东出太行可以直下黄淮海平原而经略中原，西向可凭借吕梁山脉和背后的黄河成为拱卫西北之屏障，由北向南排列的山川和盆地则是层层抗击北方军事力量南下的阻击阵地。因此，山西自先秦时代起就是兵家必争之地，有"得山西者易得华北，得华北者易得天下"之称。不可替代的战略地位使得山西每每在民族危亡而奋力抗争之际，总会担当起救亡图存的历史重任。

晚清以来，1840—1860年两次鸦片战争、1883—1885年中法战争、1894年中日甲午战争、1900年八国联军入侵、1929年中苏中东铁路冲突……无不以割地赔款、丧权辱国为结果。再加上政治上的腐朽、经济上的衰败、产业上的不济导致的社会无序、国力羸弱、人心涣散，不但为外敌的入侵大开方便之门，更使得部分国人在面对列强的侵略和压迫时，逐步丧失了坚决斗争的意志和敢于胜利的信心。而1931年面对日本军国主义的入侵，中华民族历时14年艰苦卓绝的斗争取得的抗日战争的完全胜利，则是对这种颓废局面的一次成功扭转。这其中，在1937年7月至1945年8月的8年全面抗战中，中国共产党及其领导的武装力量依托山西建立的抗日根据地，进行的军事、文化、社会等方面的斗争实践所取得的丰厚成果，再一次印证了山西这片热土对于中华民族生死存亡的独特价值。

一、山西抗日根据地的创建及其历史地位

自 1931 年"九一八事变"以来,日本军国主义蚕食鲸吞、步步紧逼,使得中日两国的民族矛盾迅速上升为当时中国社会的主要矛盾。在日本军国主义的强大压力下,中华民族的存亡面临空前严重的危机。面对侵华日军铁蹄的步步紧逼,全国各地不断掀起抗日救亡的高潮,在各阶层人民强烈要求停止内战、一致抗日的呼声中,中国共产党作为最具政治组织力的先进政党,坚持全面抗战路线,率先提出武装抗日和建立抗日民族统一战线的主张,积极促成了以第二次国共合作为基础的抗日民族统一战线的形成。1937 年 7 月"卢沟桥事变"爆发,在国民政府全面退却的形势下,中国共产党领导的八路军却以战略进攻的态势东渡黄河,进入山西,创建了中国第一个抗日根据地。在此后全面抗战的八年中,以山西抗日根据地为主体的山西战场,始终是中国共产党领导的敌后抗日斗争工作的重中之重,不但对稳定华北抗战形势起着决定性的作用,更使得山西战场成为"全国抗战桥头堡"、世界反法西斯战争的重要战场。

农村包围城市、武装夺取政权、创立革命根据地的道路是中国共产党人在长期的革命斗争中,历经血与火的洗礼及失败与成功的过程,所逐步形成的取得革命胜利的宝贵经验。1937 年 8 月 22 日,中国共产党在陕北洛川召开了中央政治局扩大会议,通过了《关于目前形势与党的任务的决定》和《抗日救国十大纲领》,确立了全民族全面抗战的路线,决定将今后党的工作重心转移到战区和敌后,军事工作的重点为开辟敌后战场、建立敌后抗日根据地、进行独立自主的游击战争。[1] 同时,中革军委决定将红军改编为国民革命军第八路军[2],以原红一、红二、红四方面军为基础,整编为八路军第 115 师、第 120 师、第 129 师三大主力。洛川会议后,八路军三大主力根据中革军委和八路军总部关于建立抗日根据地、独立坚

---

[1] 中国共产党简史 [M]. 北京:人民出版社,2021,第 75 页。
[2] 1937 年 9 月 11 日,国民政府军事委员会按全国陆海空军战斗序列将八路军改称为国民革命军第十八集团军。

持华北抗战的指示精神，奉命东渡黄河进入山西，开始了晋察冀、晋绥、晋冀鲁豫三大抗日革命根据地的创建和发展工作。

八路军115师在晋东北地区创建了晋察冀抗日根据地，包括晋北、冀西、冀中、察南的五十余县，是中国共产党创建的第一个敌后抗日根据地。该师当时下辖两个旅、一个独立团以及其他配属部队约1.55万人。1937年9月25日，115师设伏于山西省平型关地区，进行了全国抗战中第一次对敌歼灭战，歼灭日军第5师团（板垣师团）第21旅团一部千余人，击毁敌汽车百余辆，缴获大量装备物资，取得八路军出师以来第一个大胜仗，沉重打击了侵华日军的嚣张气焰，提高了八路军的声威，有力地粉碎了日军所谓三个月灭亡中国的妄想，极大地鼓舞了全国人民的抗战胜利的信心。平型关战役后，115师分散转入日军翼侧及其后方开展游击战争，其中一部南下于阳泉、寿阳地区作战；另一部于五台山地区开展游击战争，创建晋察冀抗日根据地，并成立边区政府。1937年11月7日，晋察冀军区成立。1938年春，115师一部进入北平西山一带，开辟平西根据地；4月建立冀中根据地；6月115师一部建立冀东根据地。这些根据地的开辟，大大拓展了晋察冀根据地的范围，成了华北敌后抗战的坚强堡垒。

八路军120师在晋西北地区创建了晋绥抗日根据地。该师当时下辖两个旅、一个教导团以及其他配属部队约1.4万人。1937年9月下旬，120师一部随师部进入宁武、岢岚、五寨等县交界的管涔山创建抗日根据地；另一部进入五台、平山地区开展敌后游击战，创建抗日根据地。到1938年12月，120师一部进入内蒙古阴山山脉中段的大青山地区，依托大青山相继开辟了绥中、绥南、绥西抗日根据地。这些抗日根据地逐步连成一片，构成了晋绥抗日根据地。晋绥抗日根据地屹立于黄河晋陕峡谷以东地区，由北向南贯穿山西全境，成了一道"7"字形的拱卫陕甘宁边区和党中央的屏障，有效地完成了党中央赋予的防止日军西渡黄河侵扰陕甘宁边区的战略任务，不但确保了中共中央的安全，以及与各敌后根据地的交通与联系，同时在必要时还给予了陕甘宁边区以物质供应和经济支撑。

八路军129师在太岳和太行山区创建了晋冀豫抗日根据地。1937年

129师下辖两个旅以及其他配属部队约1.3万人。1937年10月，八路军129师主力开赴晋东南的太行和太岳山区，依托太行山创立晋冀豫抗日根据地。晋冀豫抗日根据地是中共中央北方局和八路军总部机关所在地。以平汉铁路、同蒲铁路、正太铁路以及黄河为根据地边界，包括太行、太岳、冀鲁豫、冀南四个区，横跨山西、河南、河北三省。抗战期间，晋冀豫抗日根据地共歼灭日伪军42万余人，为夺取整个抗日战争的最终胜利起了重大作用。

由于地理上的封闭性，山西在三大抗日根据地相继创立后形成了东北、西北、西南、东南四个方向均为根据地的抗战局面，使得侵入山西的日军实际上陷入了被四面包围的战略不利态势，形成了全国抗战总体不利条件下的局部有利。这样，日军以占领的中心城市和交通要道为重点向外扩张，中国共产党领导的抗日武装以根据地为出发点，用独立自主的山地游击战争的方式，向日军控制的中心城市和交通要道进行挤压，构成了山西抗战的基本格局。纵观整个抗日战争，中国共产党领导的山西抗日根据地的地位极其重要。它的创立是在全面抗战战略防御阶段中战略退却中的战略进攻；它的巩固成为抗日战争战略相持阶段坚实的战略支撑；它的壮大更使其成为抗日战争战略反攻阶段的战略出发点。总之，从战争的全局来看，中国共产党领导的山西抗日根据地对抗日战争的完全胜利做出了不可替代的重要贡献。

在山西的抗战历程中，山西抗日根据地始终是中国共产党领导的敌后抗日斗争的重要组成部分。山西抗日根据地不仅是中国共产党领导下的军事、政治、经济组织，它还形成了完整而又有相对独立性的地方政权，为中国共产党领导的军事建设、政治建设、经济建设和文化建设提供了丰富的实践场所和内容，成为中国共产党领导的新民主主义革命斗争的试验田和战略支撑点。山西抗日根据地的建设不仅使中国共产党领导的军事力量、政治力量和新型的文化力量不断输入山西抗日根据地，同时也使山西抗日根据地丰富的历史文化传统和斗争经验不断丰富中国共产党的革命理论。中国共产党在山西抗日根据地形成的社会工作经验，不仅是中国共产党领导的抗日战争取得胜利的根本保障，而且为解放战争最终取得全国胜利打下基础，并为新中国在干部队伍、社会治理、文化建设等方面的建设提供了坚实、可靠的社会经验和人才保障。在这些意义下，中国共产党山西抗日根据地建设的工作方式、方法以及所取得成效尤其值得重视。

二、山西抗日根据地的文化传播及重要影响

面对侵华日军疯狂的入侵，军事斗争无疑是山西抗日根据地赖以存在的根本。但是，单纯的军事斗争的观点历来都是毛泽东同志批判的对象。在中国共产党人的世界中，军事、政治、文化从来就是一个辩证的统一体，文化建设作为宣传、动员人民群众的重要手段，与军事斗争具有同样的重要性。

（一）文化建设是山西抗日根据地的灵魂

早在 1929 年毛泽东同志就认为"中国的红军是一个执行革命的政治任务的武装集团"，即负责"打仗消灭敌人军事力量之外，还要负担宣传群众、组织群众、武装群众、帮助群众建立革命政权以至于建立共产党的组织……"[1]，而"扩大政治影响争取广大群众……是红军第一个重大工作"[2]。1938 年毛泽东在中共六届六中全会上的政治报告《论新阶段》中指出："在一切为着战争的原则下，一切文化教育事业均应使之适合战争的需要。"[3]1940 年 1 月，毛泽东在《新民主主义论》中指出："革命文化，在革命前，是革命的思想准备；在革命中，是革命总路线中的一条必要和重要的战线。"[4]1942 年 5 月，毛泽东同志在《在延安文艺座谈会上的讲话》一文中进一步指出："在我们为中国人民解放的斗争中，有各种的战线，也可以说有文武两个战线，这就是文化战线和军事战线。我们要战胜敌人，

---

[1] 毛泽东选集（第一卷）[M]. 北京：人民出版社，1991，第 86 页。
[2] 毛泽东文集（第一卷）[M]. 北京：人民出版社，1993，第 96 页。
[3] 毛泽东同志论教育工作[M]. 北京：人民教育出版社，1958，第 33 页。
[4] 毛泽东著作选读（上册）[M]. 北京：人民出版社，1986，第 349 页。

首先要依靠手里拿枪的军队。但是仅仅有这种军队是不够的，我们还要有文化的军队，这是团结自己、战胜敌人必不可少的一支军队。'五四'以来，这支文化军队就在中国形成，帮助了中国革命………"[1]因此，中国共产党山西抗日根据地的建设与发展也绝不仅仅是单纯的军事斗争问题，宣传教育群众、组织动员群众等文化建设方面的工作与军事斗争工作具有同样重要的意义。文化建设为山西抗日根据地的存在和发展提供了更深层次的社会支撑，在某种程度上，文化建设是中国共产党山西抗日根据地的灵魂。

没有文化上的根本转变，就不会有真正意义上的社会形态的转变。在中国共产党的军事斗争和文化建设并重的指导原则下，山西抗日根据地的社会文化形态和政治形态在抗战中出现了重大转向，社会文化形态方面由一个封建军阀、地主阶级为主体的文化，转向了一种以无产阶级为主体的新兴的新民主主义的思想文化；社会政治形态由封建军事割据与专制，转向了人民民主专政下人民当家作主的民主自由的形态。可以说，中国共产党八年的文化建设使得山西抗日根据地的社会风貌和人文气息出现了脱胎换骨的变化，进而使得山西抗日根据地以一种全新的姿态昂首伫立在中华民族命运转变的历史潮头。从抗战中山西抗日根据地社会形态方面出现的重大转向来看，中国共产党的文化建设工作居功至伟，它将一个"白色的山西"转变成了一个"红色的山西"，切实发扬了抗战精神，有效地把各地民众发动起来。中国共产党在山西抗日根据地形成的工作内容、工作方法和培养的干部队伍，不仅使山西抗日根据地的发展得以巩固，而且对周边其他省份起到了辐射带动作用，为抗日战争的最后胜利，以及解放战争和新中国的建设积累了丰富的社会实践经验。

（二）文化建设的必要路径是文化传播

中国共产党山西抗日根据地文化建设的目的是服务于中国共产党的政治主张和军事目的。相较于之前的中央苏区，在红军北上抗日之前，山

---

[1] 毛泽东选集（第二卷）[M]. 北京：人民出版社，1991，第847页。

西革命根据地的建设工作并没有有效地开展起来,加之军阀阎锡山的长期统治,山西广大人民群众对中国共产党及其主张普遍缺乏正确的认识。毛泽东同志认为"战争的伟力之最深厚的根源存在于民众之中"[1],抗日根据地得以存在和发展必须要有广泛和坚实的群众基础。对此,1937年八路军三大主力进入山西开辟敌后战场建立抗日根据地的同时,必须要面对如何开展群众工作的问题,即要面对如何融入人民群众之中获得理解和支持,如何使中国共产党的抗日主张有效地获得抗日根据地人民群众的认可,如何进一步地动员人民群众支持中国共产党的主张并积极投身抗战及根据地社会建设等方面的问题。

文化传播是由一个社会或者群体的文化向其他社会或者群体辐射传播的过程,通常是从文化高地流向文化低地。山西自古就是个文化大省,具有悠久的历史文化传统,文化上的封闭性和保守性也尤为显著。这就是使得其在面对外来异质文化的注入时,有着很强的"免疫"能力。这种特点同样体现在作为山西传统文化基因承载者的山西广大人民群众的思想上。从这个意义上讲,群众工作就是新的文化如何同旧的文化衔接的工作;山西抗日根据地的文化建设问题,就是广大人民群众思想的建设问题,同样也是中国共产党的文化思想对山西广大人民群众有效传播的问题。

中国共产党领导的文化工作者早在南方中央苏区的时候,就结合当地的文化形成了具有自身特点的文化传播内容和方式、方法。他们的思维方式、语言语调、穿着服饰、行为做派等方面,对于相对封闭的山西抗日根据地的广大人民群众而言具有很强的异质性,既有陌生性,又具新鲜感。抗战爆发后,随着各地爱国文化人士的加入,中国共产党领导下的文化传播工作的异质性对于山西抗日根据地的广大人民群众而言尤其明显。山西抗日根据地的民众作为传播的对象,在长期面对中国共产党的文化传播时必然会有深层次的交流和互动,会存在排斥、包容、吸收、改造等各个方面的问题。这些问题的出现起始于异质文化对山西传播,解决

---

[1] 毛泽东选集(第二卷)[M]. 北京:人民出版社,1991,第511页。

于文化传播的整个过程。这个过程不但充分考验着中国共产党人的理想、信念和智慧，而且为古老的山西大地注入了全新的文化基因。在这个文化的传播过程中，我们还会发现，山西自身的文化不但没消亡，反而借助中国共产党的文化平台走向了全国、走向了世界，进行了更为广泛的传播。

（三）文化传播服务于文化软实力和文化主导权的构建

文化软实力的概念是由美国人约瑟夫·奈提出的。文化软实力不是以有形的力量去压迫对方，它是从包括意识形态、道德准则、社会制度、生活方式、文化吸引力、政治价值观吸引力及塑造规则和决定议题的能力等方面，以无形的力量入手，依靠自身的"吸引力"来诱导对方妥协和跟随。文化主导权的提出者是西方马克思主义的著名理论家、意大利共产党的早期建设者和领导人之一安东尼奥·葛兰西。文化主导权指的是统治者从意识形态及文化领域入手，使被统治者心甘情愿而非强迫性地认可和接受统治阶级的意识形态和世界观、价值观以及文化、道德、习俗等，并被支配和同化。

文化传播、文化软实力和文化主导权三个概念是相互贯通、互为依托的。文化软实力并不是一个孤立的概念，它是建立在文化比较的基础之上的。在没有不同国家、地区以及社会群体之间文化的交流、对比或者碰撞的情况下，单独谈软实力是没有意义的。同时，软实力不是一个静止的，而是一个动态的概念。软实力的实现必须通过社会文化的流动和接触，也就是文化传播来实现。这其中文化传播是基础和手段，是软实力得以实现的工具和现实途径。同时，文化软实力给予了文化传播内生动力和必要支持。文化主导权是社会文化主流意识形态的争夺问题。因此，它对其他意识形态具有天然的排斥性。文化主导权的外在表现就是主流意识形态在面对其他意识形态的文化传播时，能够以自身的文化软实力来有效地维护和掌控社会文化的根基。这样看来，文化主导权不但根植于文化软实力，而且是文化软实力的终极体现，是文化软实力和文化传播的服务对象。文化传播和文化软实力构建的最终目的就是对于文化主导权的掌控。

对于山西抗日根据地的共产党人来说，如何使广大人民群众自觉地在思想意识、道德规范、社会制度、生活习惯、精神文化、行为方式等方面同封建、保守的社会文化相脱离，接受中国共产党的主张，并积极投身反抗侵略和封建压迫的斗争中去，就是中国共产党人在山西抗日根据地一切文化建设工作所要达到的目的。在这个转变过程中，中国共产党人并没有以暴力和强迫的手段来裹挟山西抗日根据地的广大人民群众，而是以自身的文化软实力，通过文化传播的方式，逐步构建起了全新的社会文化形态，比较全面地达成了中国共产党人的军事和政治工作目标，并牢牢地掌握住了社会文化的主导权。正如当时的文艺工作者所说，当时的文艺反映抗战中民众的英勇光辉的斗争，以鼓舞民族战斗热情，来争取胜利；文艺要建设新民主主义社会，通过所刻画的各阶级人物的典型和他们的相互联系，来指示新民主主义的具体道路。所以，当我们回望山西抗日根据地的文化建设时，会发现中国共产党的文化传播的过程同时也是中国共产党文化软实力和文化主导权的构建过程。

通过对中国共产党建党以来的革命历程和建设经验的总结，可以发现中国共产党人在文化建设方面的三个特点：首先，文化软实力的建设始终是中国共产党克敌制胜的优良传统。文化软实力的建设与斗争方面的工作始终是中国共产党人工作的重点。在中国共产党革命斗争的历史进程中"敌强我弱"从来都是硬实力方面的比较，在文化软实力和社会文化的主导权方面来说，中国共产党从来都是占据优势地位的。其次，中国共产党人文化软实力建设是通过文化传播的途径来实现的，其最终的社会效果就是在社会文化软实力方面占据强势地位，并牢牢地掌握着社会文化的主导权。第三，社会文化主导权的获得是中国共产党取得全面胜利的重要保障，也是中国共产党人的革命斗争区别于其他武装力量的根本点。

三、山西抗日根据地文化传播史研究的理念及基本遵循

中国共产党山西抗日根据地文化建设工作取得的丰厚成果，使得整个抗战期间中国共产党在同山西地区的国民党势力和日伪势力对抗时，能

够在文化软实力的较量中始终占据优势地位，进而牢牢地掌握着社会文化的主导权。这种局面主要是通过中国共产党的文艺队伍在文化理论、新闻、文学、教育、音乐、戏剧、美术、影像等社会文化生活的若干方面，将中国共产党人的军事和政治方针、政策以及文化思想等方面主张，结合山西抗日根据地自身的特点，以新文化、新气象的面貌，广泛地向山西抗日根据地的社会大众进行传播而取得的。这些方面的文化传播工作，是中国共产党在抗战时期软实力建设工作的具体呈现，是中国共产党在军队发展和政权建设方面争取民众、进而夺取社会和文化主导权的成功典范，毕竟，在抗日战争之前，山西的广大根据地还是一片"新文化的沙漠"，大众传播和文化建设甚少或者没有，周而复在《晋察冀行》中有过这样描述："虽然过去报纸和农民不相干，但现在……读报正成为他们生活的一部分。"[1] 中国共产党在山西抗日根据地的文化传播活动造就了近代山西黄土高原的第一个"新文化的高峰"。《山西抗日根据地文化传播史研究》的理念，就是要运用历史唯物主义的分析方法，真实地反映历史，深入探讨中国共产党人在文化传播、文化软实力建设和文化主导权的构建等方面的经验和教训。对此，我们在研究和撰写的过程中要基本遵循以下五个突出。

第一，突出党性。在《山西抗日根据地文化传播史研究》的整个写作过程中，我们时时刻刻都能感受到中国共产党领导下的山西抗日根据地在创立、建设和发展的各个阶段中，中国共产党人在坚定的信念下所表现出来的不可动摇的党性光芒。这种光芒不但体现在山西抗日根据地军事斗争方面，更是在中国共产党的文艺队伍在文化理论、新闻、文学、教育、音乐、戏剧、美术、影像等若干方面广泛地向社会大众进行生动的传播的过程中。我们在丛书的写作中，就是要以鲜活的历史史实来展现中国共产党人在决定中华民族命运的关键时刻的历史担当，并把这种坚定的党性贯彻于写作的始终。

第二，突出人民性。中国共产党的党性和人民性是一个辩证的统一体。

---

[1] 达格芬·嘉图. 走向革命[M]. 北京：中共党史资料出版社，1987，第276页。

"人民，只有人民，才是创造世界历史的动力"[1]。这是中国共产党人唯物史观的基本原则。自建党始，中国共产党人的初心和使命，就是为中国人民谋幸福、为中华民族谋复兴。中国共产党的文化建设归根结底是来自于人民，服务于人民的。同时，人民性也正是中国共产党文化软实力建设和文化主导权构建的核心。对于中国共产党而言，脱离开人民性的文化传播是无本之木，只有以人民群众的根本利益作为中国共产党所有工作的出发点和落脚点，充分调动人民的积极性和主动性，这样的文化软实力和文化主导权的建设，才是真正建立在全体人民的立场上的，才真正具有牢不可破的坚实性。山西抗日根据地的文化传播无论是传播的内容、对象、渠道，还是方式和方法都是围绕山西抗日根据地的人民为中心展开的，反映着根据地人民群众的文化、思想和情感，代表着人民群众的利益、诉求和愿望。将这种内在的人民性在山西抗日根据地文化生活的若干主要方面进行展现，也是本丛书的重要目的。

第三，突出逻辑性。在《山西抗日根据地文化传播史研究》的写作中，我们发现单纯的历史史实的堆砌并不能有效地突出"文化传播的历史"这个主旨及内涵。对此，我们需要从文化的基本概念入手来了解文化的特点和属性问题，从文化的流动性来理解文化传播的内生性，从文化的接触、交流和碰撞中来观察文化传播过程中产生的文化话语权或者主导权的问题，进而发现这其中各方文化软实力的建设与博弈。在这样的逻辑线索下，充分理解山西抗日根据地的文化传播，认识到在文化理论、新闻、文学、教育、音乐、戏剧、美术、影像等各个部分所涉及的内容对中国共产党革命文化传播的重要性。因此，本丛书的卷与卷之间、卷与整体之间都有着相同的主线和内在的逻辑关系，其宗旨都是在全面地反映中国共产党领导的山西抗日根据地在文化领域中，开展的革命斗争的巨大作用和重要意义。

第四，突出当代性。山西抗日根据地是中国共产党领导下完整的而

---

[1] 毛泽东选集（第三卷）[M]. 北京：人民出版社，1991，第1031页。

又有相对独立性的地方政权。中国共产党在山西抗日根据地的工作，为新中国建立后的全面执政提供了丰富而鲜活的社会经验及人才队伍，进而使这两个历史时期文化传播事业的许多方面都表现出很强的一致性。历史的经验证明，中国共产党人在山西抗日根据地所体现出的思想、方法和经验，已经成为中国特色社会主义思想理论体系、工作方法和经验的历史源泉之一。

山西抗日根据地时期文化传播事业的成功经验及其中所包含的政治智慧，今天依然不乏启示意义和借鉴作用。鉴往知来，历史研究总是系于当下的需求，从这个意义上讲，一切历史都是当代史，即使在文化传播事业飞速发展、习近平新时代中国特色社会主义的宏伟蓝图徐徐展开、中华民族伟大复兴胜利在望的今天，回顾数十年前的这段历史依然不乏当下意义。

第五，突出融合性。"山西抗日根据地文化传播史"研究团队集多学科专家学者于一体，构建了一个多学科交流融合的学术平台。多个平行的学科各自都有着自己的学科框架和研究重点。山西抗日根据地文化传播史研究要求学者将历史、传播和各自的专业学科相融合，以历史为线索从传播学角度去检视山西抗日根据地中国共产党文化事业的传播主体、传播方式、传播途径、传播效果等问题，这项研究是具有开创性的，也是有意义的。为了在写作中突破学科壁垒，使学科有机融合，我们多次反复和历史学、传播学的专家学者研讨，破解难题，形成共识，迎难而上，填补学术空白，为文化传播史的学术前沿开拓出一片新的天地。

四、山西抗日根据地文化传播史研究的主要内容

中国共产党人在山西抗日根据地进行的文化传播并不是仅仅局限于某些单独和孤立的方面，而是在全社会的层面，分层次、成系统、全方位展开的，是一套完整的社会体系的构建，具体体现在文化理论、新闻、文学、教育、音乐、戏剧、美术、影像等社会文化生活的若干主要方面。这些方面的工作既相互联系，又相互区别，在共同完成中国共产党赋予的

社会和政治任务的同时，牢牢地掌握住了社会文化的主导权。《山西抗日根据地文化传播史研究》丛书的编写也正是沿着如下的路径而展开的。

抗战文化理论既是早期马克思主义中国化理论的重要组成部分，又是山西抗日根据地文化宣传工作的理论基础和方法论指导。抗战文化理论来自山西抗日根据地文化宣传实践对理论指导的需求，是对中国共产党人苏区"理论武装群众"工作传统的继承、创新和发展。深入研究抗战文化理论的形成、实践和发展，揭示其所蕴涵的精神价值、理论价值、实践价值，不仅有利于对山西抗日根据地文化传播理解的深化，更有利于理解中国共产党对民族精神和时代精神的塑造和对实践的指导。

新闻传播是中国共产党人在山西抗日根据地最重要的文化传播手段之一。在中国共产党领导下，山西抗日根据地新闻传播事业从无到有，由小及大，克服重重困难，编辑创办了大量的报纸、杂志，宣传党的方针政策，指导根据地建设，更新了旧的思想文化。报纸、杂志在舆论阵地里同日军和国民党顽固派展开斗争，创造了很多报刊史上的传奇，并在中国共产党的新闻传播史上留下了光辉的印记。

抗战中的中国文学肩负着唤醒国民、呼吁抗争的历史重担。山西抗日根据地的文学工作者是中国共产党文化软实力的重要建设者。他们走出了象牙塔、离开了书斋，进入了山西抗日根据地军民的具体社会实践与抗敌斗争之中，使得抗战文学获得了全新的、取之不尽的源泉，构建出了的抗战文学传播的方向，为根据地政权的巩固和等方面发挥了重要的作用。山西抗日根据地的文学创作与传播有效地完成了中国共产党赋予的夺取文化主导权的历史任务。

抗战时期，山西抗日根据地民众的文化水平普遍很低。根据地人民在中国共产党的领导下，因时因地制宜，利用各种人力和资源，克服恶劣条件下的重重困难，基本建立了以革命干部的教育为重心、青少年儿童的学校教育为主体、人民群众的社会教育为基础的特殊教育体系，运用各种灵活的教育方法，开展冬学运动、民众学校、大众补习学校、农民夜校、识字班、读报组等各种民众教育活动，在扫盲和提高文化水平的同时，唤醒了民众的民族与革命的意识。

音乐最适合用来唤醒人们的灵魂。山西抗日根据地涌现了大量的抗战音乐工作者和歌咏团体。他们在歌咏运动中通过团体演出、口头教唱、民歌改编等各类文艺宣传活动，在山西抗日根据地形成了军民团结起来共同奏响抗日救国主旋律的生动社会文化景观，创造并构筑了山西抗日根据地音乐传播的时代记忆和民族精神史诗，更为新中国的音乐创作和传播提供了丰富的社会实践经验。

从舞台走向田野的革命戏剧活动，在中国共产党政治思想传播中占有重要地位。山西抗日根据地的革命戏剧工作者先后组织了上千个各类剧团（社），创作出了大量贴近民众、贴近战斗和生活的戏剧作品。中国共产党人在戏剧的指导思想、剧本创作、剧团管理、人员培训、组织宣传等方面积累了全新经验，完成了自我提升，在政策宣传、思想统一、团结群众等方面做出了不可估量的贡献，也为新中国戏剧事业的发展提供了丰厚的社会历史经验。

美术图像是视觉传播的载体，同样也是中国共产党人领导山西抗日根据地对敌斗争的有效武器。在山西抗日根据地，党的美术工作者以游击战争的需要为出发点，以现实性和革命性为抓手，用能让民众读懂、看懂的传统民间美术语言形式，创造出新的根据地美术范式和美术图像传播方式，有效地鼓舞了民众斗志、揭露了日本侵略者的恶行、坚定了根据地军民的必胜信心。山西抗日根据地的美术活动所孕育出的根据地美术范式和传播形式，时至今日仍然具有重要影响和价值。

影像是艺术表达和日常生活中应用最广泛的传播符号。在大众传播中，它特殊的符号性和其自身所传达意义的无限可能性，创造出了一个又一个视觉享受。山西抗日根据地的影像真实而形象地宣传了中国共产党的方针政策，揭露了日本侵略者在山西犯下的种种罪行，记录了中国共产党领导下的八路军在山西抗日前线浴血奋战的英雄事迹，反映了山西抗日根据地军民团结、支援前线的艰苦岁月。

总之，每一卷都是《山西抗日根据地文化传播史研究》丛书的一个重要组成部分，但各卷又自成体系，独立成篇。

五、研究山西抗日根据地文化传播史的作用及现实意义

2014年10月15日，中共中央总书记、国家主席、中央军委主席习近平同志在北京主持召开文艺工作座谈会并发表重要讲话。习近平总书记指出，文艺事业是党和人民的重要事业，文艺战线是党和人民的重要战线，他还指出，每到重大历史关头，文化都能感国运之变化、立时代之潮头、发时代之先声。2015年9月3日，在庆祝伟大的抗日战争胜利70周年的庆典中，习近平总书记进一步指出：中国人民抗日战争和世界反法西斯战争，是正义和邪恶、光明和黑暗、进步和反动的大决战。这场战争彻底打败了日本军国主义侵略者，捍卫了中华民族五千多年历史的文明成果，开辟了中华民族伟大复兴的光明前景，开启了古老中国凤凰涅槃、浴火重生的新征程。中国共产党在山西抗日根据地的文化传播工作正是在重大历史关头担当起了立时代潮头、发时代先声、捍卫中华民族五千多年文明成果的历史重任。文化是民族生存和发展的重要力量，中国共产党山西抗日根据地的文化传播、文化软实力和文化主导权的构建历程，赋予了中华民族强大的精神文化力量，为中华民族的发展注入了全新的文化基因，同时也为新时代的文化传播、文化软实力和文化主导权的构建提供了丰富、可靠的历史参照。

当今世界正经历百年未有之大变局，中华民族正处于实现伟大复兴的关键时期，国际地位空前提高。1840年以来，中华民族从来没有像今天这样靠近世界舞台的中央，从来没有像今天这样接近实现民族复兴的伟大目标。面对外部挑战与机遇共存的纷繁局势，习近平总书记指出："古往今来，中华民族之所以在世界有地位、有影响，不是靠穷兵黩武，不是靠对外扩张，而是靠中华文化的强大感召力和吸引力。我们的先人早就认识到'远人不服，则修文德以来之'的道理。"为此，我们必须继续推动社会主义文化的繁荣兴盛，继续牢牢地掌握意识形态的工作领导权，培育和践行社会主义核心价值观，坚定文化自信，建设社会主义文化强国。习近平总书记认为对传统文艺创作生产和传播，我们有一套相对成熟的

体制机制和管理措施，而对新的文艺形态，我们还缺乏有效的管理方式方法。这就要我们从建设社会主义文化强国的高度，继续做好新时代的文化传播工作，为国家文化软实力的"形于中"而"发于外"提供助力，将文化主导权牢牢地掌握在中华民族自己的手中。

  学术研究无止境，山西抗日根据地文化传播史研究是一次全新的学术探索。虽然有关抗日战争和山西抗日根据地的研究成果颇多，包括政治、经济、军事、社会、教育、文艺等方面。但从传播学的角度，以文化传播的概念和范畴为主线来对山西抗日根据地进行研究的成果非常有限。而《山西抗日根据地文化传播史研究》所要呈现的山西抗日根据地的中国共产党革命文化传播的历史，就是在传播学的概念和范畴下去探讨作为新兴文化源头的中国共产党，如何通过文化的辐射和传播，对山西抗日根据地的创立、建设、发展的过程、社会影响以及对全民抗战产生积极的作用。而这就使得本书具有了不同于传统视角的重要学术价值。当然，对于这样一个具有挑战性、前沿性的学术创新研究，一是需要作者具有多学科的知识背景和较高的理论素养，二是需要大量翔实的历史资料和相应扎实的跟踪实地考察。对此，我们在写作中最大限度、尽可能全面地去搜集了历史材料，力图用更高、更新的视角去回望历史，尽可能客观地再现这段辉煌的传播历程，完成我们这代人对那段难忘的岁月应有的历史使命。希望我们的努力能对中国抗战史的研究起到补充和深化，对山西抗日根据地的研究起到推动和完善的作用。我们这个团队以年轻教授和博士为主体，大都是初次接触这样的重大学术创新课题，再加上历史功底和文字表述都很有限，在历史材料搜集和挖掘上还存在提升的空间，在历史材料整体性的把握上还显得稚嫩和不足，故疏漏与谬误在所难免，我们真诚地欢迎专家和学者的批评指正。

山西传媒学院文创中心
张汉静
二〇二〇年六月

目录 / CONTENT

绪　论	向上向善，山西抗日根据地红色文化的新探索…………01
第一章	新闻传播：救亡图存，开辟舆论新战场……………………01
	一、"借口说话"——抗战初期的传播智慧……………… 01
	二、公开发声——敌后传播集群及其组织形态………… 11
	三、"太行山经验"与中共第一次新闻改革……………… 19
	四、通讯事业的发展与根据地的对外传播……………… 27
	五、抗战后期的群众传播实践…………………………… 37
第二章	文学传播：以文化人，建构文化新秩序……………………43
	一、介于通俗与高雅间的艺术形式——根据地文学发展概述… 43
	二、山西抗日根据地文学的社会考察…………………… 48
	三、山西抗日根据地文学的媒介传播形式……………… 65
	四、山西抗日根据地文学的受众拓展方式……………… 73
第三章	教育传播：启迪民智，培育革命新力量……………………80
	一、山西抗日根据地教育发展脉络探析………………… 81
	二、山西抗日根据地教育传播的路径与内容…………… 88
	三、山西抗日根据地教育传播的模式…………………… 109
	四、山西抗日根据地教育传播的效应与意义…………… 115
第四章	音乐传播：以音共鸣，激荡民族新旋律………………… 121
	一、山西抗日根据地音乐发展的历史溯源……………… 122

二、山西抗日根据地音乐的传播内容……127

三、山西抗日根据地音乐的传播路径……139

四、山西抗日根据地音乐的传播效用与历史思考……156

第五章 戏剧传播：走进大众，开辟斗争新阵地……162

一、山西近代戏剧活动的社会传播转向……163

二、山西抗日根据地的建立与革命戏剧传播……167

三、山西抗日根据地戏剧传播的主体……174

四、山西抗日根据地戏剧传播形式与内容的变化……181

五、山西抗日根据地戏剧传播的社会及现实意义……194

第六章 美术传播：范式嬗变，宣传革命新武器……197

一、山西抗日根据地美术传播的历史语境……198

二、山西抗日根据地美术传播组织的构建……201

三、山西抗日根据地美术的传播方式及内容
——以新兴木刻为中心……208

四、山西抗日根据地美术传播的特点及作用……227

第七章 影像传播：真实再现，承载抗战新风貌……235

一、山西抗日根据地影像传播前史……236

二、山西抗日根据地影像传播的摇篮——《晋察冀画报》……243

三、"延安电影团"在山西抗日根据地的拍摄活动……256

四、山西抗日根据地影像传播的历史思考……262

结语 赓续百年：山西抗日根据地红色文化的新答卷……265

参考文献……272

致谢……284

绪论
向上向善，山西抗日根据地红色文化的新探索

2016年7月1日，在庆祝中国共产党成立95周年大会上，习近平总书记谈道："文化自信，是更基础、更广泛、更深厚的自信。在5000多年文明发展中孕育的中华优秀传统文化，在党和人民伟大斗争中孕育的革命文化和社会主义先进文化，积淀着中华民族最深层的精神追求，代表着中华民族独特的精神标识。"[1]

2020年9月8日，习近平在全国抗击新冠肺炎疫情表彰大会上的讲话指出："文化自信是一个国家、一个民族发展中最基本、最深沉、最持久的力量。向上向善的文化是一个国家、一个民族休戚与共、血脉相连的重要纽带。"[2]

山西抗日根据地文化传播研究是对于革命文化的一种深入研究。通过这种研究的深化，本书试图更深入地挖掘和展现这种革命文化自有的内在特征和内在规律，以及其与中华优秀传统文化和社会主义先进文化之间的脉络、承传。更深一层次地讲，就是希望获得对于中华民族的精神追求和精神标识的进一步的认知，以更好地理解和践行文化自信。

---

[1] 习近平谈文化自信[EB/OL]. 人民网－人民日报海外版. http://cpc.people.com.cn/n1/2016/0713/c64094-28548844.html.
[2] 一切为了人民 一切依靠人民——习近平总书记在全国抗击新冠肺炎疫情表彰大会上的重要讲话引发热烈反响[EB/OL]. 人民网－人民日报. http://cpc.people.com.cn/n1/2020/0910/c64387-31855810.html.

纵观人类文化的形成与发展，文化是一种积累与沉淀，它经由社会、时代和居于其中的大众生发而成。随着社会的变化，时代的变迁以及大众新的实践转向，产生新的发展。这些变化同时也会对元文化、社会、时代以及大众文化会产生诸多的影响。

确切地说，文化的发展实际上是一个传播的过程。一部人类文化的发展史就是一部人类文化的传播史！在波澜壮阔的历史大潮中，文化的发展和传播持续影响着社会、时代及其大众。当然，需要注意的是，优质的传播有一个重要的前提，即传播的主体自身具有正确的指向和不竭的精神动力。它特质鲜明，不拘于时空，能直抵人心。

山西抗日根据地文化就符合优质传播主体的要求。作为一种重要的革命文化，其内含了一种向上向善的文化特质，展现了一种正义力量，一种与人类、民族、国家和群体之间同呼吸、共命运的共同体信念，彰显了中华民族最深层的精神追求和中华民族独特的精神标识，凝结了一种文化自信。李培林指出："中国人民反抗日本侵略的战争具有无可置疑的正义性，是捍卫中国的独立自由、进步发展、民族解放的战争……中国人民抗日战争，铸就了中华民族的共同体意识，推动了整个中华民族的觉醒，形成了伟大的爱国主义民族精神。"[1]

究其发展，这种文化的形成是抗日战争革命期间，奋战在山西抗日根据地的中国共产党人与当地群众齐心协力、共克时艰、使命必达、追求幸福的实践凝练，是军民鱼水一家亲的真实写照。这种铭记百姓疾苦，为人民谋幸福的使命感引领和内化了这种向上向善的文化特质：不畏艰难，一往无前，自强向上，追求百姓的幸福生活，为民族正名，崇善向善。这种中国共产党人与人民群众水乳交融、同心共向，形成了一种天然的内在关系：自然而然，不拘于时空，能直抵彼此的内心。中国共产党以服务人民群众为己任，人民群众把中国共产党视为体己人。这种内在关联表现为一种互信互爱，凝结成一种向上向善的精神品格，绵延赓续。

---

[1] 李培林. 中国反抗日本侵略具有无可置疑的正义性[EB/OL]. 人民网. http://cass.cssn.cn/yuanlingdao/lingdaoyanlun/201508/t20150828_2140082.html.

一、定位与性质：山西抗日根据地文化是一种向上向善的红色文化

如前备述，文化是一种积累与沉淀，它经由社会、时代和居于其中的大众生发而成。作为一种特质鲜明，不拘于时空，能直达人心底的优质文化，山西抗日根据地文化也经历了同样的过程，是一种长期的积累与沉淀。如果要客观、理性地透视这种文化的本质，那就需要对这种文化的成因及其核心要素展开深入探求。

山西作为华北抗日的战略支点和巩固的根据地始于瓦窑堡会议之后中共中央的决议：将山西和绥远定为北上抗日的主要阵地。中共中央希望在山西建立广泛的抗日民族统一战线。难能可贵的是，在如此艰难的境况之下，中共中央的这一谋划经过党组织的领导、先进分子和人民群众的积极参与最终取得了巨大的成就。山西抗日民族统一战线为此后的敌后抗日根据地的建立奠定了良好的基础。也可以说，山西敌后抗日根据地的建立是以山西抗日民族统一战线建立过程中所培养的人才、领导的地方工作以及积累的重要经验作为前提条件的。

卢沟桥事变后，中共中央号召结成民族统一战线，抵抗外来侵略者。八路军总部设于山西，基于山西抗日民族统一战线迅速壮大，不到一年时间主力军人数达到以前的三倍之多，从入晋时的 3 万扩至 10 万之多。自 1938 年底开始，按照中共中央指示精神，八路军主力开始以晋东北、晋西北、晋西南和晋东南等各根据地为基点，向外扩展，开辟了冀中、山东湖西、鲁西、冀鲁边和鲁南等根据地，实现了中央巩固华北、发展华中的方针，最终形成了晋察冀边区、晋绥边区、晋冀鲁豫边区和山东抗日根据地，为抗日战争作出了巨大的贡献。

这种艰苦卓绝的革命斗争性质决定了山西抗日根据地的文化本质。山西抗日根据地文化是在马克思列宁主义的科学指导下，经由中国共产党的领导，人民群众广泛参与，基于对优秀传统文化和先进文化的吸收、践行和创新之下逐步形成的一种符合社会发展、时代要求和人民群众实际期望的先进文化。这种文化继承了优秀传统文化的精神，习得了先进文化的精髓，更彰显了共产党人领导下的文化觉醒、文化创新和文化自觉。这种文化特质在抗日战争时期推进和深化了共产党人和人民群众之间的

互信互爱，形成合力，使人们保家园，抓生产，共进退，得解放。也正是得益于这种先进文化的发展，在革命后期中国共产党人进一步实现了以文化人、以文育人、以文成人的社会治理效果。

这种使共产党和人民群众紧紧相连、心心相系的红色文化就是山西抗日根据地文化的本质所在。如前所述，山西敌后抗日根据地是在山西抗日民族统一战线的基础上发展而来。这种一脉相传是对于日本侵略行径做出的持续性动作。其核心议题是要把侵略者赶出国门，更承载了对身处水深火热之中的劳苦大众深深的同情。

共产党人在山西抗日根据地艰苦卓绝的斗争，既是出于对于人民群众的深刻关怀，更是肩负着一种敢教日月换新天的责任感和使命感。他们与侵略者战斗，追求正义；他们关爱百姓，追求人民的幸福生活；他们勇担重任，不畏牺牲，展现了一种自强自立、积极向上的实践作风。对正义和人民幸福生活的追求是共产党人的目标所在，对于责任和使命的完成是共产党人的行动所在。这种目的与行动的统一就是中国共产党人的宗旨所在：为人民服务。他们向上向善，保家卫国，关爱百姓，付出一切。

同时，我们需要注意的是，山西抗日根据地文化的形成除却中国共产党以服务人民群众为己任的决定和行动之外，也凝结了广大人民群众的诸多心血。人民群众渴望和平和幸福，为此付出了卓绝的努力。在人民群众积极参与和共建的过程中，他们把中国共产党视为体己人的信念越发深厚。共产党人与人民群众对于和平和幸福生活的向往使得他们紧紧地联系在一起，在山西抗日根据地的文化中表现出了一种互信互爱的深切情感。这种情感逐步上升为一种坚定的信念。

二、传播路径：山西抗日根据地文化传播是一种自上而下引领、基层组织互助、模范带动风尚的传播模式

山西抗日根据地以夺取战争胜利为导向的政治要求决定了这一特殊阶段的文化发展必须服务于政治。在其传播过程中形成了一种由自上而下

逐步走向自下而上，最终两相结合的发展路径。在自下而上的发展过程中，文化传播得益于基层组织间逐步形成的互助，其突出贡献来源于劳模团体联系周围、形成合力、带动群众、改变社会形成的一种新形态、新风尚。结合山西抗日根据地发展实际，对此可以形成更为明晰、有力的认识。

中国共产党人历来重视文化建设。抗战时期，毛泽东同志对文化的基本属性、统一战线的文化建设就进行了定位，其在《延安文艺座谈会上的讲话》就是面对文化建设过程中的困惑和问题提出的认识和看法，以此逐步引导根据地的干部和人民群众对于相关问题的理解。并且，基于实际，中国共产党人出台了系列的指导性意见，在解决实际问题的过程中逐步推进相关文化建设自上而下的引领和改革。

朱德同志号召文艺工作者加强艺术的战斗性时，鼓励大家笔杆必须赶得上枪杆。这一要求是让共产党人决定实现木刻宣传。在从事木刻的同志们看到日军利用木刻的形式结合中国传统文化的样态输入他们的毒害思想时，同志们决定加快进程出版自己的作品。在这种机遇之下，第一批新年画共刻了八张："送子弹"、"开荒"、"抗日人民大团结"、"一面抗战，一面生产"（2幅）、"织布"和"抗日军民"（2幅）。结合大家春节时期对于年画的需求，以及年画自身题材的适宜性，这系列作品受到了人民群众的喜爱。

如毛泽东同志所言："提高妇女在经济、生产上的作用，这就能取得男子同情，这是与男子利益不冲突的，从这里出发，引导到政治上、文化上的活动，男子们也就可以逐渐同意了。"[1]

党在晋西北建立新政权后，于1940年开始颁布婚姻条例。这种婚姻条例的颁布在一定意义上重塑了乡村婚姻新风尚，建立了一种新的文化形态。从此，新中国成立后的妇女，在革命运动中贡献了突出的力量，顶起了半边天。通过把女性融入生产之后，实现了新的家庭秩序，甚至涌现出一批优秀的典型，能够依靠自己的努力实现养家的目标，让大家刮目相看。

---

[1] 毛泽东给中央妇委的指示信（1940年2月8日）[N].人民日报，1977。

实际上，和谐家庭建设的过程就是一次妇女再解放的过程，鼓励她们以参与家庭经济建设为基础，全面地参与社会的全过程，这种好的家庭关系的建立为良好乡村秩序的建立奠定了重要的基础。

自上而下的文化引导有利于基础组织进行自我发展，不断创新形式。聂荣臻同志对于华北民众在政治生活方面的论断有三点十分明确。一是没有斗争经验；二是政治相当的守旧和落后；三是对于社会改革较为隔膜和冷淡，处于农业社会的状态。整体评价是比其他地方特别显得落后。[1]

按照聂荣臻同志的汇报，之所以造成极为落后的政治生活局面很大的原因就在于文化闭塞。他们无法获取外界的新的知识，自己更不可能去创造新的知识。与外部社会的沟通一旦无法形成，那就只能是井底之蛙，故步自封。因此，选择从文化知识学习上进行着手，开始对山西抗日根据地的人民群众展开政治生活教育成了一个必然的选择。也正是出于这种考虑，开始在山西抗日根据地开展声势浩大的冬学运动。

在这种上级明确的导引之下，为了更好地发挥基础组织的自治能力，逐步形成了冬学的基本模式。"1944年晋绥边区在冬学运动中，推广两种一元化领导模式，一是战斗、生产、学习一体化模式，即确定区、村战斗生产指挥部的人员为冬学委员会委员，使战斗、生产和学习在全区的领导下统一起来；二是冬学和冬季生产一体化模式，即在各村成立冬学、冬季生产委员会，统一领导全村的生产和教育工作，从而使哪里有生产，哪里就有冬学。"[2]

于是人们以村为单位，或者以乡为单位组织冬学，把学习和战斗、生产结合起来，形成一种不脱离实际的整体安排。通过这种安排也可以看出上级是要着眼于实际，解决实际问题。结合实际的需要，"春节后，以冬学为单位和村上的'八音会'搞文娱宣传，其内容也是送郎参军、做军鞋、送公粮、捉汉奸、拥军优抗等"[3]。

---

[1] 聂荣臻军事文选[M].解放军出版社，1992，第97页。
[2] 老解放区教育资料[M].北京：北京教育科学出版社，1986，第114页。
[3] 高平文史资料（第一辑）[M].1986，第190页。

抗日根据地还有一种重要的经验就是要发挥模范带头人的作用。中国共产党为了进一步激发群众干事的热情和激情,决定从身边人开始发掘和培养,选拔一批突出的模范,以此形成一种新的风潮。随着这些模范带动性的提升,他们能够团结身边人,帮助身边人,逐步形成聚合性力量,形成新的活力,在农业劳动、生产中发挥重要的作用。基于此,一部分突出的模范成为村级组织甚至是更高一级组织的管理者。这种模范风尚形成的文化氛围,对于形成一种干事创业的新风气具有十分重要的作用。

总之,山西抗日根据地传播通过一种自上而下的文化引领,逐步培育出一种自下而上、上下相结合的联动机制,进一步激发了根据地人民群众的自发性,再辅以模范风尚的促进性,激励大家比学赶帮超。而且,值得一提的是,在这种文化建设过程中,乡村文化获得了进一步的重塑,大家有目标,有动力,有行动。

三、传播效力:山西抗日根据地文化传播可以印证中国共产党为什么能

2020年9月8日,习近平在全国抗击新冠肺炎疫情表彰大会上的讲话指出:"文化自信是一个国家、一个民族发展中最基本、最深沉、最持久的力量。向上向善的文化是一个国家、一个民族休戚与共、血脉相连的重要纽带。"[1]2016年7月1日,习近平在庆祝中国共产党成立95周年大会上的讲话中就文化自信指出:"文化自信,是更基础、更广泛、更深厚的自信。在5000多年文明发展中孕育的中华优秀传统文化,在党和人民伟大斗争中孕育的革命文化和社会主义先进文化,积淀着中华民族最深层的精神追求,代表着中华民族独特的精神标识。"[2]

---

[1] 一切为了人民 一切依靠人民——习近平总书记在全国抗击新冠肺炎疫情表彰大会上的重要讲话引发热烈反响[EB/OL].人民网-人民日报.http://cpc.people.com.cn/n1/2020/0910/c64387-31855810.html.

[2] 习近平谈文化自信[EB/OL].人民网-人民日报海外版.http://cpc.people.com.cn/n1/2016/0713/c64094-28548844.html.

山西抗日根据地文化传播研究——综合卷

文化是一个国家、一个民族的精神标识，是其发展的不竭动力。山西抗日根据地文化作为一个特定时期的文化成果，秉承了历史的积淀，回应了现实的需求。对于这种文化形态的研究可以让我们更好地认识，在抗日战争时期中国共产党人及其领导下的人民群众如何适应新的形势，创新文化发展，彰显中华民族的文化自信，进而在道路、理论和制度层面取得成功。

对于山西抗日根据地文化发展而言，首先需要明确的是，这是在马克思列宁主义的科学指导下的一种文化形态，这是中国共产党人对于走什么路、举什么旗的审慎判断和坚定选择。中国共产党人通过对马克思列宁主义的学习和中国化，结合当时中国实际，坚持以服务人民群众为中心，以获取战争胜利为目标，积极推动人民群众的广泛参与，不断地对优秀传统文化和先进文化进行吸收、践行和创新，逐步形成一种符合社会发展、时代要求和人民群众实际期望的先进文化。

这种向上向善的红色文化以理论传播为旨在，结合多种文化载体得以实现，构建了一个目的明确、路径多样的传播体系。具体表现为一种自上而下的文化引领，培育出一种自下而上、上下相结合的联动机制，进一步激发了根据地人民群众的自发性，辅以模范风尚的促进性，激励大家比学赶帮超，重塑了乡村文化，提升了乡村治理的能力，使得大家明确了目标，获得了动力，展现了活力。

习近平总书记在庆祝中国共产党成立100周年大会上的重要讲话中指出："中国共产党为什么能，中国特色社会主义为什么好，归根到底是因为马克思主义行！"[1]

山西抗日根据地文化传播的成功实践再次证明了，坚持马克思列宁主义，坚持以人民为中心，坚持实事求是，是中国共产党能的答案所在。

---

[1] 习近平在庆祝中国共产党成立100周年大会上的讲话[EB/OL].新华社.http：//news.cyol.com/gb/articles/2021-07/01/content_n3vY3Iey9.html。

第一章
新闻传播：救亡图存，开辟舆论新战场

全面抗战是近代以来中国命运的重大转折，也是中国共产党革命道路上的重大转折。就党的新闻事业而言，抗战期间，马克思主义新闻理论被中国实践赋予了新的活力，形成了中国化的风格、特色和气派；从延安整风到党的七大，毛泽东新闻思想在克服王明路线的斗争中走向成熟并确立了在新闻宣传事业中的指导地位；以延安《解放日报》成功改版为标志，中国共产党新闻理论体系建设初告完成。在这一历史性的转折中，山西敌后抗日根据地的新闻传播实践曾发挥重要作用，有着重要的历史地位。

在敌后根据地开辟、巩固和不断壮大的过程中，党领导下的新闻传播事业以1939年底爆发的"晋西事变"和1941年的延安整风为界，经历了"借口说话""独立发声""众口传播"三个阶段。本章将聚焦山西抗日根据地新闻传播的三个阶段，以此探寻新闻事业在山西波澜壮阔的成长历程。

一、"借口说话"——抗战初期的传播智慧

全面抗战爆发之前，由于阎锡山的铁腕治晋，同时也由于远离党的活动中心，中国共产党在山西的办报办刊活动只有零星存在。[1]1937年

---

[1] 乔傲龙.《晋绥日报》与边区社会文化动员研究[D]. 山西大学博士学位论文，2019，第26页。

七七事变之后，国共两党实现了第二次合作，八路军东渡黄河开赴山西前线。太原失守之后，根据中共中央指示，八路军兵分四路，开赴晋东北、晋西北、晋东南、晋西南开辟抗日根据地，中国共产党在山西敌后的新闻传播事业由此开启。

（一）统战背景下的策略选择

合作抗日并非尽释前嫌，在意识形态领域，国民党以三民主义"统一中国"的意图与中国共产党独立自主的底线原则之间，虽可一时求同存异，但根本上并无太多调和的空间。具体到新闻传播领域，国共两党的斗争贯穿于抗战的全过程。可以说，从统一战线结成之日起，国民党对共产党的意识形态打压就已开始，整个战争期间，对共产党及受其影响的新闻传播活动的摧残也从未停止。在此背景之下，如何在完成政治宣传和社会动员的同时，避免统一战线内部的意识形态摩擦失控，考验着中国共产党的政治智慧。

国共的第二次合作既是斗争的成果，也是让步的结果，共产党对国民党的"五项要求"以其"四项保证"为前提，其中包括"停止赤化宣传"，[1] 而与阎锡山的上层统一战线，也有着不在阎的军政系统内发展中共组织的承诺。[2] 同时，八路军三师六旅以客军身份入晋，区区三四万兵力孤悬华北敌后，欲在险恶的环境中谋生存求发展，必须正确处理与"东道主"之间的关系。这一时期，在同时面对日本和国民党两个强大对手的情况下，中共中央十分看重与中间势力阎锡山之间的统战关系。[3]

而早在抗战爆发之前的1936年，薄一波奉中共中央和北方局指示赴晋与阎锡山会谈，根据双方的"约法三章"结成了特殊形式的上层统一战

---

[1] 中共党史资料征集委员会编. 第二次国共合作的形成 [M]. 北京：中共党史资料出版社，1989，第189页—第120页.

[2] 薄一波. 七十年奋斗与思考（上卷《战争岁月》）[M]. 北京：中共党史资料出版社，1996，第209页—210页.

[3] 杨奎松. 阎锡山与共产党在山西农村的较力——侧重于抗战爆发前后双方在晋东南关系变动的考察 [J]. 抗日战争研究，2015(1)，第39页.

线，以牺盟会等合法形式为掩护，戴阎锡山的帽子，说山西话，贯彻执行中国共产党的主张。全面抗战爆发后，在中国共产党的领导下，阎锡山又批准成立了第二战区民族革命战地总动员委员会。此后一直到1939年国民党发动第一次反共高潮之前，中国共产党对山西敌后的社会动员整体上持谨慎态度，在政策上以维护统一战线、尽量避免刺激阎锡山为原则，在策略上则以牺盟会、战动总会等合法形式为掩护开展动员工作。

作为动员手段之一的新闻传播活动，也在这一时期呈现出鲜明的统一战线色彩。一方面，中共在山西的地方组织尚处于秘密状态，对外多以八路军部队附属机构为名，其所创办的报纸和刊物不但数量很少，而且一般不公开发行，具有组织内传播的特征；少数对外公开的刊物，也多以左派面目出现，以团结左派、联合中派、孤立右派、维护统一战线为原则，在传播内容上刻意淡化党的组织色彩，强调与传播主体公开身份相应的统战色彩。[1] 另一方面，主要通过对被阎锡山认可的机构如牺盟会、战动总会及其他进步文艺团体的实际领导，借"他人之口"传播自己的主张，这是抗战前期中国共产党在山西敌后新闻传播的重要特征。

（二）牺盟总会和战动总会的传播活动

牺盟会全称山西牺牲救国同盟会，成立于1936年9月18日，是阎锡山组织的官办团体。同年11月薄一波入晋后，根据阎锡山发展三十万国民兵的设想，接手并改造了刚刚成立、尚未开展活动的牺盟会，短短三个月内发展了60多万会员，并从其中精选出两万人在国民兵军官教导团接受了训练，同时，通过举办军政训练班和民训干部团先后培训了4500名来自全国22个省份的进步青年，时值绥远抗战取得百灵庙大捷后不久，各地青年纷至沓来使山西国民师范一时有"北方小黄埔"之誉。全面抗战爆发后，牺盟会以军政训练班和民训干部团成员为基层骨干、以军官教导团为主体编成青年抗敌决死队，到1939年夏，包括决死队在内的山西

---

[1] 胡服（刘少奇）1937年10月致朱德、彭德怀、任弼时电，转引自王生甫、任惠媛.牺盟会史[M].太原：山西人民出版社，1987，第222页。

新军已发展至 50 个团、主力部队 5 万余人的规模，实际兵力和武器数量均超过了阎锡山的旧军，加上地方武装，总兵力达到近 10 万人。与此同时，牺盟会自身则发展到 90 万会员，另有农救会会员一百余万。由于阎锡山授权牺盟会"制裁坏官、坏绅、坏人"的权力，到 1938 年初，山西全省 105 个县已有 70 个县长由牺盟会和决死队干部担任，其中绝大多数为中共党员，全省七大行政区中，共产党员和进步人士掌握着五个。[1] 也就是说，通过对牺盟会的实际领导，共产党在山西的秘密组织自抗战之初起就掌握着山西新军的领导权，并实际掌控着大半个山西的基层政权。八路军能由刚入晋时的三四万人，一年多时间发展至 22 万人，并建立多个根据地，与牺盟会在山西的政治基础和军事实力有着极大关系。

战动总会全称为第二战区民族革命战争战地总动员委员会，成立于 1937 年 9 月，系由共产党倡议、经阎锡山批准后设立，主任续范亭与共产党关系密切，共产党人南汉宸、程子华、赵宗复、武新宇、郭任之均在其中担任重要职务，共产党还在总会设有秘密党团。虽然战动总会存续的时间只有两年左右，但其作用却不容忽视：从成立之初起，战动总会就是晋北沦陷区游击政权的合法控制者，之后的活动范围则广至晋、察、绥三省 68 县；作为战地游击部队的组建和指挥机关，战动总会除了领导察绥游击军、指挥由太原工人组成的工人武装自卫总队（后改名为工卫旅）之外，自己组建的部队有 17 个游击支队、两个地方性游击队、一个政治保卫队，总兵力达两万余人，另有自卫队 6 万余人，这些武装力量同山西新军一样，也在共产党的实际领导之下。[2]

在抗战初始阶段，牺盟会和战动总会也是山西抗战初期最具影响力的新闻传播主体。一方面，以地方政权和武装力量为后盾，其传播活动得到了人力、财力、物力方面的保证，其中，牺盟会因为军政训练班和民训干部团的原因，本身就是一个文化人才荟萃之地。另一方面，牺盟会和战

---

[1] 牛荫冠. 山西牺牲救国同盟会纪略 [J]. 山西文史资料，2015，第 75 页—第 77 页。
[2] 段云，赵继昌，郭维真，严尚林，冯摇梧. 抗战初期的战地总动员委员会——华北敌后模范的统一战线组织 [N]. 人民日报，1986。

动总会的分支机构及其领导下的山西新军和抗日游击武装遍布山西南北各地，从而使其新闻传播活动得以在广大的地域内开展并产生广泛影响，形成了以牺盟总会（战动总会）—牺盟各中心区（战动总会各地工作委员会、办事处）—牺盟各县分会（各县动委会）—山西新军（决死一、二、三、四纵队，暂一师，工卫旅，政卫旅，二一二旅，二一三旅）为架构的多层级传播主体和报刊体系。对中国共产党而言，通过对这一传播体系的领导实现"为我所用"，无疑是一个事半功倍的上策。

而这一时期中共组织在山西的新闻传播活动，则因为外部环境和自身条件等多方面的原因而面临着重重困难。就政治环境而言，由于党的地方组织在大部分地区仍处于秘密状态，公开办报宣传自己的政治主张显然不宜。1937年12月11日创刊的《抗敌报》和1939年1月1日创刊的《新华日报》（华北版）属于特例，前者所在的晋察冀边区系由阎锡山批准成立，后者虽然是中共中央北方局机关报，但名义上是重庆《新华日报》的一个地方版。就物资和技术条件而言，共产党的根据地在抗战初期尚待巩固，没有自己的政权作为依托，在阎锡山旧政权治下很难公开发行自己的报刊，获得办报所需要的纸张、印刷设备和器材也困难重重；同时，办报人才的短缺也是一个严重的制约因素。因此这一阶段，共产党自己的报纸数量很少，而且多为非公开性质，带有较强的组织内传播色彩，其对民众的宣传动员主要依靠牺盟会和战动总会来开展。

由于牺盟会主要活动于山西南部，战动总会主要活动于山西北部，"借口说话"形成了"牺盟"主南、"战动"主北的不同景观。而在各自主导的地区内，与其"总部—分支—基层"的架构相应，牺盟会和战动总会的新闻传播均呈现出层级分布的体系化特征。

1937年1月，牺盟总会在太原创办了机关刊物《牺牲救国》，同年夏，山西军政训练委员会在太原创办了《政治周刊》，主编均为共产党员赵石宾。[1]在抗战初期的山西敌后，这样的铅印报刊为数极少。七七事变爆发后，《牺牲救国》改出特刊，每天一次，同时牺盟太原市委出版刊物《大众园地》，并编印各种通俗抗战读物。牺盟会领导的抗日救亡先锋队创办了《抗战生活》。李公朴在《走上胜利之路的山西》一书中称这几种刊物为山西的"中心刊物"，作为动员山西人民抗日的号召书和动员令，发挥了宣传群众、组织群众的作用。[2]1937年9月，中共中央和北方局决定在牺盟总会内部建立秘密党组，牛荫冠任书记，吕调元负责组织工作，赵石宾负责宣传工作，这一秘密组织是共产党在山西敌后"借口说话"的中心枢纽，中央和北方局通过这个三人秘密党组对牺盟会工作进行领导。1937年11月8日太原失守后，《牺牲救国》和《政治周刊》被迫停刊。1938年2月之后，赵石宾在吉县姚家畔村和宜川县秋林镇先后复刊了《政治周刊》和《牺牲救国》，同时主持黄河出版社的刊物《黄河文艺》。这一时期，牺盟总会和山西新军领导机关第二战区政治部合署办公，并以黄河出版社为其宣传中枢，赵石宾作为政治部宣训科副科长兼黄河出版社总编辑，实际掌控着这一中枢。

战动总会1937年9月20日在太原成立后，即在《山西党员通讯》上创办《总动员》副刊，同时在《太原日报》开辟《动员》副刊，第一期即刊登了中共中央副主席周恩来的报告。太原失陷前夕，战动总会转移到晋西北，在离石创办了铅印半月刊《动员》，是当时晋西北唯一的综合性刊物，后因印刷所遭日军炮击受损而停刊，改出油印报纸《战动通讯》，由共产党人段云主编。[3]1938年2月，战动总会移驻岢岚，开始出版小型油印刊物《战动周刊》，该刊物主编段云，发行远至新加坡。4月到5月间，以油印报《战动通讯》为主，合并了二区行政督察专员公署的《抗救日报》、二区保安司令部的《游击三日刊》及牺盟会岢岚中心区、八路军一二零

---

[1] 山西省出版史志编纂委员会，内蒙古《晋绥边区出版史》编委会. 晋绥边区出版史[M]. 太原：山西人民出版社，1997，第169页，第181页。
[2] 王生甫，任惠媛. 牺盟会史[M]. 太原：山西人民出版社，1987，第185页—第187页。
[3] 第二战区战地总动员委员会. 战地总动员：民族革命战争战地总动员委员会斗争史实[上册]（根据1939年十月影印本重印）[M]. 山西人民出版社，1986，第693页。

师民运部、晋西北农民救国联合会等单位的报纸，创办了《西北战线》。[1]同时，因为小型的《战动周刊》不能满足客观需求，10月1日，战动总会在岢岚创办了大型油印半月刊《战地动员》，是《动员》半月刊和《战动周刊》的发展，主编段云。这一时期，《西北战线》出版有《战场》副刊，总会剧团出版有《戏剧战线》，还有针对基层群众创办的《老百姓周报》和《战动画刊》两份通俗化报纸。更为引人注目的是，战动总会成立了战动通讯社，建立了战动电台，不但充实了该会的报纸刊物，而且向国内外通讯社、报社、杂志社发稿。[2]

抗战初期牺盟总会和战动总会的新闻传播活动，虽然呈现出鲜明的抗日民族统一战线色彩，但中国共产党的领导地位并未因此而削弱，各个重要传播机构均有共产党的秘密组织和主要负责的秘密党员，由于共产党在统一战线内部的主导地位，这些媒体其实是共产党人打着阎锡山的招牌进行新闻传播和社会动员的工具，"借口说话"的特征十分突出。他们以阎锡山当局可以接受的方式传播中国共产党的政治主张，但当统一战线出现裂痕时，则毫不犹豫地摘下阎锡山的"帽子"，公开宣传共产党的主张，在新旧两军发生武装冲突的"晋西事变"之后，这两个团体的绝大部分新闻机构和工作人员都投入了共产党的敌后新闻传播系统。

（三）牺盟和战动组织在各地的传播活动

牺盟会和战动总会在山西各地创办的报刊总体上数量众多，空间分布上则东西南北各不相同。总体上讲，山西东部地区阎方力量相对薄弱，共产党自办的报刊相对活跃；西部地区阎方相对强势，中共自身的新闻活动基本局限于组织内传播范畴，"借口说话"特征更为明显。

在晋东北地区，一方面由于阎方力量鞭长莫及，另一方面，晋察冀作为共产党领导下的模范根据地，其中心区域从1938年初就已越出晋省

---

[1] 邵挺军．抗战时期山西报刊简介[J]．新闻研究资料，1985(04)，第200页．
[2] 第二战区战地总动员委员会．战地总动员：民族革命战争战地总动员委员会斗争史实[上册]（根据1939年十月影印本重印）[M]．山西人民出版社，1986，第724页．

地界而转移到冀西一带，因此这一地区的统一战线基本上属于名义上国民政府认可、实际上由共产党独立主导的"陕甘宁模式"。体现在新闻传播方面，这里在1937年底就创办了中共晋察冀省委的机关报《晋察冀日报》的前身《抗敌报》，而牺盟会和战动总会的报刊则相对很少。

在阎锡山势力强势的晋西南，"借口说话"特征最为明显。该地区是共产党较早开辟的根据地，同时也在临汾失守后成为阎锡山当局的大本营，双方力量的并存使晋西南成为山西抗日民族统一战线最脆弱、最敏感的地带。因此，当阎锡山在政治上出现转向之后，"晋西事变"在此引爆并非偶然。事变中，共产党力量在山西各地均有损失，但以晋西南为最。事变之后，中共党组织、八路军、山西新军完全从这一带撤出，各类新闻传播机构也被摧残殆尽。因此，中共在这一地区所领导的新闻传播活动，从抗战爆发到1939年底仅仅存在了两年时间。在此期间，牺盟会和山西新军在晋西南创办了大量报刊，另有部分报刊系由各地动委会创办，其中有据可考者有六七十种，除赵石宾负责的牺盟总会报刊系列之外，最能反映敌后新闻传播在草创阶段的筚路蓝缕及共产党"借口说话"的政治智慧者，当数共产党人穆欣在六专署创办的"战斗"系列。《战斗报》在吕梁敌后艰苦的条件下迅速壮大，很快发展成集报社、通讯社、出版社、书店为一体，兼具对根据地、对大后方、对敌宣传多种功能的新闻传播机构，其在不足两年的时间里发展壮大的历程，可以说是当时和之后共产党在山西敌后抗日根据地新闻传播事业发展的缩影。[1]

晋西北地区，从抗战爆发到1939年底"晋西事变"爆发，出于在统一战线中拉住阎锡山以及群众动员形式合法性的考虑，这一地区的中共组织如晋西南一样处于秘密状态。就新闻传播而言，党的地方组织虽然也创办报刊，但一般而言不会以共产党的名义公开宣传，遍地开花的各种油印刊物，其传播主体主要是战动总会及其在各县的动委会、牺盟会的各级机构，还有一些进步的文艺团体，总数不下40种。

---

[1] 穆欣.抗日烽火中的中国报业[M].重庆：重庆出版社，1992，第366页—第376页。

第一章 新闻传播：救亡图存，开辟舆论新战场

晋东南地区从 1938 年春日军第一次"九路围攻"被粉碎到 1939 年秋第二次"九路围攻"发动之前的一年多时间内基本没有敌军活动，国民党中央军和阎锡山军政当局对中共力量及牺盟会、战动总会的干扰也相对较少，良好的外部环境下，新闻传播活动呈现出勃勃生机。[1] 这里是中共中央北方局、八路军总部、129 师师部所在地，由于中共武装力量的相对强势及共产党通过牺盟会对地方政权的实际掌控，不但"借口说话"与组织内传播同时并存，在更为偏远的晋冀地区，共产党组织自办刊物的公开传播也有着相当的影响力，因此这一地区在抗战初期是共产党领导下的新闻传播最为活跃的地区，不但存在以《黄河日报》为代表的牺盟会报刊系列，而且存在着以《战斗》《中国人报》《胜利报》为代表的共产党组织内传播载体，更有名为重庆总部地方分支、实为中共中央北方局机关报的《新华日报》（华北版）。其中，牺盟会和山西新军创办的报刊遍及晋东南 28 县，总数不下 40 种。

晋东北各县政权除五台之外，在山西抗战伊始即全部沦陷，阎锡山当局对这一地区的领导徒具虚名。八路军成立晋察冀军区后，阎锡山旋即同意了山西第一政治公署成立晋察冀边区政府的意见，并报请国民政府行政院批准。由于共产党力量在晋东北的绝对优势，以牺盟会为纽带的特殊形式上层统一战线，顺理成章地转化成了陕甘宁边区式统一战线的模式。随着边区工、农、妇、青等救亡团体的成立，牺盟会在完成了创建晋察冀根据地的使命之后，其作用和影响范围也大为缩小，逐渐演变为该地区的抗敌后援会。统一战线发展中的这一重大转折，使晋东北抗战初期的新闻传播活动呈现出与其他区域不同的特征。1937 年冬到 1938 年春，晋察冀边区 3 省 72 县抗日救亡运动风起云涌，各县动委会、农青妇救国会、自卫队总部、牺盟会、县政府、军政教导队、教师联合会、民教馆、游击队指挥部、新二师政治部、保安政治部、八路军各团政治部、军分

---

[1] 张赛周. 走上新闻工作之路——在太岳区从事新闻工作的回忆（内部资料）. 太岳新闻史编辑委员会，山西日报新闻研究所. 太岳新闻史料选（第五辑），1987（5），第 1 页。

区政治部、军分区抗日救国会、人民自卫军和游击军纷纷创办抗日小报，加上晋察冀军区和冀中军区的部队报纸，总数达 90 多种。[1] 其中晋东北地区出版的报刊有 10 多种。

（四）"借口说话"的历史贡献

1938 年初临汾失守后，阎锡山在政治上趋于保守，1939 年的秋林会议之后，阎当局开始限制山西进步力量发展，最终酿成了同年 12 月旧军在晋西南地区向新军决死二纵发动进攻的"晋西事变"。事变期间，统一战线内部的进步报刊全部被迫停刊，牺盟会和战动总会在山西的新闻活动基本宣告结束。

牺盟会和战动总会的新闻传播活动是山西历史上第一次对大众媒介的广泛使用，与之后中国共产党在山西敌后根据地的新闻事业之间存在着显而易见的承接关系。虽然牺盟会和战动总会由于阎锡山当局的官办背景，政治质量与党内组织不可同日而语，同时，阎锡山与我党虽然在抗日的目标之下求同存异，但差异性毕竟是本质性的，因此"山西话"难免导致本党声音的含糊和态度的不彻底。

但中国共产党通过牺盟会和战动总所进行的"借口说话"，作为抗日民族统一战线背景下开展新闻传播的策略选择，既团结了一切可以团结的力量，又坚持了"以我为主"的独立自主原则，这种审时度势的政治智慧，不仅在当时的特殊条件下实现了传播效果的最大化，也对之后在敌后根据地独立发声开展新闻传播积累了宝贵经验，并为党领导下的新闻事业培养和输送了一大批新闻干部。因此，"借口说话"不但开辟了山西传播史上的新纪元，而且开启了中国共产党新闻史的新起点，开创了山西敌后根据地社会动员的新局面。

---

[1] 晋察冀日报史研究会．晋察冀日报史[M]．北京：人民出版社，1983，第 30 页。

二、公开发声——敌后传播集群及其组织形态

1939 年底爆发的"晋西事变"平息之后,阎共双方在晋西的吕梁山区和晋东的太行山区分区驻防、划界而治,你中有我、我中有你的局面自此不复存在。事变之前,战动总会已被撤销,事变之后,牺盟会也名存实亡,山西新军名义上依旧"拥阎抗日",实际上已被纳入八路军作战序列,以《牺牲救国》《黄河战旗》《新西北报》《黄河日报》为代表的统一战线报刊全部停办,平台坍塌、渠道丧失,阎共双方在新闻传播领域一刀两断,"借口说话"的时代宣告终结。与此同时,阎锡山与薄一波在抗战爆发之前达成的"约法三章"也对共产党失去了约束,在中共主导下的各根据地,党组织的秘密状态亦告结束。在 1940 年 4 月的黎城会议上,中共中央北方局明确提出了巩固根据地的三大方针,建党与建军、建政开始齐头并进,随着反共势力趋弱、党组织在建制上的统一和完善、民主政权的巩固、武装力量的发展,组织内传播也成为历史。

从 1940 年起,继《抗敌报》和《新华日报》(华北版)之后,《太岳日报》和《抗战日报》相继创刊,晋绥、晋察冀、太行、太岳四大战略区内,以四大党报为龙头的传播集群开始形成,共产党在山西敌后的新闻传播进入了公开办报、独立发声的全新历史时期。这一时期的新闻传播接续了苏区时期的党报传统,并在抗日战争的新形势下不断探索敌后环境中的全党办报、群众办报、游击办报,形成了系统性的"太行山经验"。

(一)四大党报集团与敌后传播集群

由于对敌斗争和统一战线的情况各不相同,共产党独立主导各根据地的时间前后有别,从晋察冀根据地 1937 年底创办《抗敌报》,到 1939 年初晋冀豫根据地创办《新华日报》(华北版),再到 1940 年太岳和晋绥党报的创刊,共产党在山西敌后历时三年,最终完成了四大战略区党报体系的构建,并形成了以边区级党报集团为龙头,分区和县级报刊为补充,军、政、民各系统报刊相呼应,铅印、油印、黑板报结合,印刷传播、

书写传播、口头传播并存的，针对不同受众、承载不同功能、发挥不同作用的多层次、成体系的敌后传播集群。

1937年9月平型关大捷之后，根据中共中央指示，115师副师长兼政治委员聂荣臻奉命留守五台地区，率领师独立团、骑兵营和教导队2000余人着手创建敌后抗日根据地，并很快打开了以河北阜平为中心的抗日斗争局面。11月7日，晋察冀军区在五台县成立，聂荣臻任司令员兼政委。军区成立不久，聂荣臻与晋察冀省委书记黄敬、军区政治部主任舒同等商定创办根据地党报。1937年12月11日，被聂荣臻誉为"民族的号筒"的《晋察冀日报》前身《抗敌报》在根据地中心阜平县城南关的文娴街创刊。此后直到1938年4月中共晋察冀省委召开边区第一次党代表大会，《抗敌报》由军区政治部主办，舒同兼任社长，副主任先为沙飞、后为洪水。1938年4月，《抗敌报》从军区政治部划出，改为晋察冀省委机关报，邓拓担任主任。1940年11月7日更名为《晋察冀日报》，社长邓拓。从抗日战争到解放战争，随着根据地党组织机构的调整，该报先后成为晋察冀边区党委（1938年8月1日之后）、北方分局（1939年1月1日之后）、晋察冀分局（1941年1月25日之后）、晋察冀中央局（1945年8月20日之后）机关报，1942年11月起，成为晋察冀分局机关报兼北岳区党委机关报。[1]1948年5月，晋察冀解放区与晋冀鲁豫解放区合并为华北解放区，根据华北中央局合并两区党报的决定，《晋察冀日报》于6月14日宣布终刊。作为中国共产党在敌后抗日根据地创办时间最早、连续出版时间最长的大区党报，该报从创刊到终刊前后历时10年6个月零3天，共出版2854期。1938年3月5日，日军轰炸阜平，《抗敌报》正在印刷中的报纸连同石印机一起被毁，报社转移到五台县大甘河村并于25日复刊。9月30日，以五万之众围攻晋察冀的日军逼近五台山，《抗敌报》转移到河北，但五台山始终是该报在游击环境中坚持出报的后方。1939年4月，

---

[1] 河北省新闻出版局出版史志编委会，山西省新闻出版局出版史志编委会．中国共产党晋察冀边区出版史[M]．石家庄：河北人民出版社，1991，第1页—第14页。

报社派人把坚壁在冀中饶阳的《冀中导报》的一批铅印器材找出，在部队护送下专程运至五台山"老营"。1943年秋冬，日军对北岳区发起了抗战期间最后一次同时也是最残酷的一次"扫荡"，晋察冀日报社从阜平经灵寿、盂（县）平（山），在盂县龙耳清活动一个半月后，再次转移到五台，在"无人区"昼夜行军、风餐露宿，度过了艰苦的19个日夜。

《新华日报》（华北版）是中共中央北方局机关报，也是抗战期间华北敌后最具影响力的共产党报纸。武汉总馆原定在西安创办"西北版"，因与国民党当局交涉未果，遂转赴太行山创办"华北版"。1939年1月1日，以《新华日报》汉口总馆和西安分馆派到太行山的职工、原《中国人报》全体职工及其记者训练班学员、延安派赴太行山的部分人员为班底，《新华日报》（华北版）在沁县后沟村正式创刊，何云、陈克寒分任正副社长。中共中央北方局专门成立了党报委员会，主任陆定一。发行量初为万余份，最高时达到3万份，从创刊到终刊的4年9个月期间共出版846期。[1] 抗战期间，太行山是指挥华北抗战的"神经中枢"和保卫陕甘宁的重要屏障，战事极度频繁且异常激烈，华北新华日报社这个思想战策源地是日伪必欲除之而后快的重要目标。四年多时间里，《新华日报》（华北版）经历了九次反"扫荡"、累计180天的严峻考验，其间曾七迁其址，先后驻扎沁县后沟、祭祷岩、武乡县大坪、辽县后庄、武乡安乐庄、辽县小庄、熟峪、涉县桃城4县8地，但始终屹立不倒，成为太行山上宣传抗战、组织抗战、指导抗战的坚强堡垒。"三载游击千日尽，一腔热血万年潮"，残酷的战争曾令敌后新闻传播事业蒙受巨大损失，在1942年5月反"扫荡"中，包括华北新华日报社社长何云在内的46人在辽县壮烈牺牲，成为抗战新闻史上最为悲壮的一页。1943年9月29日，北方局停办《新华日报》（华北版），改由太行区党委创办"太行版"。次年4月1日，《太岳日报》更名为《新华日报》（太岳版）。新中国成立前夕，随着华北行政区划

---

[1] 因反"扫荡"中工作衔接发生紊乱，报纸编号两次出错，该报实际出版848期。见陈浚. 华北敌后战旗[M]. 太行新闻史学会印，1990，第367页—第369页。

的大调整，两份报纸相继结束使命。

1939年9月，日军对晋冀豫根据地发起第二次"九路围攻"并占领了白晋路，晋冀豫被割裂为太行和太岳两个区域。1940年1月，太岳党组织由地委升格为区党委，并决定以《黄河日报》的人员和设备为基础创办机关报，1940年6月7日，《太岳日报》在沁源县正沟村创刊，由新华日报社派来的魏奉璋任社长，原黄河日报社社长史纪言任副社长。1943年夏，晋豫区并入太岳区，《晋豫日报》部分采编人员陆续调到太岳日报社，《太岳日报》的传播范围也随之扩大。在抗战最艰难的时期，《太岳日报》的生存条件较之其他根据地党报尤为不易，在山西敌后四大战略区的党报中，《太岳日报》是唯一长期石印出版的报纸，直到抗战接近胜利的1944年4月才改出铅印；是最晚具备收发报能力的报社，直到1944年3月与延安新华总社取得联系，才结束了只能听、不会说的历史；同时也是发行量最小的报纸，1944年4月以前发行量只有3900份，同一时期，晋西北的《抗战日报》发行量已经上万，《晋察冀日报》达到两万份，《新华日报》在"华北版"时代印数已在3万，1943年改出"太行版"后依然保持在1万份左右，而《太岳日报》则直到1944年4月改出铅印版之后印刷能力才得到提高，发行量于年底增至6800份。从1940年6月到抗战胜利，《太岳日报》在战火中不断迁移。从创刊到终刊，从石印《太岳日报》到铅印《新华日报》（太岳版）再到铅印《太岳日报》，9年零3个月内该报共出版1310期，并在残酷的战争环境中为坚持敌后宣传付出了巨大牺牲。

1939年底爆发的"晋西事变"于1940年初得以和平处理，旧军南撤，新军北移，双方以汾离公路为界划疆而治。120师从冀中回师后，进一步肃清了反共势力和土匪武装。此时的晋西北，一方面，战动总会和晋西北各县动委会的报刊已因1939年6月战动总会的解散而全部停刊，牺盟会各级组织在晋西北和晋西南的几十种报刊也在"晋西事变"中全部停刊。另一方面，两党、两军、两种政权并存的局面结束，政治、军事各方面都开始由共产党独立主导。在此背景下，独立自主的宣传和动员非但可行，且属必需。1940年初，晋西北军政委员会和晋西北行政公署相继宣告成立，中共晋西北、晋西南两个区党委合并为中共晋西区党委。此后，在"文化人归队"的号召之下，晋西北的新闻干部开始从牺盟会、战动总会、新军等系统及各救亡团体回归党报阵营。经过数月紧张筹备，1940年的"九一八"纪念日当天，四开、四版、铅印的中共晋西区党委（1942年后为改为中共中央晋绥分局）机关报《抗战日报》在兴县石楞子村诞生了。来自新军决死二纵的廖井丹以区党委宣传部副部长兼社长，来自牺盟会黄河出版社的赵石宾任总编辑。抗战期间，报社大部分时间驻扎在黄河西岸的神府县前杨家沟村，抗战胜利前夕移驻兴县高家村，[1]因此，与晋察冀日报社、华北新华日报社、太岳日报社的无后方作战不同的是，抗战日报社在黄河西岸的陕甘宁有一处未曾被日军侵扰的相对稳定的后方，从而避免了在战争中不断迁址和游击。1946年7月1日《抗战日报》更名为《晋绥日报》。1948年4月2日，毛泽东率中共中央领导机关从延安向华北转移途中，在兴县蔡家崖同《晋绥日报》编辑人员进行了重要谈话，成为中国共产党新闻史上的光辉篇章。1949年5月，《晋绥日报》终刊，报社大部人马兵分三路进入西南和西北，创办了西南《新华日报》《川西日报》及陕西、甘肃、新疆等地的党报。从创刊到终刊的9年间，共出版报纸2171期。

抗战期间，各大战略区的党报均非单一功能的新闻机构，而是集报社、通讯社、出版社、新华书店、造纸厂、印刷厂为一体，兼具新闻采访和编辑、图书编辑与出版、书报刊印刷与发行、物资生产乃至设备研发等多种功能的传播集团。以华北新华日报社为例，除出版《新华日报》（华北版）外，还负责面向敌占区发行《中国人》周刊、新闻业务刊物《读者与通讯》、综合性刊物《抗战生活》的编辑出版工作。1939年太行根据地被日军分割成太南、太北后，还曾出版《新华日报》（太南版）。1941年成立的

---

[1] 作者注：神府县原是陕北红军第二次国内革命战争时期在陕西神木和府谷两县边界地区创立的全国最小的一块红色根据地，原属陕甘宁边区，抗日战争期间由晋绥边区代管，成为晋绥根据地的后方。

新华社华北总分社，其实际载体是报社的通讯联络部；太行文化教育出版社是报社的丛书编辑部；新华书店华北总店原为报社附属书店，1943年后才从报社发行体系中脱离；中国青年新闻记者学会北方办事处及太行山区分会均依托报社成立；晋冀鲁豫边区各地的重要党报如《太岳日报》《冀南日报》《冀鲁豫日报》《卫河日报》，皆系该社派出骨干力量所创办。

除党报传播集团之外，根据地各级党组织和抗日政权、各军区和八路军部队、各群众团体也创办了自己的报刊。以晋冀鲁豫边区为例，中共中央北方局除机关报《新华日报》（华北版）之外，还办有《青年与儿童》《北方妇女》等，晋冀豫区党委先后创办了《中国人报》《胜利报》《战斗》，部队系统有《先锋报》《战场报》《晋豫报》，边区政府有《工商报》，群众团体有《华北文化》《太行工人》《太行农民》，还有次级区域的《太南日报》、太南《人民报》《光明报》等。县一级的办报高潮虽然在抗战胜利前后才开始出现，但抗战时期已有部分地、县级党委和政府出版自己的报刊。华北新华日报社通过组织通讯网、派人参加或帮助筹组新闻文化团体、联合创办副刊、编印各种书刊等方式，把根据地的文化人才和文化机构团结在自己周围，形成了以党报传播集团为核心，包括党、政、军、群的报刊和地、县级报刊在内的覆盖全域的新闻传播集群。此种情况，各根据地大同小异。

在敌后根据地恶劣的游击战争环境和极端困难的物质技术条件之下，这些报刊既呈现出战时传播因陋就简、讲求实用的朴实特征，同时也洋溢着革命年代不畏艰险、朝气蓬勃的精神气质。许多报刊都是由一块钢板、一台油印机、一两个人起家，没有固定的地点，也谈不上内部分工。不能铅印就石印，不能石印就油印，没有白报纸就用麻纸、粉连纸印刷。大报大刊发行上万，小报小刊则不足千份，几十、几百者也比比皆是。有的出版数千期，与战争相始终，有的则只出版数月即告停刊。总之，一切视需求和条件而定，因时因地制宜，无一定之规，唯实效是求。但由于中共各级党组织的高度重视，军队、政权、群团一体参与、全力为之，而且从最高机关到普通民众自上而下、层层发动，各根据地的新闻传播渐成花开遍野之势，报刊种数之多、传播队伍之众、参与范围之广，考诸既往，可谓空前。由此，共产党的声音在敌后一呼百应、千里相闻，在艰难困苦的战争期间，在动员和组织民众、建设和巩固根据地、战胜强寇争取胜利的斗争中，作为集体的鼓动者和组织者发挥了不可估量的作用。

（二）敌后传播的组织形态

敌后战场塑造了传播机构不同于平时的组织形态。

敌强我弱的游击环境中，传播机构必须实现轻装以提高机动性，同时辅以相应的武装，方能最大限度地保存自己。抗战进入相持阶段后，由于日军频繁"扫荡"，报社经常转移驻地并游击出报，因此普遍对员工进行军事训练并配备适量步枪、手榴弹等轻型武器，以备遇敌时自卫。1939年冬季反"扫荡"时，晋察冀军区派往保护抗敌报社的两连兵力因故没有赶到，反"扫荡"胜利后，报社决定成立武装自卫队，军区为其配发马匹及步枪60多支，短枪5支、手榴弹300枚、子弹765发，后又增发了一批武器，自卫队以印刷工人为主体，也有不少编辑、记者、行政干部，主要职责是战时侦察警戒及通信联络，自卫队员均接受游击战术训练，除一般的实弹射击和手榴弹投掷之外，地雷小组成员还掌握了造石雷、装炸药、埋地雷的技术。1943年日军对北岳的"扫荡"中，晋察冀日报社转移途中与敌遭遇，双方深夜开火混战，报社自卫队员虽有伤亡，但最终顺利脱险，日军摸不清我方底细，也丢下部分辎重趁夜撤离。华北新华日报社经常请八路军总部派军事教员对员工进行训练，不断总结经验教训，改进备战工作，1942年5月反"扫荡"期间虽曾蒙受重大损失，但面对敌人的"剔抉扫荡"、清剿搜山，数百名没有武器的新闻工作者机智勇敢地同敌军转山头、兜圈子，在其鼻子底下穿来穿去，能跑、能藏、能吃苦、深谙敌军搜山规律的能力和技巧，也归功于平时训练所培养的军事素养。晋绥抗战日报社的交通员则配有短枪，以便遇敌时自卫。为了实现轻装化，各报社根据各自的实际情况制定了相应策略。华北新华日报在遭受了1942年5月反"扫荡"的重大损失之后，对人员进行大幅度精减，报纸由日刊改回隔日刊，遇敌"扫荡"则化整为零，少数人组成精干的工作队随北方局转移并坚持出版战时版，绝大多数干部分散隐蔽，就地收集根据地军民反"扫荡"斗争情况并采写稿件。太岳的"新闻轻骑兵"与此相仿，但队伍更加精干，除社长兼总编辑魏奉璋之外，仅有电务二人、文印一人，外带一名饲养员和一头驮骡，随军区部队流动出报。而晋察冀日报社将采、编、印、发、电台、后勤混编为三个反"扫荡"梯队，一梯队为武装梯队，二梯队负责报纸编印，三梯队分散到较为隐蔽的地区，所有记者全部派到前线和各地区采访，有的编辑也被派出采访。

持续八年之久的全面战争所造成的通货膨胀导致了传播成本的不断提高，但面对因物价飞涨而不断削弱的民众购买能力，新闻机构的使命决定了其不可能通过提高价格来转嫁成本，为了保证传播效果，各地报刊始终坚持低价原则，由此造成了经营上持续而巨大的亏损，各报社对财政支持的依赖性也随之增加。而边区政府的财政状况亦不容乐观，根据地孤悬敌后，属于典型的无后方作战，党政军民机关一切所需基本依靠自筹，但偏远山区的小农经济、基本空白的工业生产、极不活跃的商品交换、战争所带来的社会动荡，都在相当程度上限制了财政的增收空间。尤其是1939年之后，国民政府釜底抽薪，对华北抗日前线艰苦支撑的八路军部队停发军饷，1940年后，日伪的步步"蚕食"使边区政府所控制的土地面积和人口数量不断减少，财政收入下行的同时，日渐频繁的战争则加剧了边区财政的支出压力，局面日益严峻。虽然边区对党报的政策性亏损有所补贴，但有限的经费维持生存尚嫌不足，支持发展更显困难。因此各地党报均努力通过报刊发行、图书出版、刊登广告等经营活动弥补经费缺口。最困难的时期，报社甚至需要自己动手建设"家务"，号召和组织职工开展大生产运动以解决吃饭问题。上述举措虽然不可能实现完全自给的目标，但在部分程度上缓解了事业发展和经费紧张之间的矛盾，更重要的是在极端困难的环境中锻炼出一支政治过硬、业务精通、经营有方、坚强有力的新闻传播队伍，为解放战争时期和新中国成立之后新闻事业的发展奠定了基础。

在物资供给方面，由于根据地经济发展水平的低下，加之战争对工农业生产及各方面建设的巨大破坏，各地报刊在创办初期对外来物资依的赖性都很强，大到铅印机、石印机、印石、纸张、电台、马达等，小到铅字、油墨、石印药墨和药纸、电池、铅笔、毛笔、刻刀等，均需从敌占区购入。由于日伪与国民党政权的双重封锁，各地在物资采购方面都曾付出巨大牺牲。之后随着根据地经济发展，自给程度日益提高，纸张、油墨等基本实现了自给自足，但一些特殊物资，如电务部门所需的收发报设备和器材，新闻摄影所需的光学器材和冲洗设备，印刷厂所需的铅印设备和特殊纸张、石印油墨，则仍依赖外部购进。整个抗战期间，根据地传播机构始终未能彻底摆脱输入依赖，但均在自给自足方面进行了艰苦卓绝的努力，并在技术创新方面将有限的智力资源发挥至极限。

三、"太行山经验"与中共第一次新闻改革

早在"晋西事变"爆发之前，各根据地党组织已经有过相当成功的新闻传播实践。1938年5月1日创刊的晋冀豫党委机关报《中国人报》，先在沁县，旋迁屯留，负责人李竹如早年即系中共著名报人。虽然从创刊到终刊仅8个月时间，但李竹如以其丰富的新闻经验，领导该报在敌后办报方面进行了可贵探索。首先是内容的地方化色彩，在国际和国内新闻之外，尤为重视本地军民开展对敌斗争和减租减息等方面的报道。其次是初步建立了通讯网，在几乎没有自采力量的情况下，依靠通讯网成功开展了本地新闻报道，可以说是根据地全党办报的最初尝试。再次是普遍组织了各地的《中国人报》读者会，密切了与群众的联系，为之后根据地的群众办报积累了初步经验。该报是华北新华日报社创办的重要基础，《新华日报》（华北版）则是《中国人报》的"升级版"，早在《新华日报》落地太行山之前，《中国人报》已初步探索出一套行之有效的敌后新闻传播模式。与《中国人报》同日创刊的晋冀特委机关报《胜利报》，在安岗的带领下，辗转于和顺、辽县、榆社、涉县等地，也在敌后游击环境中不

断发展壮大。在没有电台作为信息来源的条件下，也通过发展通讯队伍补充自采力量，有效解决了稿源问题，同时在通俗化和大众化方面走出了一条成功之路，是全国各级党报中富有浓厚的地方色彩、民众反映强烈的一张人民的报纸。尤需注意的是，该报成功的发行网络建设造就了太行北部战时交通网的雏形，1940年之后与华北新华日报社联合成立发行办事处，成为边区邮政事业的先驱。地方内容、社会稿源、战时传播，抗战前期活跃在太行山根据地的上述两报，以其创造性的新闻实践为"太行山经验"提供了最初的灵感。

"太行山经验"是敌后残酷环境淬炼而成的一套制度化的经验体系，作为集体智慧的结晶，这一体系可以被视为各地新闻机构因时因地制宜的各种经验性做法的集大成者。它涵盖战时新闻传播活动的各个方面，包括以武装化、轻装化、配给制为主要特征的组织形态，以通讯网为核心的内容建设，以交通网和读报组织为支撑的信息传递，也包括经营方面的低价策略、"家务建设"、采购与自给结合的物资筹措方式等等，其中至关重要的是通讯网建设和游击办报。

（一）通讯网建设

抗战前期，稿荒是根据地报刊普遍面临的棘手问题。各报在创刊之初，自采力量均严重不足，晋察冀的《抗敌报》只能靠为数不多的编辑抽空采访，全社只有十余人的《中国人报》没有专职记者，[1]《太岳日报》只有两名专职记者，《新华日报》（华北版）虽是北方局机关报，创刊时也仅有专职记者数人。地方稿源不足，报纸不得不大量采用新华社及其他境内外通讯社的稿件，从而导致了新闻宣传疏离于当地群众、脱节于实际工作。晋西北《抗战日报》在整风运动中所反思的"聋、盲、哑、软"问题——对群众的呼声和要求失聪、对各种问题失明、解释党的政策时失声、批判

---

[1] 刘威. 关于中国人报的一些史实[M]. 刘江, 鲁兮. 太行新闻史料汇编. 太原: 太行新闻史学会编印, 1994，第373页。

和斗争无力，[1] 毛泽东批评《解放日报》社长博古"站在喜马拉雅山上办报"，批评《抗战日报》"为新华社办报"而非"为晋绥人民办报"等问题，究其根源，部分出于办报理念偏差，根本则在地方稿源不足。

在专职记者数量有限的情况下，发展通讯员、建设通讯网是扩大本地稿源的不二选择，敌后各报社对此均给予了极大重视。报社通常都设有专职部门，负责在机关、部队、学校及各县区发展通讯组织，建立通讯网，编印通讯刊物，向编辑部收转、推选或直接编辑通讯员来稿，并通过来稿发现新闻人才、补充采编队伍。《新华日报》（华北版）在创刊当月即意识到，编辑一种"战斗的地方性报纸"，"其最大的困难是当地新闻材料的搜集，只有组成广大的地方通讯网，才能胜利克服这些困难"，并提出了组织通讯队伍的思路：在各区村牺盟支部、农工青妇的区村分会、区村公所、各级学校建立通讯堡垒；用通讯、赠报、稿费种种方法提高通讯员采写新闻的兴趣；信息零碎、词句不通的来稿要耐心整理、综合与改写，不用的稿子应一一回信说明。[2]《抗战日报》于1941年成立了采访通讯部，采通部之下设有专职负责与通讯员联系的通讯联络科，通联科经常给通讯员写信，并且出版专业刊物指导通讯员写稿，通讯网建设因此也取得了一定成效，报纸创刊第一年内已发展通讯员300余名。新华日报社曾在报上公开招请"抗日救国通讯员"，凡投稿三次即予聘请，并号召各部队、机关和村庄组织读者会，集体读报、集体写稿。

除报社自建之外，中共党组织是通讯网发展的更强推动。1940年初，北方局书记杨尚昆在《新华日报》（华北版）撰文批评各地党组织"未能给报纸以应有的帮助"，要求"每个同志都应该帮助《新华日报》华北版建立通讯工作，组织各地的通讯网"，帮助该报"在广大的民众中建立'读者会'，使党报与广大的群众密切联系起来，达成它应当成为'集体组织者'

---

[1] 廖井丹. 回忆《抗战日报》的战斗岁月[M]. 山西日报新闻研究所. 战斗的号角. 太原：山西人民出版社，1985，第17页.
[2] 李野. 怎样编一个战斗性的地方报纸[N]. 新华日报（华北版），1939.

的责任"。[1]晋冀豫区党委早在1938年8月就明确要求各级宣传部尤其是特委一级宣传部，"寻求约定与指定《中国人报》通讯员，建立通讯网""各级宣传部门应经常检查督促执行其任务""各宣传部部长为特约通讯员，必须经常写通讯"。[2]1940年9月再次通知各级党组织，除要求推动发行和读报工作之外，并责成各地经常组织报道、反映各地工作经验，对地方党委在报纸内容建设方面应负之责作出了明确规定。[3]1941年，进一步要求各县委宣传部：每月至少向报纸投稿两次，收集各方面对报纸的反映和意见，至少每月向区党委报告一次。[4]

战争期间，以各级党委宣传部及其指定、约定的通讯员为核心，以分布在军政民学机关和工农青妇等群众救国组织中的通讯员为外围，以地方报纸及其通讯网作为基层架构，党报通讯队伍在太行山根据地迅速发展壮大。《新华日报》（华北版）1939年初创刊时只有少数知识分子通讯员，当年年底发展到500人左右，并在敌占区发展了少数通讯员，1941年9月发展到720人，最多时曾达到八九百人。进入"太行版"时期，1944年全区通讯员达到1500余人，1945年增到2000余人，年均来稿数量超过1万篇。抗战日报社1941年1月只有50多个通讯员，每月人均投稿不足1篇，1945年增至1000人，其中三分之一为工农通讯员，全年来稿13415件，月均1118件。晋察冀根据地的通讯员也在短短数年间从几十人增到上千人。1940年，因为稿源过剩，《抗敌报》增出《每周增刊》，刊发不宜在报纸发表的较长文章及报纸版面无法容纳的来稿。

作为中国共产党在革命年代的创新之举，通讯网的意义不仅在于稿荒问题的解决。它是全党办报的制度架构，群众办报的原初动力，也是党报理论转化为传播实践的现实基础，可以说，抗战期间敌后新闻传播的成

---

[1] 杨尚昆.阅读推销党报应当是每个党员的责任——为《新华日报》华北版一周年纪念作[N].新华日报（华北版），1940。
[2] 中共晋冀豫区委对党报的决定（1938年8月1日）[J].战斗，1938(4)，第12页。
[3] 关于胜利报（1940年9月20日）[J].战斗，1940(42)，第10页。
[4] 中共晋冀豫区党委关于党报——晋冀豫日报的决定（1941年6月10日）[M].刘江，鲁兮.太行新闻史料汇编.太原：太行新闻史学会编印，1994，第10页。

功，通讯网建设是一个决定性的因素。而新闻宣传作为社会动员的有力武器，则在化中央意志为全党意志、化党的意志为全民意志、通过建立社会共识实现社会整合和秩序再造的动员过程中发挥了不可替代的作用。其成功的经验深远地影响了之后数十年新闻宣传事业的发展，进入21世纪之后，县委一级的通讯组织才逐渐从新闻传播领域淡出，但取而代之的县级新闻中心依然发挥着类似作用。

（二）游击办报

对于服务于战争的敌后办报而言，应对频繁的战争是生存的首要问题，游击环境中的生存智慧因此是"太行山经验"的核心内容之一。晋察冀日报社从1937年12月创刊起，在频繁的"扫荡"与反"扫荡"中游击于北岳区各地，足迹遍及阜平、平山、灵寿、盂县、五台、曲阳、唐县、易县等地。《胜利报》从1938年5月创刊到1941年底终刊，3年半时间内在晋、冀两省的和顺、辽县、榆社、黎城、涉县、武安等地先后转移不下20次。华北新华日报社经历了9次"扫荡"，七易其址，先后驻扎四县八地。太岳日报社从1940年创刊至1945年抗战胜利，在沁源、沁县、屯留、安泽、阳城、沁水各县之间辗转迁移十余次。晋豫地区的党报机构，大部分时间游击于晋豫、太南、岳南等地。

经验往往始于教训。作为游击出报典范的晋察冀《抗敌报》，最初设在阜平县城的报社于1938年3月5日遭日机轰炸，石印机连同正在印刷的报纸均被炸毁，这是对敌后新闻机关在中心城镇设址的警示。1938年秋季反"扫荡"中，该社约500人马从五台向阜平转移途中，在龙泉关险遭不测。1939年的反"扫荡"中，游击办报队伍在易县芝麻沟再次遇险。此后即开始了轻装游击的不懈努力，并在1941年空前残酷的反"扫荡"中创造了"八头骡子办报""七进七出滚龙沟"的奇迹，其人员梯次配置、物资分散各处、只要有24小时就坚持出一张《反"扫荡"工作提纲》，均堪称游击办报的经典教材。此次反"扫荡"之前，两匹骡子即可驮运的轻便铅印机已由报社工人牛步峰等研制成功，轻便铅字架也已改造成功，设备轻装化水平达到了抗战期间的历史最高点。同时，为减少铅字的携带量，报社要求把稿件用字控制在 3000 个常用字范围内。报社实行了应对最大困难的新编制，挑选精壮人员编成两个梯队，一是武装梯队，负责侦察敌情、放哨保卫、抗击敌人、掩护转移；二是出报梯队，人员精减到极限，编辑只留 4 人，电台、排字、印刷、发行、生活管理人员均精减至十余人，出报梯队亦携带武器，万一遇敌亦须投入战斗；体弱或患病者，以小组为单位分散隐蔽。与此同时，报社在各处分设了 3 个印刷厂、12 个物资储备点，各处储备的印刷物资、生活和医疗用品可保证 4 个月作战出报之用，游击办报队伍因此可以摆脱辎重拖累，在行军途中就近补给。反"扫荡"持续了 25 天，《晋察冀日报》出版了 23 期铅印报，报道了边区各地反"扫荡"的胜利捷报及军民抗日杀敌的英勇壮烈情形，极大鼓舞了晋察冀军民的战斗意志，《"地狱"的"王道"——盂县无人区》《日寇在平山的大屠杀》等揭露日军暴行的作品，戳穿了其"只打八路军，不打老百姓"的谎言，"狼牙山五壮士""放牛娃王二小"等可歌可泣的英雄故事被边区军民广泛传诵，激励着不屈不挠的抗争。在 1943 年的反"扫荡"中，这一策略更是得到了淋漓尽致的发挥。这是晋察冀根据地抗战期间最后一次，同时也是规模最大的一次反"扫荡"作战，对报社而言，则是持续时间最长、战斗最频繁、处境最危险的一次游击办报，《晋察冀日报》以其出色的表现，为战时的流动出报画上了圆满的句号，同时也彰显了敌后根据地新闻传播的人民战争和游击战争色彩。

《新华日报》（华北版）从 1939 年到 1942 年初经历了五次反"扫荡"，均有惊无险，1942 年 5 月的第六次反"扫荡"中，500 余人组成的庞大队伍 24 日从辽县山庄村撤离后即与八路军总部失去联络。次日全社陷入重围，当晚决定向武安突围，其时人员已失散小半。26 日被敌三面追踪，只能化整为零，分头突围。此后半月间，500 余人辗转于崇山峻岭，社长兼总编辑何云在内 46 人壮烈牺牲，成为抗战新闻史上最悲壮、最惨烈的一页。血的教训不断补写着"太行山经验"。自 1943 年 1 月起，华北新华日报社大幅裁撤冗员，此后的三次反"扫荡"中，报社组织精干力量随北方局坚持战时出报,其他人员就地分散转移;8个大大小小的印刷厂隐蔽在各地,战时可就近出报而无辎重拖累;三次反"扫荡"非但没有受到损失,且坚持了战时报纸的出版,分散在各地的采编人员在反"扫荡"中采写了一大批优秀稿件,真实而迅速地反映了群众游击战的伟大力量。

(三)太行山经验与解放日报改版

中共中央机关报《解放日报》1941年5月创刊后,脱离抗战实际,照搬城市报纸、脱离基层通讯网关门办报,"一国际,二国内,三边区,四延安"的版序之下,一版头条基本都是国际新闻。用毛泽东同志的话说是替外国通讯社作义务宣传员,是一张"不完全的党报"。[1]1942年的《解放日报》改版拉开了延安新闻界的整风序幕。4月,陆定一到《解放日报》担任整风专版"学习"的编辑,8月被任命为总编辑。

关于《解放日报》改版,既往的研究忽略了一个看似很小其实很重要的细节,那就是陆定一本人在改版中的作用。或者说,虽然注意到陆定一与博古之间的博弈、博古与王明路线的历史纠结、陆定一对毛泽东新闻主张的坚定追随,但却忽视了陆定一背后的另一个思想资源。陆定一早年曾在团中央从事报刊编辑工作多年,遵义会议后出任红军总政治部宣传部部长,全面抗战爆发后任八路军总政治部宣传部部长,并以北方局党报委员会主任身份领导《新华日报》(华北版)的工作,在太行山根据地与日军周旋3年之久。在此期间,他撰写了一系列文章,对敌后抗日根据地的新闻宣传工作进行了系统的经验总结。其中,1939年1月19日发表在《解放》杂志上的《晋察冀边区粉碎敌人进攻的几个重要经验》[2]和同年4月9日发表在《新华日报》(华北版)的《目前宣传工作中的四个问题》两篇文章中,陆定一对游击办报的具体措施、本地新闻尤其是本区作战消息在报刊上的主导地位、如何建设通讯网开展全党办报、如何动员群

---

[1] 毛泽东.给何凯丰的信[M].毛泽东新闻工作文选.北京:新华出版社,1983,第99页。
[2] 陆定一.晋察冀边区粉碎敌人进攻的几个重要经验[M].陆定一文集.北京:人民出版社,1992,第165页—第201页。

众从读报识字到自觉参与办报等都进行了系统论述。

将陆定一的文章与《解放日报》改版方案和"太行山经验"进行对照，不难看出三者高度的相似性。《解放日报》成功改版后，作为改革成果和全党办报规范的《中共中央西北局关于解放日报工作的决定》，基本都没有超出太行山根据地新闻实践的范围，甚至可以说是前述晋冀豫区党委三个决定的"升级版"。由此可见，1942年之前，在利用新闻宣传"反映抗战、组织抗战、指导抗战"方面，敌后根据地的报纸已经走在了《解放日报》前面。从血与火的洗礼中总结出的"太行山经验"，是来自敌后战场的"源头活水"，也是中共党报理论完成顶层设计的灵感之源。改版过程中，毛泽东作为直接领导者和具体指导者提出了党报的方向性要求和框架性原则，陆定一的"太行山经验"则沿着这个方向的指引，落实了原则、充实了框架。可以说，《解放日报》最终成为"完全的党报"，全党办报方针的最终确立，"太行山经验"有着不可忽视的历史地位和重要作用。

改版后的《解放日报》不再"替外国通讯社作义务宣传员"，根据地成为报道主体，全党办报、群众办报方针得以确立，广大通讯员成为办报主体。1942年10月，毛泽东亲自起草了《中共中央关于报纸通讯社工作的指示》，要求各地对西北局的决定"仿此办理"。[1]《解放日报》改版的局部经验迅速扩大到各根据地。在此后的解放战争时期，伴随着中国革命的节节胜利，群众性的新闻传播得以在更大范围内和更高层面上付诸实践。铭刻着民族苦难与历史荣光、承载着全党办报和群众办报智慧的"太行山经验"，上承"借口说话"、下启"众口传播"，最终沉淀为中国共产党新闻事业的基本路线和党报传播的优良传统。

---

[1] 毛泽东．增强报刊宣传的党性[M] 毛泽东新闻工作文选．北京：新华出版社，1983，第97页。

四、通讯事业的发展与根据地的对外传播

根据地的新闻传播事业,对内承担着宣传抗战、组织抗战、指导抗战的任务,对外肩负着向国统区、敌占区民众乃至全世界人民宣传敌后抗战的使命。八年间,党领导下的通讯事业从无到有、由小而大,红色电波穿越千山万水,把党的声音传遍四面八方;广大新闻工作者克服重重困难,成功开展了面向敌占区的新闻传播;众多外国记者冲破国民党当局的舆论封锁,亲赴山西敌后进行战地采访,向国际社会报道了共产党领导下的敌后军民英勇精神和不屈抗争。

（一）山西敌后通讯事业的发展

从辛亥革命胜利到全面抗战爆发之前的二十多年间,山西曾有十多家新闻通讯社先后存在,但太原沦陷前大多停办。全面抗战爆发后,山西敌后的通讯事业与新闻媒体一样经历了"借口说话"和独立发声两个阶段,"晋西事变"之前以"借口说话"为主,所借之"口"除了统一战线组织之外,还有阎锡山的官方通讯机构和民间通讯组织,"晋西事变"之后新华社在山西各地的分支机构成为通讯事业的主体。

由于国民党当局的严密封锁,敌后根据地党报党刊对外传播困难重重,为冲破封锁,根据地新闻机构或利用阎锡山当局的合法通讯社,或建立实际上接受党的领导的民间通讯机构,以"借口说话"的方式积极开展对外宣传。抗战前期的山西敌后,不以共产党新闻传播机构面目出现,但实际上接受共产党领导或有共产党人参与其中的通讯社,主要有官办的第二战区民族革命通讯社、民营的全民通讯社、第六专署的战斗通讯社,以及国际新闻社设在晋西北和晋东南的两个通讯站。

第二战区民族革命通讯社1938年初在吉县古县村成立,并陆续设立了上党、汾西、岢岚、五台、平陆、河口（岚县）、榆林及香港、重庆、成都等10个分社（后又增设雁北分社）,一年后总社人员达到60余人,配备有50瓦汽油动力发报机,每家分社约有10人,配备15瓦手摇发报机,

总、分社之间每日定时收发电讯。战区内各分社的人员大多为共产党员和进步青年,如后来的《新华日报》(华北版)记者李庄、中共晋西区委政研室主任段云、《抗战日报》总编辑常芝青、采通部主任穆欣、《晋察冀日报》副总编郑季翘及香港分社社长林焕平等,都曾或暂或久参加过民革社的工作,总社亦有部分共产党员和政治上倾向共产党的进步人士,如后来担任九三学社中央常务副主席的孙承佩(孙季白)和1946年在大同附近被国民党特务杀害的新华社特派记者仓夷(郑贻进)等。在对外宣传方面,战区之外的各分社发挥了积极作用。香港分社又名南华分社,经常将总社发来的稿件转发到港、澳地区的中文报纸和东南亚各地的华侨报纸,同时向总社编发国际上对中国战局的分析评论及海外华侨支援祖国抗战的动态消息,由总社编发战区各分社,成为山西敌后报刊国际消息的重要来源。重庆和成都的分社亦向当地报纸转发总社稿件,很多新闻被《新华日报》和其他进步报刊采用。总社编印《民革通讯》,将较长的通讯及综合性的述评、专稿寄发各分社及其他报刊。抗战初期,民革社的新闻"每天为全国几千家报纸所争载、全国几千万读者所珍惜。……成为西北战场上的主要通讯社"。[1]"晋西事变"之后,总社的进步人士或前往共产党根据地,或去往大后方,共产党根据地内的各分社均与总社断绝来往,阎管区的上党分社和吕梁分社则辗转前往晋冀豫和晋西北根据地,民革社名存实亡,1946年在太原正式宣告停办。[2]

全民通讯社诞生于抗战初期的山西,前身为天津中外新闻学社,天津沦陷后根据周恩来指示来晋筹办,"定名为全民通讯社,社长由李公朴担任,实际工作由党领导,经费也由党负责"。1937年9月在太原成立并开始发稿,重要稿件由彭雪枫审查,编辑部工作人员包括青年音乐家周巍峙等人,记者包括青年摄影家沙飞(司徒传)、小方(方大曾)。10月初忻口会战爆发,全民社随八路军驻晋办事处人员转移到临汾。12

---

[1] 穆欣.抗烽火中的中国报业[M].重庆:重庆出版社,1992,第231页。
[2] 曲咏善.民革通讯社史略[M].山西文史资料,1986(6),第98页。

月奉彭雪枫指示迁往武汉，先后由八路军驻武汉办事处负责人李克农、长江局宣传部部长凯丰领导。1938年10月，武汉沦陷，全民社迁往重庆。1939年秋迁往成都。1941年"皖南事变"后，奉周恩来指示停止活动。全民社的特约撰稿人员曾多达150人，主要分布在战区，尤其以华北为多。该社经常将采访所得的国民党机密情报、内部文件提供给中共组织，如国民党政府1939年秘密颁布的《限制异党活动办法》，同年10月秘密颁布的《异党问题处理办法》，均系全民社通过社会关系获得并转交重庆八路军办事处的。

国际新闻社1938年10月20日经国民政府批准后在长沙成立，所联系的国内报刊和海外华侨报刊达150多家，国际影响力甚至超过了国民党中央社。国新社内部设有中共秘密支部，作为实际上受共产党领导的民间通讯社，在新华社公开发稿之前和不能发稿的地区，是共产党"借口说话"的有力武器。

"皖南事变"之后，国新社桂林总社、重庆分社于1941年5月被国民党当局关闭，工作人员部分转移到根据地和国统区，其余迁往香港，同年底太平洋战争爆发后香港沦陷，国新社宣告结束，抗战胜利之后始得重建。

1939年"晋西事变"期间，经周恩来同意，国新社决定在靠近延安的晋西北和八路军总部常驻地晋东南派驻特派员并设立通讯站。晋西北由穆欣担任特派员和通讯站主任，1940年8月1日正式成立。晋东南通讯社则聘延安鲁艺学院乔秋远和总社职工高咏任特派员，二人均在1942年5月太行根据地反"扫荡"中牺牲。

"皖南事变"之后，国新社受到严重摧残，总社及重庆办事处被查封，其在山西各地的活动也随之停止。穆欣领导的晋西北通讯站继续与香港分社联系，同时对有联系的国内报刊直接供稿。因新华社稿件在国统区受限，《抗战日报》决定在穆欣主持的采通部内成立对外发稿科，利用国新社通讯站时期建立的业务联系网络，以穆欣个人名义向外寄发稿件。对外发稿科的活动持续了两年时间，1943年秋，周恩来委托从延安返回晋西北的晋绥第八军分区司令员韩钧捎话给晋绥分局负责人和《抗战日报》社长廖井丹称："穆欣同志这几年向大后方报纸写过不少介绍敌后军民坚持对敌斗争的通讯，对于粉碎国民党诬蔑我们'游而不击'的谣言，起了好的作用。"

新华通讯社的前身红色中华通讯社于 1931 年 11 月 7 日在江西瑞金成立，1935 年 11 月 25 日在陕北瓦窑堡恢复，西安事变后随中共中央迁至延安，并更名为新中华通讯社，简称新华社。1941 年皖南事变之后，随着全民社和国新社相继停止活动，新华社系统逐渐成为中国共产党通讯社事业的核心。[1] 自 1939 年起，新华社开始在敌后各根据地建立地方分支。1941 年之后，各地的地方性通讯社均更名为新华社的分、支社，并在业务上接受总社领导。1942 年，新华社基本上统一了全国各抗日根据地的新闻广播。此后直到抗战胜利，由 9 个总分社和 40 多个分社组成的新闻通讯网遍布各抗日根据地，肩负起敌后新闻传播的使命。在山西敌后，晋察冀、晋冀鲁豫、晋绥和太岳等根据地共有 4 个总分社和 20 多个分支机构，占新华社地方分支机构的半数左右。当时的新华社尚未成为集中统一的国家通讯社，各地分支机构因此带有浓厚的地方性色彩，组织上接受各地党委领导，一般与所在地区报社合署办公，采访工作也以地方为主，只在业务上由新华总社统一指挥。

1941 年初，新华社华北总分社在辽县麻田镇附近的山庄村正式成立，与华北新华日报社合署办公，总分社社长由报社社长、总编辑何云兼任，副社长兼总编辑由《新华日报》（华北版）副总编辑陈克寒兼任，副总编辑由报社通联部部长林火兼任。1943 年 10 月 1 日，北方局机关报《新华日报》（华北版）改为太行区党委机关报《新华日报》（太行版），新华社华北总分社也随之更名为新华社太行分社，社长由报社总编辑史纪言兼任。抗战胜利后的 1946 年初，随着晋冀鲁豫中央局机关报《人民日报》的创刊，新华社又设立了晋冀鲁豫总分社，太行、太岳、冀南、冀鲁豫

---

[1] 万京华. 抗战时期中共通讯社事业发展研究 [J]. 现代传播（中国传媒大学学报），2015，第 99 页。

等分社的稿件均发往总分社，经选编后再发往延安总社。

除新华社华北总分社及太行分社之外，抗战前期的太行根据地，尚有过新华社晋冀豫分社及其前身民族革命通讯社上党分社。1941年11月随《晋冀豫日报》一起并入华北新华日报社和新华社华北总分社。

1942年3月1日，以《太岳日报》通联科为基础成立了新华社太岳分社。1944年，《太岳日报》改为《新华日报》（太岳版），为集中力量办好刚由石印改为铅印的报纸，边区党委决定分社与报社合署办公，对内是报社采通部，对外仍保留分社名义。被誉为太岳新闻三杰的金沙、江横（董谦）、何微，经常身临前线深入采访，他们的作品不仅在当时受到根据地军民的广泛好评，得到过中共中央及其机关报《解放日报》的表扬，而且成为珍贵的战史资料和新闻资料。

新华社晋察冀分社迟至1945年6月才正式成立，但晋察冀边区的通讯事业从抗战初期就已开始发展并不断壮大。1939年5月14日，晋察冀通讯社在阜平县三将台村成立，主要任务是向《抗敌报》供稿，向新华总社发稿，发展通讯员和建立通讯网等。1940年5月，中共中央北方分局决定将晋察冀通讯社合并到抗敌报社，成为报社的通讯部，报社以新华社晋察冀分社名义向延安总社发稿。1942年，晋察冀分局党报委员会决定将通讯工作移交党委领导，但之后通讯工作的组织机构问题始终没有得到有效解决。1945年3月4日，新华总社在《关于通讯工作致各地分社与党委电》中要求通讯社应有单独的组织机构，尚未建立新华分社的地方要在最短时间内建立，6月29日，新华社晋察冀总分社正式成立。日军投降后，邓拓担任晋察冀分局宣传部部长兼晋察冀日报社社长、新华总分社社长，在分局宣传部和报社编委会领导下，晋察冀的通讯工作进入了历史最好时期。

1940年春夏之交，中共晋西区委在筹办《抗战日报》的同时即开始筹划新华分社。1940年9月《抗战日报》创刊时，由民革社岢岚、河口、雁北等分社合并而成的晋西北分社并入抗战日报社。自1941年初起，抗战日报社开始向延安总社编发电讯稿件。1942年，新华社晋西北分社在陕西省神木县杨家沟村成立，与报社采通部合署办公。抗战胜利前夕，以南北两个随军记者组为基础，先后成立了吕梁、雁门、绥蒙、晋中四个新华分社。

（二）抗日根据地对敌占区的新闻传播

对华"思想战"是侵华日军"总力战"的重要组成，8年战争期间，为了对中国百姓进行"精神工作"，日伪报纸在沦陷区达到了泛滥程度。据统计，1940年，我国19个省的大中城市共有日伪报纸139种。山西省内则有太原的《山西新民报》、日文版的《东亚新报》、临汾的《晋南晨报》、大同的《晋北报》，另外还有太原放送局（即广播电台）。《山西新民报》还在临汾、运城、潞安、阳泉、崞县等地设有分支机构。[1]

在与共产党争夺民众的斗争中，日伪以物质利诱为辅助的"精神工作"某种程度上确乎得售其奸，不少青少年因此而误入歧途。1941年初，邓小平回顾晋冀鲁豫1940年工作时指出，"敌占区同胞与抗战区对立"根本上是因为敌人的"精神工作"在起作用，所以釜底抽薪的办法是以思想战对思想战，揭破其欺骗宣传。[2]1939年初，陆定一在《目前宣传工作中的四个问题》中，就把对敌伪军与沦陷区的宣传工作列为华北党组织的重要宣传任务。1941年3月20日，中共中央发出《中央宣传部关于反敌伪宣传的指示》，要求利用敌国、敌军内部及敌伪之间存在着的矛盾，争取宣传战的胜利，并针对不同对象制定了不同方针：对敌的宣传方针在于瓦解，对伪的宣传方针在于争取，对沦陷区同胞的宣传方针则在于"揭破敌伪所加于他们的欺骗麻痹，提高其民族觉悟与警惕性"。[3]此后，各根据地均加强了对敌舆论攻势。

在晋冀豫地区，华北新华日报社于1940年8月1日在武乡县安乐庄创办了专门向敌占区发行的报纸《中国人》，主要编辑为赵树理，其政治

---

[1] 张全盛．魏卞梅．日本侵晋纪实[M]．太原：山西人民出版社，1992，第305页—第306页。
[2] 邓小平．胜利的回顾与胜利的期待[N]．新华日报（华北版），1941。
[3] 中共中央宣传部办公厅等．中国共产党宣传工作文献选编（1937–1949）[M]．北京，学习出版社，1996，第209页—第212页。

任务是向敌占区人民宣传共产党的政治主张，揭破日伪的欺骗宣传。由赵树理主持的副刊"大家看"内容生动、形式活泼、尖锐深刻，大大鼓舞了敌占区人民对敌斗争的激情。1941年更将"面对敌占区"继续作为年度宣传报道方针之一。中宣部指示发出的当年，晋察冀日报社于12月20日创办了《实话报》，面向北平、天津、保定、石家庄、太原、大同以及沈阳、大连等敌占城市和游击区同胞发行。《实话报》的主要内容包括：宣传抗日民主政权的政策法令；宣传八路军打击日军、保卫人民的胜利，警告当汉奸没有好下场；报道敌占区物价飞涨、粮食恐慌、士兵厌战等严重危机；宣传日军在太平洋战争中的节节败退、各国人民募捐援华、德意两国法西斯惨败等。该报每期发行5000份，不少敌伪官兵、伪政府人员看到《实话报》后弃暗投明。[1]1942年2月，晋绥根据地也创办了面向敌占区的《正义报》，该报由晋绥分局宣传部主办，初为八开铅印的小报，发行一两千份，后为方便在敌占区携带和传阅改为32开刊物，发行增至三四千份，1943年更名为《祖国呼声》，内容也有所增加，有时一期可达七八十页。除1943年因干部整风学习一度暂停外，《祖国呼声》一直坚持到1945年抗战胜利前夕，先后出版30期。另外，晋绥根据地还以"祖国呼声社"名义出版过《祖国呼声丛刊》。由于沦陷区的特殊情况，这些刊物一般都是秘密发行、伪装传播、互相传阅，对瓦解日伪、争取民心、推动对敌工作局面向好起到了积极作用。

在敌后根据地，抗日军民俘虏并教育和改造了很多日军官兵，以其为基础建立了"日本士兵觉醒联盟"，该组织1942年8月并入"在华日人反战同盟"，1944年更名为"日本人民解放联盟"。抗战期间，该组织在山西敌后创办了很多日语报刊，在根据地对敌宣传中发挥了重要作用。晋冀鲁豫根据地有觉醒联盟创办的《觉醒》《反战》《日军之友》《兵士的呼声》及反战同盟创办的《报道新闻》《同胞新闻》等。晋察冀根

---

[1] 陈春森口述，陈华整理．从《晋察冀日报》到《人民日报》．人民网读书频道（http://book.people.com.cn），2012。

据地有反战同盟创办的《战友》《前进》《日军之友》《日本人民之友》等。在晋绥根据地，日本人反战同盟晋西北支部出版过专供同盟成员和日本士兵阅读的《反战同盟报》，由小林武夫等编辑，他们除了编辑刊物，还经常到前线去做日军的反战工作，引导他们认清法西斯政治宣传的欺骗性。[1] 这些日文报刊的传播方式不但多种多样，而且别出心裁。如在战斗中冲锋或撤退时散发在阵地上或战壕里；事先散发在日军行军时沿途所经地点；在被我军击毁的火车、汽车，以及遭到破坏的公路、铁路、桥梁、电话线路上张贴；散发给战斗中被俘虏但无法带走的日军士兵，或塞在阵亡日军士兵的身上；潜入敌占区散发或邮寄；用弓箭射入敌方营地或据点；等等。

（三）外国友人对山西敌后根据地的报道

在抗战的前两年即1937年和1938年，由于国共两党关系相对融洽，许多外国记者得以进入延安和敌后抗日根据地采访，对这一时期外国记者在山西等地的采访活动，爱泼斯坦回忆称："斯诺和史沫特莱再度西行，斯特朗在晋东南访问了朱德的司令部。年轻进步的新西兰人贝特兰跑遍了晋察冀根据地。美联社的汉森从沦陷区北平出发，深入冀中根据地。美国海军陆战队的卡尔逊上校，虽不是记者，却通过斯诺的介绍，在八路军的抗战前线待了好几个星期。游击队的士气和战术给了他深刻的印象。"[2] 其中，史沫特莱又于1937年8月从延安赴山西前线采访，1938年1月由山西转赴武汉后，向中外记者介绍八路军的英勇战绩，同时要求国民政府实行全面抗战，并呼吁国际社会停止向日本提供战略物资，此举曾被周恩来称赞为"疾风知劲草"。

抗战进入相持阶段后，国民党当局一方面利用其战时新闻检察机关及中统、军统、三青团等特务机构封闭共产党在国统区的新闻宣传，使大

---

[1] 胡也，邵挺军. 紧张、艰苦、愉快的报人生活 [M].《晋绥日报简史》编委会编著；阮迪民，杨效农执笔.《晋绥日报》简史，重庆：重庆出版社，1992，第173页。
[2] 爱泼斯坦. 回忆美国对中国抗日战争的报道 [J]. 新闻记者，1985(9)，第8页。

后方的外国记者对共产党及其敌后根据地的情况无从了解。另一方面严禁外国记者到共产党领导的地区进行采访,从1939年秋至1944年初的近5年时间内,虽然大批外国记者来华采访,但没有一个人曾获得国民政府的许可去往陕甘宁及其他敌后根据地,与共产党联系密切的斯诺、斯特朗、史沫特莱等人在国统区的活动也受到了严密监视。

1944年,在美国的压力、中国共产党的努力、大后方外国记者不断的呼吁之下,国民党对共产党的新闻封锁终于被撕开了缺口。5月17日,由6名外国记者(冈瑟·斯坦因、伊斯雷尔·爱泼斯坦、哈里森·福尔曼、莫里斯·武道、N·普罗茨科、科马克·夏南汉神父)和9名中国记者(孔昭恺、张文伯、谢爽秋、周本渊、赵炳烺、赵超构、金东平、徐兆镛、杨嘉勇)组成的中外记者参观团从重庆启程赴西北。8月13日,爱泼斯坦、福尔曼、武道一行(夏南汉已返回重庆,斯坦因留在延安写稿,普罗茨科途中受伤留在了绥德)从陕甘宁东渡黄河抵达晋绥根据地,受到边区各界热烈欢迎。

9月4日,外国记者一行离开边区首府兴县,前往靠近太原的第八军分区。通过方山县马坊封锁线时,这个日伪盘踞多年的据点刚刚于9月6日被我军攻克,大批被俘的伪军被从战场押回。马坊村内,被炸毁的碉堡浓烟滚滚、火光尚未熄灭,壕沟、铁丝网及各种工事清晰可见。显然,如此复杂的军事设施不但证明了敌伪对我方军民的恐惧,同时也表明了根据地敌我力量对比的变化。记者们在通往八分区的途中看到民兵的地雷封锁线纵横密布,只有一条窄道可以安全通行,当地民众普遍参加了对敌斗争,各种岗哨十分严密。抵达八分区司令部所在的古交叉口乡关头村后,他们又看到了大批被俘的日伪军,参观了地雷网保护之下的军分区医院和兵工厂。

9月14日黄昏时分,记者团一行随八分区政委罗贵波亲自率领的部队进入汾阳边山,宿营于距县城仅20里的一个村庄。汾阳是日军在晋西北的重要战略据点,记者团抵达时,我主力部队正在游击队配合下夜袭县城,15、16两日深夜,外国记者与美军观察组的军医卡斯堡少校登上距县城 10 余里的边山顶峰观战。寒气逼人的夜晚，汾阳城上空浓烟滚滚，笼罩全城达两日之久，日军缩在城内不敢出战，而边山群众则提筐携篮，前来慰劳作战部队并欢迎远道而来的盟国友人，军民团结，同仇敌忾，令外国记者们大为感动。

9 月 17 日，罗贵波部又攻克了汾阳附近的协和堡据点，我军战士扛着缴来的掷弹筒、机枪、步枪、子弹和 40 多头骡子驮着的战利品，押着 50 多个日伪俘虏前来参加盟国记者欢迎会，记者们现场与日伪俘虏进行了交谈。在《来自红色中国的报道》中，福尔曼写道：过去有人说八路军不打仗，没有伤兵也没有俘虏，而且百姓痛恨八路军，今天的事实揭穿了谎言。连国民党方面认为倾向于自己的武道也说，三天的战斗证明了八路军比日军打得好，中国人民有能力将日军赶走。爱泼斯坦则表示要把亲眼所见的事实报道出去，揭穿对八路军的诬蔑。记者们返回八分区司令部之后，又参观了当地群众的反"扫荡"演习，9 月 22 日，又在娄烦镇参观了根据地军民围困敌据点的战斗。

之后，记者团又前往晋绥三分区，在临县三交敌据点附近参观了民兵英雄郭炳旺村的对敌爆炸封锁，这里距离敌据点不过 5 公里，但民兵的地雷阵却令敌军不敢越界。

10 月 2 日，记者团同卡斯堡少校一行西渡黄河返回延安。在晋绥根据地的 7 个星期里，外国记者行程 1600 多公里，其中有半个多月是在八路军的敌后战场，在这里，福尔曼等人留下了《汾阳之战》《进攻娄烦》《华北的子弟兵》《在日军阵线后方》等新闻佳作。

为了记者团在敌后的安全，直到他们安全返抵重庆之后，《抗战日报》才于 10 月 25 日系统地报道了他们在晋西北的活动，并配发了社论《送别盟邦记者团诸先生》，指出侵犯中华民族和中国人民的行为终必归于失败，而中国人民之实行民主政治、配合盟邦进行反攻、争取抗日战争最后胜利的要求，终将克服一切障碍而获得实现，希望盟邦记者把敌后战场的真实情况与中国人民的要求报道出去，以加速这个要求的实现。[1]

---

[1] 社论. 送别盟邦记者团诸先生 [N]. 抗战日报，1944.

五、抗战后期的群众传播实践

敌后各根据地均处于数省交界,文盲半文盲占人口总数90%左右,全面抗战爆发之前鲜有新闻传播活动。根据地开辟之后,共产党领导下的政权和武装力量不可思议地"创造"了作者、"创造"了读者,同时也"创造"了普通民众的新闻需求。奇迹背后的秘密,是中国共产党的群众路线,以及在这条通向社会最底层的道路上,中共各级组织和党员干部所表现出的决心、勇气和坚强的执行力。

(一) 全党办报与通讯网建设

《解放日报》改版前夕,中宣部于1942年3月明确要求各地党政军民负责人成为报纸作者,使报社与党的政治生活连成一气。改版工作基本完成之际,中共中央西北局关于《解放日报》工作的决定作为此次新闻改革的制度性成果开始向各根据地推广,从而掀起了"全党办报"的高潮并成为抗战期间全党新闻传播事业的分水岭。此后,各根据地的党政军民学都被自上而下地动员起来并参与到办报工作中,几乎所有带"长"字的干部都负有为党报发展通讯员、建立读报组、协助采访和发行、提供线索和稿源的具体责任。可以说,全党办报方针的确立,把各个边区都变成了一个大报社,各级各类机关的负责人都成了报社的编外工作人员。通讯网无力的问题,自此得以根本扭转。

根据地的通讯队伍中,区村干部和小学教师占半数、工农通讯员占三成,其中,文字水平的低下和写作经验的缺乏始终是制约通讯工作开展的瓶颈,而且普遍存在着"不愿写"和"不敢写"的问题。为此,各地在通讯工作开展的过程中不断摸索,形成了一套因地制宜的培养教育模式。包括开设新闻训练班进行面授、以写信交流的方式进行函授、通过报纸专栏或通讯工作刊物进行刊授等等。由于各项措施的执行,山西敌后各根据地的通讯网建设迈入了组织化、制度化的快速发展轨道,通讯组织不断健全,通讯员及来稿数量均迅速增长,通讯工作从最初以少数外来知识分子通讯员为主体,发展为拥有广大工农兵通讯员的群众性通讯工作,逐渐形成了小编辑部、大通讯网、全党参与的开放格局,通讯员稿件不但数量上逐渐超过了专职记者,而且在有分量的重大事件报道中也开始占据"上风",成为各地党报的"主力军"。1944年,太行新华日报社几乎全部工作人员都参加了整风,在没有一个记者的情况下,通讯员支撑了全部本地新闻。[1]

纵观根据地各大党报从抗日战争到解放战争期间的办报历史,通信网络的建立健全和通讯员的发展培养始终是报社各项工作的重中之重,尤其是1942年新闻改革之后,"以通讯网为根、以编辑部为干"的群众办报特征随着报纸的发展日益显著,鼎盛时期,在晋绥、晋察冀、太行、太岳等地,均有数以千计的通讯队伍支撑着编辑十多人、记者数十人的党报,成为报纸汲取新闻资源的强大根系和融入当地社会的便捷通道,并因之而成为中共在根据地社会进行宣传、动员、治理的可靠手段,正如晋绥老报人、著名新闻理论家甘惜分所说,党的主张从这里传播出去,人民的情绪和要求集中到这里,又变成印刷品传到各地去。[2]

(二) 读者的"创造"

通讯网虽然将党报的触角延伸到了边区社会的最基层,但从通讯队伍的组织成分上看,这样的努力显然只是完成了办报的党内动员或干部动员。虽然此种动员从中央到分局、从各县到各区再到工农干部贯彻而下、一路到底,因而可以说是彻底的动员,但就广大民众而言却只是接近了家门,而从登堂到入室,尚存一步之遥。打通"最后一公里"的关键,就是把千千万万个文盲半文盲改造成受众,即报纸的读者或"听众"。

抗战期间,各根据地广泛开展群众性冬学运动,扫除文盲、提高民众文化水平,对新闻宣传而言,其最直接的作用是清除传播中的介质障碍。

---

[1] 张磐石. 反省一下党报的建设过程[N]. 新华日报(太行版), 1945。
[2] 甘惜分. 忘记过去,就意味着背叛[M]. 山西日报新闻研究所. 战斗的号角——从《抗战日报》到《晋绥日报》的回忆. 太原:山西人民出版社,1985,第181页。

1944年起，随着战局的好转，各地的冬学有了飞跃式的发展。1945年，太岳根据地的冬学发展到3131所，入学人数达到20万人左右，而前一年，据统计，全区中学、高小、初小在校学生总数尚不足10万人。[1]太行根据地的社会教育以冬学、民校、识字班最为普遍，1944年全区冬学发展到4836所，参加学习者超过40万。[2]晋绥根据地的冬学1944年12月为1000余处，学生5万余人，[3]而冬去春来的1945年初，总数即上升到2281处，学生超过了13万人，3个月之内学校和学生的数量都翻了一番，以类似井喷的速度达到了史无前例的最高点。[4]

从新闻传播和通讯队伍建设的角度，冬学运动最显著的作用是扩大了工农通讯员的"分母"。同时，冬学也是基层的新闻"短训班"，一部分因文化程度低而写稿困难的工农通讯员，甚至不会写稿的"跑腿通讯员"和"捎话通讯员"在冬学中受到了锻炼。更重要的是，民众文化素养的普遍提升，使报纸的广泛阅读成为可能。在敌后各地，季节性的冬学最终演化成常态的社会教育形式，如读报组、黑板报等。

抗战时期，组织群众读报既是报纸提高传播力、扩大影响力的有效途径，也是通过新闻传播开展社会动员的重要手段。因此，各地几乎在创办报纸的同时即着手发展读报组织。1942年全党办报方针得以贯彻，各根据地均明确要求各级党委在负责建设通讯网的同时组织群众读报，此后一直到1945年，借助通讯小组、识字运动、劳武结合运动的三级助推力量，读报运动获得了极大成功，中国共产党的政治传播更加广泛，沿着报纸的信息通道伸向广发边区社会，登堂入室，上山下地。这场"创造"读者的运动同时也创造了报史上的奇迹，助力共产党在敌后根据地做活了一盘社会动员大棋。

---

[1] 中共山西省委党史研究室. 太岳革命根据地简史[M]. 北京：人民出版社, 1993, 第99页, 第164页—第165页, 第275页.

[2] 太行革命根据地史总编委会. 太行革命根据地史稿（1937-1949）[M]. 太原：山西人民出版社, 1987, 第243页.

[3] 群众热烈要求提高文化, 各地冬学广泛开展, 已创造出许多优良学习方式[N]. 抗战日报, 1944-12-21(2).

[4] 穆欣. 晋绥解放区鸟瞰[M]. 太原：山西人民出版社, 1984, 第119页.

（三）群众办报与三级报网的形成

冬学运动、识字运动、读报运动的发展，不但为党报培养了大批读者和工农通讯员，使其可以自下而上地汲取新闻资源，并为其向基层社会的融入和渗透铺平了"最后一公里"。同时，民众政治觉悟和文化水平的提高，也刺激了基层的办报热情，最终形成了以铅印报、油印报、黑板报为构架的三级报网。

在各根据地，除了作为"主力兵团"的铅印大报之外，"各个较重要的县区里，则存在着较多的油印和石印印刷的小报纸，像游击兵团一样活动，配合着新闻界的这些主力兵团"。[1]这些油印报纸上承《新华日报》（华北版）、《晋察冀日报》、《太岳日报》、《抗战日报》等边区级党报，下接遍布市镇乡村的黑板报，形成了晋绥根据地的第二级报网。像边区铅印大报一样，这些油印报纸也都建立了自己的通讯网，并贯彻着"大家办大家看""全党办报""全军办报"的群众路线办报方针。如偏关的《生产与民兵》，1944年12月到1945年1月的两个月间就收到来稿197篇，供稿者包括119个通讯员或小组。油印报的通讯网同时也是边区大报的二级通讯网，由于版面较少，这些报纸所能容纳的稿件有限，自己用不了的就分配给大报，甚至自己采用了的稿件，也抄一份转送到上一级报纸，从而使两级报纸在供稿渠道上连成了一体。[2]因此可以说，作为边区报网的子系统，油印报是边区党报的地方版，是铅印大报的二级子报。

黑板报作为根据地三级报网的基层架构，是"群众自己的舆论机关"，同时也是报刊的必要组成部分。由于难易程度有别，较之于通讯组织和读报组织，黑板报起步较晚，发展速度和普及程度也略有不及。尽管如此，抗战后期尤其是1944年至1945年期间，从陕甘宁到华北的晋绥、晋察冀、晋冀鲁豫，再到山东和华东根据地，黑板报作为群众办报最直接的方式在各地已是随处可见。

---

[1] 穆欣. 华北报业巡礼———年来的华北新闻界[N]. 新华日报，1943-5-28(4)。
[2] 社论. 油印报纸的方向问题[N]. 抗战日报，1945-7-22(1)。

黑板报不同于读报组和识字组，后者只需个别识字者便可组织起来，黑板报则需要基本的写作能力。就黑板报的发展而言，虽然各根据地的情况不尽相同，但整体上可以分为三个阶段。一是大报通讯组织代办阶段。1942 年之后，各地初期的黑板报大多依托党报通信网络，由散布各地的通讯小组"代办"，"通讯小组既向报纸写稿反映情况，又办黑板报开展表扬和批评，推动本村本地的工作"。二是干部、教师包办阶段。随着黑板报数量的增多，许多地方新发展的黑板报开始由村干部和乡村教师主持，但"包办"的情况普遍存在，因此量增质减，可以视为向群众办报的过渡阶段。三是群众自办阶段。1944 年，陕甘宁边区文教大会提倡群众性文教运动之后，黑板报在各抗日根据地受到了空前重视，很多地方成立了群众性的文化工作委员会或编辑委员会负责黑板报工作。这一阶段，很多地方政府对干部和教员包办的方式提出批评，要求吸收公正人士参加，使之真正成为群众自己发扬正气、推动进步的舆论机关。离石在文教大会上号召组建黑板报发展通讯组织，由"群众选举出审稿委员和书写委员，组织中心小组（黑板报委员），中心小组同时也是报社的通讯组"。在政策和民意的共同推动下，各地黑板报也开始成立领导机构并组织通讯队伍，面貌由此改观。至 1945 年前后，各地的黑板报普遍拥有了领导机构，有的是由村中的通讯组领导，有的则专门成立了由干部、教员、群众组成的委员会，以此纠正少数人包办的弊端，根据地的黑板报由此进入快速发展阶段，比如晋绥兴县的黑板报选举成立了 12 人组成的编委会，成员包括模范干部、劳动英雄、民兵英雄、纺织英雄，并吸收夜校、妇女识字班、读报组、剧团及工农商各界 120 多人为通讯员，俨然一个大报社的架构。偏关民众教育馆的黑板报，1944 年到 1945 年一年时间出版 100 期，每逢集市，当时的学校都抽出部分学生给群众念黑板报，每集听众不下 200 人。太岳根据地的农村不但普遍办起了黑板报，其中一些优秀的地区如沁源县李成村的大众黑板报甚至做到了隔日一换的出版频次。[1]

---

[1] 中共山西省委党史研究室.太岳革命根据地简史[M].北京：人民出版社，1993，第 276 页。

从 1942 年到 1945 年，山西敌后各根据地的黑板报依然得到了引人注目的发展。遍布城乡的黑板报，作为根据地三级报网的基层支柱，不但数量上百倍于铅印和油印报纸且为其提供了有力支撑，而且从新闻内容、介质形态到信息来源和传播渠道均呈现出鲜明的群众性特征，范长江认为是"最大众化的报纸"，也是"群众办报的最好形式"。黑板报的舆论干预功能推动了中共各项政策的落地，从而在根据地的建设和巩固过程中发挥了积极作用，根据地时期，黑板报和读报组被誉为"最有权威的指导力量"，凡是有好的读报组和黑板报的地方，政策法令就容易得到贯彻执行，各项工作就容易顺利开展。作为根据地大众化传播链条的终端，黑板报与冬学组织、读报组织、宣传组织一起构成了根据地的二次传播体系，从而改变了原有的传播格局，在这一新的格局中，各根据地的铅印大报不再是最终的传播媒介，它们所提供的信息首先到达黑板报（读报组）等二次媒介，经过大众化的解读、加工和整理，最终以口头传播、抄写传播的方式和其他为群众喜闻乐见的形式与民众见面，不但扩大了受众范围、提高了传播的持久性，更重要的是强化了信息的传播效果和报纸的社会影响，使之内容更加深入人心。其在抗战后期的快速发展，意味着共产党新闻传播距离群众"最后一公里"问题的根本解决，象征着中国共产党的新闻传播从"全党办报"到"群众办报"的演进、从党内动员到全民参与的飞跃。在此后的解放战争时期，伴随着中国革命的节节胜利，群众性的新闻传播得以在更大范围内和更高层面上付诸实践。

第二章
文学传播：以文化人，建构文化新秩序

文学与历史、社会关系紧密，法国哲学家查尔斯·德·博纳尔德曾经说，"如果一个人阅读过一个民族的文学，即使之前对这个民族的历史一无所知，这个人也能辨别出这个民族曾经是怎么样的；如果一个人了解一个民族的历史，即使之前对这个民族的文学一无所知，这个人也可以很有把握地假设，这一民族的历史构成了其文学的基本特征"。

山西抗日根据地文学取材自当地抗战实践和军民生活，借助专门化的文学实践和多样化的传播形式进行大规模、参与式的社会动员，发挥了社会文化的"组织"功能。通过多地域传播、异地合作式、多点扩散式等文学传播途径，创生出多重文学传播场景，帮助根据地群众理解自我与集体之间的相互关系，同时又赋予这种连结性以意义，使得群众广泛、深层地参与到抗战实践中，实现了政治和文化双重层面的社会认同。

本章将聚焦山西抗日根据地的文学传播实践，以社会学视角对根据地文学进行研究的基础上，进一步探究其传播路径及传播形式，从而剖析文学的受众拓展方式，以此展现特殊历史背景下红色文学的生长路径。

一、介于通俗与高雅间的艺术形式——根据地文学发展概述

文学是反映时代精神面貌的一面镜子，探究抗战时期的文学传播及其社会意义，以及中国共产党领导的抗日根据地文学传播在军民积极抗战中的角色与方式，是认知这一时期社会面貌的一把秘钥。

（一）抗战时期的文学艺术与通俗文化

抗战时期的文学思潮具有自身的矛盾性、层次性与复杂性。一方面，抗战时期文学存在复杂的区域化特征，表现出不同的目标指向、形态特质与发展脉络；另一方面，文学与政治的关系错综交织、相互影响。文学创作与传播者具有各自相异的话语身份与话语立场，呈现出不同的文学话语倾向。

从文学主题来看，抗日救亡成为这一时期最重要和最突出的主题。现实主义文学思潮成为抗战文学的大潮，涌现出一大批有深度的现实主义杰作，如巴金的《秋》和《寒夜》，老舍的《四世同堂》，路翎的《财主底儿女们》，曹禺的《北京人》等。从艺术表现形式来看，小型通俗文艺作品和大型戏剧、报告文学是这一时期文学活动的主要形式。街头剧、活报剧和独幕剧是抗日根据地的戏剧工作者针对部队和农村的现实实践情况在流动演出过程中创作的，以精简、流动、灵活的传播形式发挥了情感动员、革命宣传、凝聚共识等社会功能。诗歌作品的生产与传播也十分活跃，由于诗歌的语言具有韵律性，偏重话语的协调性与一致性，因而易于表达情感，成为战争初期服务于革命情感动员的重要工具。报告文学的内容以当时社会生活中发生的真实事件为素材，展现工农兵群众的日常生活。通俗文学和戏曲创作的形式十分广泛，包括京剧、地方戏、鼓词、快板、相声、数来宝、山歌等。小说以赵树理、孙犁、马烽、西戎等作家的作品为代表，表现了中国共产党领导下抗日军民英勇的革命斗争面貌，以及根据地的生活气象。

山西抗战文学是在中国共产党抗日民族统一战线指导下，为抗日战争服务的文学，是山西抗日根据地的革命文艺工作者创作的，以反映山西抗日军民的抗日斗争为基本内容的文学。抗战爆发以前，山西社会文化意识封闭守旧，新文化仍处于萌芽状态，宋之的的报告文学《一九三六年春在太原》就真实地反映了当时的情形。伴随着抗日武装斗争的推进，抗日文化运动迅速而蓬勃地开展起来，一大批进步文化工作者先后来到各个抗日根据地，成为抗日救亡"动员工作的开路先锋"。他们利用各种文艺形式宣传群众、动员群众，为抗日救亡呐喊。1942年延安文艺座谈会以后，山西各抗日根据地的文艺工作者遵照革命文艺的工农兵方向，自觉深入工农兵生活，努力创作反映抗日军民生活与斗争的文艺作品，把山西抗战文学运动推向新阶段。

（二）山西抗日根据地的文学特征

艺术是高雅还是通俗，受制于其所处的文化发展环境。抗战初期的山西文学作品具有较为显著的艺术化加工痕迹，具有明显的知识分子文人化倾向。现实实践的迫切需要对文学传播的实用性提出了要求，作家们逐渐走出"象牙塔"，下沉到工农兵群众，创作出一些为人民群众所喜闻乐见的作品。由此，作为传播工具的文学作品展现出如下特征。

第一，战斗性和动员性的核心价值体现。这一时期的文学传播逐渐呈现出顺应时代潮流的核心价值，主要体现在两个方面：一是提高前线战士的民族自信心和牺牲精神。许多作家深入抗战前线采访，真实记录他们的所见所闻，写出各阶层人们的抗战思想态度。在文艺通讯中，作家们也充分展现出抗战的精神风貌。诗歌创作方面，西北战地服务团的田间、史轮、曼晴等作家把源于延安的街头诗、朗诵诗带到山西抗战前线，艾青、方殷、天蓝、卞之琳、何其芳、贺绿汀、公木等爱国诗人以饱满的热情写下了许多动人的诗歌。二是组织和动员战地民众配合前线作战。创作者们通过民歌、戏剧和小说等通俗文艺形式，号召和鼓动军民联合抗击侵略者。这些文学作品以通俗化、展演化的传播形式将受众印象转化为记忆产品，从而潜移默化地对受众情感施加影响，达到动员群众参与、配合抗日斗争的效果。

第二，突出现实主义的创作取向。抗战服务要求文学作品转向现实，因而，山西抗日根据地文学传播在体裁、题材、形式、内容等各个方面均体现出了鲜明的现实主义特征。小说的成就以赵树理为代表，包括马烽、西戎、孙谦、胡正、束为等一群山西籍作家，即"山药蛋派"。报告文学有刻画八路军高级将领的，如刘白羽的《八路军七将领》、沙汀的《记贺龙》、陈荒煤的《刘伯承将军印象记》、周立波的《徐海东将军》等；有表现普通群众和士兵的，如马烽的《张初元的故事》、曾克的《劳动的妇女们》；有记录战事和部队生活的，如奚如的《阳明堡火战》、华山的《窑洞阵地战》等。来自山西省外的田间、史轮、阮章竞等诗人把街头诗和朗诵诗从延安引入山西并传播开来，人民群众也以民歌民谣的形式歌颂八路军和共产党，如《平型关上来英雄》《八路军是炼铁汉》《柳树开花一团金》《杀抢烧搜》等被大量传唱。

第三，山西地方风情的展现。山西抗战文艺一个显著的特点是具有浓郁的山西地方风味。不管是山西籍的文艺工作者还是外来的文学传播者，他们作品的语言都努力贴近山西地方特色，充满浓郁的山西风情，体现出显著的现实主义创作风格，遵循着文艺为抗战服务的宗旨，深入群众进行抗战宣传。以赵树理为代表的山西作家，将这种地域特色推向了发展的巅峰。马烽的作品《张初元的故事》，语言通俗，感情深厚纯朴，具有浓厚的乡土气息。孙谦和胡正是晋绥抗日根据地的青年作家，在小说的民族化、大众化方面做出了贡献，胡正的道情戏《大家办合作》就是很好的例证。与此同时，文学的作家们深入当地群众生活，掌握了大量的民间语言，并将其有机运用到创作中。作品语言直白、清浅，运用原生态民间口语，生动、自然、活泼而又不过于雕琢。一是方言俗语的大量使用，二是利用语气词、词缀表现作家们的土幽默，三是使用谚语、歇后语增添作品的艺术魅力。例如，马烽的《张初元的故事》大量使用民间俗语、谚语，被称为民间语言的大词典。山西抗日根据地作家在地方方言的选用上极具代表性和针对性，使得作家文学不再是案头文学，而是成为真正能让普通百姓看得懂和听得懂的文学，适应了抗日战争这一特殊时期政治宣传的需要。

第四，以根据地民众为主体的形象塑造。山西抗日根据地广大文艺工作者注重深入农村生活，书写对敌斗争、农村减租减息等社会生活内容，创作出一批站在人民立场，具有日常生活气息的通俗大众化作品。例如，周扬、赵树理在描写农村生活、塑造农民形象时，"没有以旁观者的态度，或高高在上的态度来观察与描写农民。农民的主人公的地位不只表现在通常文学的意义上,而是代表了作品的整个精神、整个思想。因为农民是主体,所以在描写人物,叙述事件时,都是以农民直接的感觉、印象和判断为基础的。他没有写超出农民生活或想象之外的事件,没有写他们所不感兴趣的问题"。

(三)山西抗日根据地文学的审美和价值体系

山西抗日根据地文学作为一种特殊的文化实践类型,现实主义的文学特征贯穿始终。这些文学作品与我党领导的抗战历程融为一体,表现出鲜明的民族性和革命性;同时,这些作品具有时代性,体现了马克思主义思想的中国化的历程。在新民主主义文化思想的指导下,文学逐渐形成了包括民族精神、革命精神、时代精神在内的特定审美和价值体系,在革命浪潮中不断向前推进。

第一,民族精神。民族精神是一个民族所认同的世界观、人生观、价值观,包括他们所遵循的思维方式和行为方式和所体现的理想信念和性格特征,山西抗日根据的文学发展深刻体现了中华民族精神。在文学作品的内容上,不屈不挠的民族精神彰显无疑。长篇小说《吕梁英雄传》和短篇小说《牺牲者》中,民众面对帝国主义和封建反动势力的双重压迫,反抗意识逐渐觉醒,表现出绝不向内外敌人低头妥协的民族精神。与此同时,文学作品的创作者也自觉秉承民族精神,无论是抗战初期在抗日民族统一战线旗帜下奔赴抗战一线,还是在相持阶段利用文学武器宣传思想、教育民众,抑或是在抗战后期以群众喜闻乐见的形式来反映民众日常生活,文学作品的创作者始终为着一个共同的目标——为中华民族解放而创作和奋斗。

第二,革命精神。在根据地建设过程中,中国共产党始终秉承着文化建设为革命建设服务的宗旨。从延安和其他根据地来到山西的文学创作者们,继承和发扬革命传统,响应党的号召,克服困难,成立了各种类型的文学团体组织,开展文学活动,出版革命文学刊物,影响并改变了各根据地的社会情感组织方式、人际关系乃至个体的精神面貌。革命精神在根据地文学作品中同样被深刻地反映，例如小说《牺牲者》中，排长的革命自觉意识从根本上否定了封建迷信思想，区别了八路军与军阀的精神内核；小说《小二黑结婚》中，以小二黑和于小芹两人的婚事为切入点，嘲讽和批判了二诸葛和三仙姑所代表的封建落后势力，揭示了封建习俗束缚人性、腐朽落后的特点，反映了民众的革命精神。

第三，时代精神。时代精神体现为高于个人的集体共同意识，是一个时代特有的精神实质。山西抗日根据地文学作品的大众化体现了文学由人民群众创造、由人民群众共享的特征，具有鲜明的时代性。大众文化构建了大众自身的审美趋向和价值体系，同时借助于传播媒介的扩散效应，实现对民众行为方式的广泛引导。大众文化对社会群体发挥潜移默化的教化作用，文化本身就成为一种凝聚群体的无意识力量和普遍的精神表征，最终赋予时代特有的精神面貌。文学作品反映着这种时代精神，体现社会心态和国民主体性，山西抗日根据地文学作品激发了根据地群众的斗争精神，构建了根据地群众对国家、民族身份的认同。

二、山西抗日根据地文学的社会考察

由于与民族精神和战争相联系，中国共产党领导的抗日根据地文学遵从现实主义创作精神与创作方法，遵循大众化和通俗化的道路，以根据地社会现实为题材，主题集中于保家卫国、打击日军，同时也有对抗日根据地农村和农民生活状态的书写。文学成了一种社会镜像，通过艺术化展现抗日场景、通俗化再现抗战复杂形势与军民生活，担当着"社会历史述说者"的角色，实现了对山西本土革命实践的深刻还原。

（一）根据地文学作品生产者的社会作用

山西抗日根据地文学作品生产者作为文学传播的主体，在立足实际的基础上充分发挥了主体能动性，在"动员人民，教育人民，打击敌人，消灭敌人"中起到了积极的动员群众的作用，为推动抗日战争的胜利贡献了巨大的力量。

1. 作家群体的社会历史角色

1937—1945年间战争状态不仅极大地改变了中国社会状况，也使这一时期的文学作品呈现出诸多新景观。全国抗战时期的文学作品充分体现出抗日根据地作家群体的社会历史主体作用。

1937年"七七"事变爆发后，中国共产党号召全国人民共同抵抗日本帝国主义的侵略，建立抗日民族统一战线。在全国军民奋起抗战的总体形势下，阎锡山赴南京参加最高国防会议，表示拥护全面抗战。八路军随即奔赴山西抗日前线，建立敌后根据地。抗战局面的良好态势为山西抗日根据地文学的蓬勃发展提供了有利条件，也为抗日战争的最终胜利以及未来几十年中国共产党的社会改革提供了坚实的基础。

历史是由人创造的，社会主体通过发挥其主观能动性，推动着历史的车轮滚滚向前。抗战爆发后，大批进步文化工作者先后来到各个抗日根据地，成为抗日救亡"动员工作的开路先锋"。战争的残酷激发了山西抗日根据地作家群体的战斗激情，他们将笔化作无形的武器，利用街头诗、报告文学、小说、戏剧等文艺形式为抗日救亡呐喊，鼓舞了前方战士的士气，坚定了后方群众"胜利终将属于我们"的信心。这一时期的文学创作者们正确认识和理解历史必然性与偶然性的辩证关系，将战时形势和敌后生活记录到文学作品中，分析和展现历史发展的客观规律，鼓励和激发军民历史创造者的主体性作用。

2. 作家群体的社会功能

人作为社会存在的主体，对于社会现代化的发展起到了决定性作用。知识分子带领中华民族实现文化启蒙，承担着重要的历史使命。

（1）知识分子在民族和文化生活中扮演角色的合法性。

山西抗战文学与抗日战争进程同步同向而行。抗战爆发前山西文学停滞不前，直到山西抗日根据地陆续建立，抗日文化运动也陆续展开。在面临民族危亡的时刻，抗日根据地作家群体迅速做出了具有战略性的文学取向调整,与进步的政治运动结盟,将解放的理性主义运用到对当时传统糟粕的批判之中,对人的精神改良、思想教化起到了一定的推动作用。

在当时开展的文学运动中,以街头诗运动、群众戏剧运动等综合性、群众性文艺运动的表现最为突出。街头诗与战争现实结合,主题鲜明,极具有战斗性,起到了很好的宣传教育动员作用。如晋西北岢岚的《给代表同志》,晋东南根据地田间的《假如我们不去打仗》,利用活泼生动的语言描绘了团结抗战的图景。岗夫创作的小叙事诗《河边草》、自由体抒情诗《七月》、民歌体短诗《敌人来了困死他》、长诗《胜利和平凯歌》等作品,取材真实、语言质朴,极具宣传性。在歌谣、戏剧方面,《平型关》《百团大战》体现了山西民谣的特点,语言通俗生动,节奏自然,主题现实,感情真挚。在小说方面,莫邪的著名小说《打碉堡》、华山的描写120师386旅16团战斗片段的《太行山的英雄们》、于黑丁的直接揭露日本帝国主义残暴的《火场》等,向读者展现了战争的残酷和人民生活的疾苦,对于动员抗战、教育群众都起到了一定作用。

(2)作家群体身份认同的建构过程。

山西抗日根据地作家群体是抗战时期形成的一个文学共同体。这一群体在记述历史的过程中得到来自共同体内外部的认同,从而实现了身份的"同一性"。

第一,民族身份。山西抗日根据地作家群体从不同侧面创作和表现抗日救亡的主题,记述抗战前线的生产与生活,在创作实践过程中与现实碰撞,不断探寻对自我及作家群体的身份认同,自觉主动与人民和社会进行身份认同互动,完成了个人身份与群体身份的民族性认同实践。文学作家们把自己的民族解放意识浸润于文学作品所描写的"第二自然"中,[1]无论是感慨高昂坚定的民族解放热情,还是批判反思传统糟粕、揭露侵蚀民族解放力量的社会黑暗面,都是围绕民族解放意识进行号召与反思。

---

[1] 苏光文. 论抗战文学的历史地位[J]. 西南师范大学学报(哲学社会科学版),1995(3),第29页—第34页。

当一个个可歌可泣、可赞可颂的抗战故事被接连不断地书写传播开来时，以共同抗战为核心的民族集体记忆也以符号的形式保存下来，从而增强社会成员的集体归属感，塑造对民族国家的身份认同。

第二，民间身份。抗日根据地作家群体以本土文化为本，以自己的民间身份创作观照国家命运的作品，充分发挥了服务抗战、引领舆论、动员群众的功能。他们的文学作品，书写了军民抗战的真实内容，展现了当时的社会矛盾冲突，再现了农村社会变迁的曲折性，充分利用民间文艺形式，得到广大群众的认可，使中国共产党的抗日主张得以最广泛传播，团结了广大人民群众。以"山药蛋"派作家为代表的山西本土的文学传播者们，承载着具有本土标识的民间身份，在抗战语境中发扬光大，将本土性与时代性相融，将自身汇入时代的大潮之中。

第三，政治身份。毛泽东在解放区发表的《对晋绥日报编辑人员的谈话》，对报纸的方针与导向做了重要指示。此后，《晋绥日报》《晋绥大众报》依照指示，明确了文学的方向和路线，充分体现了文艺为政治服务的原则。[1]作家们冒着生命危险来到中国共产党领导的抗日根据地，充分表达他们的政治信仰、民族认同与家国责任，实现救国救民的政治抱负。以诗歌为例，根据地的诗人们以作品为武器，为遭受迫害的同胞发声、替英勇的革命战士歌唱、向即将觉醒的群众呐喊。诗人蓝天的叙事诗《队长骑马去了》记述王凤泰组建游击队的过程，表达了对英勇牺牲的王凤泰队长的赞颂与怀念，对敌人刽子手的愤恨，以及对战争必胜的信念。

3. 作家群体的社会生产——符号化权力

符号和符号体系作为知识与沟通的工具，它是被塑造的，也有塑造结构的权力。抗日战争爆发后，国民党军队消极抵抗，官僚腐败，汉奸土匪横行，中国共产党需要通过宣传自己的主张，动员千百万群众参与到抗日民族统一战线中。抗日文学作品的符号化生产成为其他形式无法

---

[1] 乔傲龙.《晋绥日报》与边区社会文化动员研究[D].山西大学，2019。

获得的、具有合法性的重要途径，可以培养和教育群众接受抗日号召，进而坚定抗战必胜的信念。

当时山西抗日根据地具有代表性的文学传播方式大致有三种：通过战地宣传团之间的联系扩大宣传范围，通过学校、学习班等教育组织提高受众文化水平，通过报纸、广播等大众传播媒介扩大受众覆盖范围。以战地宣传团为例，太原失陷前，由郑季翘、甄华负责的战地宣传团共22人，10月28日从太原出发，到静乐、岢岚、五寨、保德、临县等县进行宣传和组织民众的工作，历时两个月，对晋西北发动群众、掀起抗日热潮、奠定军民抗战信心起了开路作用。[1] 宣传团定期向各县区发放宣传工作的指示，根据不同地区的实际情况，有针对性地开展宣传工作。除了定期编印宣传大纲、定期学习以外，还自编定期刊物、翻印关于马列主义基本理论的小册子。

山西抗日根据地作家群体在以笔代枪的斗争中实现了对特殊社会环境下的作家的身份认同，实现了象征性权力赋予。其文学作品结合当时的政治与社会背景，借助小说、诗歌、戏剧等多媒介叙事，根据党的文艺政策进行创新与改进，围绕宣传党的主张和政策进行创作，凸显了文艺与政治权力的关系。"七七七"文艺奖金征文活动的举办正是文学传播配合政治思想宣传工作的体现。文学传播体系作为一种符号权力在社会空间中得以被建构，发挥着革命思想导向的社会功能，将党的政策方针和抗战实践紧密相连，共同发挥作用。

4. 作家群体文学传播社会效果实现途径——信念共享

山西抗战文学为进行抗战宣传和教育群众创新了多种文艺形式，实现了权力符号的实践和转化，也构建了群众的群体认同，实现了信念共享。这一共享信念的过程，不仅意味着作家群体内部形成了团结合作的"共同体"，更标志着文学传播者、受众之间达成共识，真正实现了文学传

---

[1] 窦晓慧. 山西抗日根据地社会动员研究[D]. 太原科技大学，2017。

播的社会功能。

在抗日根据地，不论是文学作品还是文学和文艺政策，都有一个共同的宗旨，就是通过宣传动员群众，统一群众思想，调动群众抗战积极性，建立抗日民族统一战线，争取抗战胜利。在广大受众接收文学作品内容的过程中，群体成员的主体意识和民族记忆得以建构，从而为凝聚共同体意识、塑造群体认同创造了条件。受众透过文学作品了解战争的正义性，提高了革命觉悟，并在共同阅读、积极分享、自我生产中实现了民族身份认同，坚定了抗战必胜的信念。

5. 作家群体自我认同——个人行为实践与隐蔽的自我肖像

以建立抗日民族统一战线为目的，文学创作者与劳苦大众在实践中不断互动，形成了作家群体的自我认同框架。

（1）山西抗日根据地作家的政治信仰认同。

山西抗日根据地文学作品体现了文学创作者对民族、国家的忧患意识和抗日救亡的爱国情怀。在文学实践中，文学传播者们始终拥护根据地的文化政策，凸显了坚定的政治觉悟与进步意识，体现了对山西抗日根据地民主政治的认同。在根据地的生活中，作家们接近群众、了解群众，在书写与传播中流露出期待国家民族解放的急迫性，在故事叙述中流传着对民族国家的想象，对同胞遭受战争迫害的共情叙述、对日本侵略者的抵抗叙事等多元化的叙事类型，深刻地体现出文学传播者政治身份认同的深化。

（2）山西抗日根据地作家的道德行为认同。

抗日根据地作家通过文学作品阐释自身所认同的道德标准和行为规则，达到教化群众的目的，体现出抗战文化的精神实质，其道德认同主要有三个方面：其一，歌颂我军战士顽强的战斗意志和坚定的革命精神。苗波的作品《不屈的战士回来》对革命战场的生活进行了素描，呈现了战士"不屈"的斗争精神。其二，再现游击区民兵勇敢机智和乐观善战的斗争精神。胡正的小说《民兵夏收》细致地描绘了战士们勇敢而充满智慧的游击策略，表现了民兵抗日的英勇无畏和足智多谋。其三，表现中国共产党优良的廉洁作风。孙谦于1946年创作的小说《胜利之夜》，从情与理的角度切入，描述了共产党人不拿人民一针一线的优良作风。

（3）山西抗日根据地作家的情感行为认同。

山西抗日根据地的文学作品通过展现农民群众喜怒哀乐的情感变化，反映出作家们的情感行为认同。其一，倡导新的个人情感观和婚姻观。西戎的小说《喜事》描写村里互助组成员小秀和海娃自由恋爱，追求自主婚姻的故事，体现了对于自由恋爱的婚恋观的肯定与向往。其二，表现个体情感与民族大义相结合。长篇叙事诗《秋香》是诗人李文辛根据临县民间叙事诗改编而成的，描绘了女子秋香一心一意等待丈夫回家的故事。秋香对爱情的坚持和信任与深切的爱国情感相结合。其三，颂扬民族坚韧与顽强生命力。诗人江横的作品《俺还要活下去》展示了当时的社会状态，表现了对民族强大生命力与坚韧生存意志的读解，激发军民群众保家卫国的爱国情感。

（二）根据地文学作品内容映射社会

山西抗日根据地文学作品作为映射社会的镜像，展现了当时抗日根据地人民的生活和社会图景，塑造了众多偶像，再现了多重社会关系。

1. 文学中的社会图景

山西抗战文学作品展现了当时抗日根据地人民的生活和社会图景，彰显出山西文化的独特性。

（1）根据地群众生活。

1939年5月，由中华全国文艺界抗敌协会组织的"作家战地访问团"在重庆成立。这支由作家王礼锡、宋之的率领的"笔游击队"一行13人，经过一个多月的长途跋涉，于同年7月进入山西的晋东南和中条山区，体验和采访战区官兵和人民生活，写出《作家战地访问团》丛书，包括以群的《生长在战斗中》、宋之的的《凯歌》、白朗的《老夫妻》、罗烽的《粮食》、葛一虹的《红缨枪》等，还有访问团的集体日记《笔游击》。"山药蛋派"作家的作品大都是对山西抗日根据地农民生活的记录,流露出一股浓郁的乡土气息。他们跟农民群众打成一片,把自己作为农民群众的一员,都有自己的"生活根据地",亲身体验农民的生产和生活方式,丰富自己的生活经验,从农民的视角、用农民的语言表达情感。

(2)侵略者残暴行径。

山西抗日根据地文学作品描绘了敌人的残暴,以及人民群众不屈不挠、敢于斗争的精神,体现了强烈的爱国情感。如剧作家李伯钊的独幕话剧《军民合作》揭露了日本侵略者兽性的本质;周立波的作品《劫后的东冶头》描绘了1938年1月昔阳东冶头被敌人扫荡后的惨状;《白塔村的刘福娃》记述了临县一个小山村的孩子刘福娃被敌人杀害的故事。另外,作家们还描写日军的暴行给山西民众身心带来的巨大伤害,犀利地揭示了日本帝国主义带来的沉重精神灾难,如姚青苗的代表作《马泊头》等。

(3)抗战前线故事。

作家刘白羽创作了一些报告文学作品,其中《抢枪》描写一支20人组成的游击队到敌军营地抢枪的故事,《袭击》描写一支游击队破坏敌人交通的故事。茅盾曾评论这两篇作品优美且少见。一批在山西各抗日根据地生活战斗的军队记者也以文艺通讯记录了山西抗日根据地的战斗生活。如肖向荣的《平型关战场日记》、陆定一的《晋东南军中杂记》、刘志坚的《大亘林战斗的胜利》、范长江的《调寄到重庆》等。在山西抗战的八路军高级将领们也通过创作诗歌,讲述他们的战斗生活,抒发豪情壮志。

(4)抗战宣传动员。

山西抗战宣传中,戏剧组织起到了很大的作用。牺盟会、战地总会和山西新军在山西各地各部队建立了文艺宣传组织,创办报刊,开展大规模的抗日文艺运动,仅在戏剧方面就有牺盟会吕梁剧社、战地总会战地宣传团、抗战协会歌剧队和话剧队、山西新军决死纵队前线剧社、工人自卫旅的工卫剧社等众多戏剧团体。这些剧社不但在部队内部演出,而且也深入到山西各地进行公演,极大地鼓舞了群众的抗日斗志。除了戏剧外,诗歌、报告文学等作品也有效动员了群众。著名爱国民主人士李公朴的报告文学《华北敌后——晋察冀》热情歌颂八路军的光辉战绩，歌颂廉洁奉公的边区工作者，也描写了这里存在的困难，以及人们克服困难的决心和勇气，鼓舞了大后方人民。

2. 文学作品的偶像塑造

山西抗日根据地的文学传播政策强调在文学作品中"树立典型，带动一般"，以建构偶像的方式进行革命动员。

（1）塑造英雄将领。

塑造反侵略将领英雄是山西抗日根据地文学中"偶像塑造"的一种重要类型，其中，报告文学类占据了重要地位。穆欣在抗战开始后来到山西，作为新闻记者，访问过许多群众英雄以及晋绥根据地领导人。他的报告文学《生的伟大死的光荣》是为悼念关向应而作的。此外，沙汀的《随军散记》、陈荒煤的《陈赓将军印象记》和《刘伯承将军印象记》、张香山的《神头之战》、华山的《太行山的英雄们》《向白晋线挺进》《窑洞保卫战》等，都描写了敌后抗日根据地军事将领的英雄形象。诗歌和戏剧也是塑造反侵略英雄将领形象的重要形式。平若于1940年5月写于兴县的短诗《我站在晋西北的山巅》，赞颂了中国的"夏伯阳"贺龙。七月剧社改编的新编历史剧《千古恨》，通过描写南宋民族英雄岳飞英勇抗金的故事，激发保家卫国的民族意识和斗争精神。

（2）刻画平民英雄。

除了军队将领，层出不穷的平民英雄也是山西抗战根据地文学传播的主要典型内容，文学类型包括小说、报告文学、诗歌等。小说方面，这一时期涌现出大量描写抗日儿童的作品，例如蒋弼的《多多村》、李满天的《安元和小保》《待不下》、邵挺军的《小洪的故事》、白嘉的《屯兰川之夜》、郊农的《孩子们》、李克林的《小战士刘里》、伍陵的《书店老板》、碧野的《儿童队员之死》等。报告文学方面，康濯所著的《风暴代县城》立体地塑造了在代县牺牲的抗日英雄金方昌的形象，讴歌了抗日战士坚强不屈、英勇无畏的战斗意志和牺牲精神。诗歌方面，公木的《岢岚谣》通过一个悲壮感人的故事塑造了一个不畏牺牲与敌人同归于尽的老人形象,反映了抗日根据地普通农民不怕牺牲的斗争精神。

(3)呈现国民成长性。

山西抗日根据地文学对典型人物塑造的同时,也反映了国民思想意识的转变,鼓舞民众在抗战实践中完成自身的成长。首先是反映女性的成长,例如力群创作的《野姑娘的故事》、莫耶的小说《三个皇军和一个女人》、周而复的作品《一个日本女性的塑造》、蒋弼的小说《我要做公民》。其次,反映工农兵的成长。具有代表性的作品是穗青的《脱缰的马》,这部作品取材于晋西吕梁山里的山村,表现出中国农民在空前的民族自卫战争中的心理历程。[1]表现这类主题的作品还有李庄的《良民证》、郭烽的短篇小说《重上前线》、吴奚如的《一个寻常的故事》、张仲名的《宣抚官》、谷军的《地方武装》、李欣的短篇小说《一个通讯员的身世》等。

3.文学作品的社会关系呈现

山西抗日根据地的文学作品形象再现了根据地军民关系、根据地内部矛盾关系、对外反抗关系、根据地群众感情联系。

(1)根据地军民关系。

军民关系是山西抗日根据地文学反映的新型社会关系中最为重要的一种关系类型。体现军民关系的报告文学如何其芳的《老百姓和军队》。作品生动地描写了八路军与人民的亲密关系,八路军执行"三大纪律八项注意",赢得了老百姓的拥护爱戴,改变了老百姓对军队的看法,显示出八路军与旧军队本质上的不同,男女老少箪食壶浆、捐粮捐物、积极参军。体现军民关系的小说有雷行的《父与女》,作品描写了一个受伤的知识分子战士在农民家里休养,刚开始嫌弃农民破旧的家里,后来在这家人的关怀照料下很快痊愈,并且思想也发生了变化的故事。体现军民关系的戏剧有短剧《自己人认自家人》,作品讲述三个侦察员在群众的帮助

---

[1] 邱宝林.新世纪中国青年导演电影话语建构图景与传播逻辑[D].上海大学,2012。

下脱离敌人追查的故事，表现了人民军队同群众亲如家人的关系。

（2）根据地内部矛盾关系。

山西抗日根据地文学也有一些反映根据地内部矛盾关系的作品。首先是表现根据地复杂形势和内部矛盾的作品，如周而复的《模范班长》反映了暗藏在根据地的敌特人员的破坏行动，揭示了敌后根据地的复杂斗争形势和抗日队伍内部的矛盾。其次是表现减租减息运动中复杂的阶级斗争。西戎、孙谦、常功、卢梦合作创作的眉户剧《王德锁减租》，该剧曾获"七七七"文艺奖金戏剧类甲等奖，记述了贫苦农民王德锁因为害怕地主夺回土地而不敢减租，经过农会干部教育和启发后，翻身做主人，与地主进行斗争的故事。

（3）对外反抗关系。

对外反抗关系在山西抗日根据地文学中表现为下以四点。第一，反映外来侵略的伤害性。《一个太原的小学生》《日本人的悲剧》《在黄河上》《蔚汾河在呼唤着》等都揭露了日本侵略者的残暴行径。第二，反映抗日战争的紧迫性和激烈性。康濯的《上阳武夜袭》描写了在同蒲铁路上游击队员夜袭上阳武的战斗情景，烘托出激烈的战场气氛和战士们高涨的战斗情绪。第三，动员和鼓舞群众参与抗战。马加的《动员》描写了动员群众组织起来保家卫国抗击敌人侵略的故事，反映了战争初期部分农民对参加战斗的恐惧心理，同时说明农民是能够被组织起来积极抗日的。第四，反映抗日群众的英勇与智慧。成荫创作了一系列戏剧作品如短剧《虎烈拉》《求雨》、独幕话剧《打得好》，反映了群众巧妙机智地与敌人斗争的情景。

（4）根据地群众感情联系。

山西抗日根据地文学形象地再现了根据地群众感情联系。燕丁的《秋天曲》、亚苏的《晋西北的田庄》以及田野的组诗《抗战军人家属》体现了家属对前线亲人的思念、希望和嘱托，表现了抗日根据地人民对参加前线抗战的家人的全力支持。《过节》是一篇表现根据地新人新事的小说，文章通过讲述崔二嫂和婆婆一天的生活，反映了根据地军民之间、婆媳之间互相关心、相互体贴的新型关系。常功、胡正、孙谦、张朋朋集体创作的四场道情戏《大家办合作》描写了根据地群众帮助合作社端正方向，为群众生产、生活服务的故事，反映了在根据地建设中人民当家做主的身份变化。

4. 文学作品的社会语言变化

从语言符号的层面来看，抗日根据地文学出现了由文人化语言向群众化语言的转变。抗战初期从国统区或延安来的文学工作者，他们的文学作品具有较高的艺术品质。抗日战争进入相持阶段后，文学工作者们在文学创作或者编辑文学刊物方面积累了丰富的经验，其文学语言也保持了文人化语言的特点。1942年毛泽东《在延安文艺座谈会上的讲话》将文学大众化的政策导向推广开来之后，文学语言的通俗化得到根据地文学界主流的认同。

从文学传播趋势来看，五四运动时期提出的"国民文学""平民文学"和"为人生"的文学虽然抽象空泛，但已有了"大众"的观念。1920年文学研究会关于"民众文学"的讨论，已经把民众具体化为工、农、商、学、兵等，并初步探讨了文学与民众的结合问题。1923年开始的革命诗歌提出了诗歌与工人、农民和士兵相结合的口号，后来的中国诗歌会曾提倡创作"大众歌调"，诗人蒲风就曾尝试创作方言诗、明信片诗等。

从语言符号再现的信息来看，文学传播内容的变化是随着山西抗日根据地斗争形势的变化而变化的，具有鲜明的政治特征。抗日初期文学传播者试图以文学作品来宣传抗日、激发人民群众的抗日热情。[1]在抗日相持阶段，战争的胶着状态使得作家们不再一味乐观地再现根据地抗日斗争的高涨情绪，叛徒、汉奸特务等形象开始出现在文学作品中。在抗战后期，巩固和建设根据地农村的新政权成为重要的政治任务，文学作品更多呈现群众喜闻乐见的生活内容。

从语言的具体应用来看，街头诗的兴起是对新诗及新文学大众化传

---

[1] 张文诺. 文学大众化与解放区小说[D]. 兰州大学，2011。

统的自觉传承。街头诗创作与发表的目的是宣传抗战，培养大众对诗歌的爱好，鼓舞广大群众积极参与到街头诗运动中来，从而实现抗战诗歌"真正的大众化"。骆方的组诗《宁武之行》由《长城》《宁武》《同蒲铁路》《后记》四节组成，歌颂了抗战爆发后宁武人民的抗争，采用了自由诗体。

5. 文学的读者地位

毛泽东认为文艺应该"站在无产阶级的立场"，为最广大的人民群众服务，首先是为工农兵服务。在如何为工农兵服务的问题上，他阐释了"普及"与"提高"的含义，"所谓普及，也就是向工农兵普及，所谓提高，也就是从工农兵提高"，提出了学习工农兵的任务，"一切革命的文学家艺术家只有联系群众，表现群众，把自己当作群众的忠实的代言人，他们的工作才有意义"，确立了文艺工作为工农兵服务的基本方针。

在文学大众化趋势下，为读者生产的文学题材与内容层出不穷。首先，文学作品在延续旧有主题的框架下包含了新的为适应读者品位生产的内容。其次，传播形式也向大众化方向发展，出现了文化启蒙读物和通俗出版物，符合受众定位、为受众而生产的戏剧形式也开始出现。再次，文学创作者、传播者意识到了为大众、为读者服务转向的重要性，开始下沉基层，转变文风。另外，根据地还出现了为鼓励文学大众化而开办和设立的征文活动、奖励活动。如根据地发起的"七七七"文艺奖金征文活动，提到"望我晋绥边区文艺界同志互相勉励，在思想上，在文艺创作上来一个彻底的转变，坚决贯彻毛主席的方针，为纪念七周年，为赞扬广大工农兵群众英勇史绩而创作"。

受众阅读风气在山西抗日根据地也逐步被培养起来，群众编了个顺口溜："新华日报胜利报，人民群众最需要，你要不读新华报，国家大事不知道。一天不读报，啥也不知道。两天不读报，等于睡了觉。"随着群众读报热情的高涨，农村的读报组纷纷成立起来，冬天晚上到饭铺里读，夏天大家就在树荫下，边乘凉边读，每天读报，从不间断。通过读报小组，农民群众了解了国家大事，完成了思想启蒙，了解了进步的生产方法，精神上也能受到鼓舞。

（三）根据地文学作品的社会功能

山西作家群的艺术风格具有民族化、通俗化、大众化的特点，其文学作品作为"解放的力量"，使得马列主义、抗战救国、男女平等等思想在山西抗日根据地传播开来，深入人心，最大限度地发挥了先进文化教育人民、引导人民的作用。

1．文学作品的审美体验

作家们战争经验的缺乏，直接影响了他们对有关战争创作的想象力与叙述水平。而抗战文学的出现，恰恰解决了这一困境。

（1）现实主义的战争化转型。

为了适应战争的要求，使新文学成为战争文学，在经历了战争初期的无所适从和"简单化、公式化、标语口号化"之后，中国的作家们迅速做出了具有战略性与战术性的审美调整，不仅创作出了影响深远的青春抗战小说，也创作出了一批影响深远的抗战诗歌、抗战戏剧与抗战报告文学。山西抗日根据地在文学方面，以小说、报告文学为主，出现了多种多样的文学形式，既有宏大题材的民族苦难，也有个人日常生活的经验抒情，成为中国历史的记录。柏拉图说："只有死者看到过战争的终结。对于诗人来说，无论战争如何残酷、何时终结，他们的责任就是思想的担当和语言的担当。"从这个意义上说，抗战文学作品的胜利既是思想的胜利又是美学的胜利。

（2）农村社会和农民生活的呈现。

山西作家们走进农村，逐渐形成一支在文坛有很大影响力的文学创作群体——晋绥作家群，包括马烽、西戎、孙谦、束为、胡正等，代表作品有马烽的《张初元的故事》，他与西戎合著的《吕梁英雄传》，孙谦的《兄弟》《我们是怎样回到队伍里的》《村东十亩地》，胡正的《碑》《民兵夏收》。晋绥作家群的文学是抗战时期山西农村社会变迁和农民生存状态的一面镜子，反映了农村社会变迁中遇到的问题与存在的矛盾与斗争。其中，秧歌这种文艺活动进一步加深了文学创作者与群众的联系。在太行、太岳等地区，襄垣农村剧团李鸣洪、李森秀等集体创作的秧歌《李来成家庭》出现较早、影响较大。1945年1月，太行军区联合宣传队在延安文艺运动的号召下，全体秧歌队出演《女状元》《动员起来》。

（3）民间文艺的继承与改造。

山西作为中华民族文化的发祥地之一，在民间文艺的创作和发展方面有着深厚的积淀和社会基础。在太行根据地，对民间传统文化的改造和继承是与新文化运动的开展同时进行的。根据地文化发展的过程是对太行山民间传统文化不断扬弃的过程，一方面它摒弃和剔除了民间传统文化中落后的东西，改变了太行山区群众旧的思想观念和行为方式，包括旧的生产观念、婚姻观念、教育观念和卫生观念等；另一方面它也为根据地文化输入了新鲜的血液，增加了新的文艺形式，构成了一种崭新的太行文化。

2. 文学作为"解放的力量"的观念

民族解放意识是抗战文学的主导意识，是文学作品思想价值取向的根本原则，也是审美意识的灵魂。

（1）以民族解放意识为创作核心。

具有民族解放意识的山西抗战文学与中国抗日战争社会生活及世界历史潮流相契合，凸显了中国抗战文学与世界反法西斯文学所具有的共时性特征，体现了民族解放旗帜下文学的多样性与丰富性，也形成了抗战文学一些合规律性与合目的性的特点。第一，从抗战文学创作的主体即作家而言，民族解放意识构成了他们的主导心理机制。第二，从抗战文学创作客体即作品的主题意蕴而言，民族解放意识构成了基本主题基调。第三，从抗战文学作品的审美风格而言，悲壮美是其基本格调。

（2）以悲壮为战争叙事基调。

山西抗日根据地的文学作品在内容上以反映日军侵华暴行、军民英勇抗敌为主，基调悲壮而乐观，充满了斗志。打仗、参军、抓汉奸，颂扬民族牺牲精神，宣传爱国主义和革命英雄主义成为当时诗歌、小说、戏剧、报告文学创作最突出的主题和内容，充满了"青山处处埋忠骨，何须马革裹尸还"的英雄情结。姚青苗的代表作品《中条山的杜鹃花》，描写了战争动荡环境中青年一代的爱情，作者把青年人的爱情放置于民族危难的时代背景下，将女主人公杜鹃的结局设置为悲壮的牺牲。

（3）以宣传动员为创作目的。

山西抗日根据地文学传播宣传动员的主要方式包括：第一，期刊宣传。战时刊物因其理论性、政治性强等特点，在提高广大群众对战时局势的系统性认知方面具有一定的指导性和渗透性，逐步成为对敌斗争和推进各项工作的重要手段。第二，街头诗宣传。群众易于理解的戏剧和街头诗具有直接的鼓动性，故而充当了宣传工作的先锋。第三，戏剧宣传。当时在戏剧创作上最活跃、最大量的是那些直接反映战争现实的小型化、通俗化的活报剧、街头剧和独幕话剧。第四，小说宣传。通过多种方式，山西抗日根据地的文学充分发挥文艺宣传的政治功能，统一了全民抗战思想，激发了全民抗战热情，构筑起抗日民族统一战线的铜墙铁壁，彻底把日本军国主义消灭在人民战争的汪洋大海之中。

3. 培养公众趣味。

山西抗日根据地文学作品有鲜明的地方特色和浓郁的乡村泥土气息，环境是广大山西的农村生活，人物形象是地地道道的山西农民，叙述方式和结构也是广大农民喜闻乐见的形式，适应山西农民的欣赏和阅读习惯，培养了公众趣味。

（1）通俗化的传播内容。

战斗在山西抗日根据地的文学作家们自觉坚持文艺为工农兵服务的方向，深入工农兵生活，全心全意写工农兵，为工农兵写，把文学还给人民，创造出新鲜活泼的、为人民群众所喜闻乐见的作品。"山药蛋"派代表作家赵树理，是我国真正熟悉农村、热爱人民的少有的杰出作家之一，他的作品具有鲜明的民族特点，生动活泼的群众语言，清新浓郁的乡土气息，受到广大读者的喜爱。这个流派还包括马烽、西戎、束为、孙谦、胡正等一批小说家，创作出众多优秀作品，如赵树理的《小二黑结婚》《李有才板话》《三里湾》《李家庄的变迁》《登记》，马烽的《三年早知道》《我的第一个上级》，西戎的《盖马棚》《姑娘的秘密》，孙谦的《伤疤的故事》，胡正的《两个巧媳妇》，以及青年作家韩文洲、李逸民、义夫等人的作品。

（2）大众化的传播媒介。

为适应时代和社会环境，山西抗日根据地文学创作者和传播者运用多种多样的方式进行传播，使得文学传播的媒介也向大众化方向转变。比如在语言的使用上，通过借鉴群众语言、民间艺术等形式，形成了新的语言风格，方言、土语的运用更易使大众接受，更有效地传递了抗日精神；在传播媒介形式的开拓上，除了在出版印刷物上发表之外，还运用其他更为便捷的传播方式，使作品传达的抗日精神深入人心。例如《小二黑结婚》在根据地群众中的传播不仅仅靠书籍的印刷和发行，还被改编成了各种地方戏曲进行表演，扩大了该作品在农民群众中的影响。据铁流社的诗人丹辉回忆，诗人们把在行军路上写好的诗歌"抄成诗壁报的形式，用红绿颜色稍加装饰，便提着一缸子糨糊，把它贴在岚县中学门口的墙上。顿时，学生们涌了出来，围在诗壁报前面观看，有的边看边朗诵，有的还当场抄录"。当部队战士们得胜归来时，诗人们把"一张张彩色的诗传单送到战士和干部的手中，部队一边走，一边看诗传单"。

（3）本地化的受众定位。

山西抗日根据地文化充分应用了传统文化形式和民间艺术形式，形式灵活，易于被群众接受，从而成为大众化的文化，除文字出版及宣传以外，更多运用了群众喜闻乐见的艺术形式，如戏剧、曲艺、民歌、快板诗、街头诗等。1938年7月，八路军组织了近百个剧团会聚长治，举行了声势浩大的"百团会演"，演出多是以揭露侵略、宣传抗日、赞美英雄为主题，剧目有《日寇罪行》《平型关大捷》《忻口大战》等，歌曲有《东北流亡三部曲》《在太行山上》《八路军军歌》《枪口一致对外》等，这次集中宣传效果明显。此后，根据地的戏剧事业不断发展，剧团不断增多，仅武乡一县就建立了一百多个农村剧团，剧本创作内容也进一步丰富和多样化。流传于上党的曲艺形式"说书",原先是盲人用来糊口的表演形式,又经常穿插一些封建内容,八路军建立太行根据地以后,他们组织起了抗日救国盲人宣传队,利用"说书"的曲艺表演形式创作新的内容,深入到山庄窝铺,宣传抗日。太行根据地的抗日军民创作的民歌更是如天上繁星,凡是与抗战有关的人和事,从儿童站岗、妇女解放、民兵支前、生产开荒到人民战争胜利都在歌唱之列。

三、山西抗日根据地文学的媒介传播形式

"在亚洲各国变革的过程中,只有中国革命是以共产党的胜利为结束……共产党的胜利并不是靠密谋和政变获得的,而是经由干部组织和群众动员的漫长道路才达到的。"[1]文学作为这种组织和动员的重要力量,主要借助小说、戏剧、诗歌等形式和杂志、报刊等媒介进行宣传和动员。

(一)杂志:山西抗日根据地文学传播的主要阵地

山西抗日根据地有一批颇具影响力的文艺杂志,例如"文协"的会刊《抗战文艺》、胡风主编的刊物《七月》、茅盾主编的刊物《文艺阵地》等。这些文艺杂志大体上都具有抗日民族统一战线性质,体现了进步文化人士对山西抗战形势的热切关注与积极宣传。

在抗战防御阶段,代表性的刊物包括1937年在山西太原创刊的《政治周刊》,1938年4月在岚县创办的油印刊物《战动周刊》,1938年10月战地总会在岢岚创办的《战地动员》,1939年1月1日在晋东南的沁县创办的中央北方局机关报《新华日报》(华北版),以及1938年晋东南的第一个抗战文艺刊物《文化哨》。在抗战相持阶段,作家们的作品大多数发表在根据地自己创办的文学刊物或报纸上。这些刊物的持续时间有长有短,有综合性刊物、纯文学刊物或者诗刊等不同类型,对山西抗战

---

[1][德]于尔根·奥斯特哈默.中国革命:1925年5月30日,上海[M].北京:社会科学文献出版社,2017,第29页。

文学的传播起到了不同的作用。在这一阶段中,晋东南抗日根据地出现了几个颇具影响力的文学刊物,主要包括《文化动员》《太行诗歌》《华北文艺》《华北文化》等。在晋西革命根据地也有两份文学刊物对山西抗战文学的传播产生了较大的影响,分别是《西北文艺》和《抗战日报》。

虽然中华全国文艺界抗敌协会发起旨趣中指出"因抗战的内容,使新文艺消失了过去与大众间的隔阂",但是实际上真正能阅读文学刊物的普通大众还是极少的。这个问题在抗日相持阶段得到山西文艺工作者的重视,并提出了一些改进意见和主张,很多杂志也做出相应调整。例如,《华北文化》顺应形势的发展进行了改革,1943年出版了改革新号,"内容渐趋向通俗化、大众化方向",农民群众的审美趣味在刊登的文学作品中得到了体现。

(二)通俗小说:传播话语符号与文化领导权

随着抗日战争的全面深入,通俗小说在山西抗日根据地日益受到重视,在宣传党的各项政策和巩固文化领导权的过程中发挥了重要作用。

1. 山西抗日根据地通俗小说的符码表征

在抗日战争时期,许多文化工作者立足于山西地区抗战背景,创作了大量反映现实的通俗小说,它们所构建起的符码表征囊括起那个时代独有的现实记忆。具体包括:第一,对于军民生活细节的现实描写。在小说《牺牲者》中,柳青将叙事场景选在了农民夏季避雨用的山窑子里,几名战士围坐在篝火前取暖,烤着山药蛋(山西地区对马铃薯的叫法),一起回忆他们不久前牺牲的年轻同志马银贵。第二,对于小人物的重点刻画。穗青在其创作的中篇小说《脱缰的马》中塑造了农民成庆根的形象,描写了他回家探亲到离家这三四天的心理变化。第三,对于战争的侧面描写。刘白羽在小说《五台山下》中,提及了平型关大捷给人们以胜利的信心。总体来看,通俗小说构建起的符码表征把握住了两种现实:一是塑造了战争环境下小人物的真实生活,二是在宏观上交代了现实战争的持续,暗示了个人命运与整个战争之间的紧密联系。

2. 山西抗日根据地通俗小说的意指实践

意指实践，即产生一种意义，是事物获得意义的实践的产物，由被表征的系统建构而成。山西抗战根据地的作家们，将党的思想理论融入作品中去，"像毛细血管式"的文化渗透，在引导人民群众审美偏好的同时改造他们的思想。表现为：第一，支持共产党领导的政治立场。创作者在作品中刻画了八路军和共产党员的形象，塑造了许多有血有肉、不怕牺牲、吃苦耐劳的军政干部，刻画了和谐的军民关系，赞扬了共产党在山西敌后战场上发挥的巨大作用。第二，深入人心的无产阶级话语。通俗小说中"革命""同志""打倒帝国主义"等话语既反映了阶级矛盾，也反映了阶级友谊和革命友情。第三，深耕农村农民的文化生活。描写抗日根据地农村的改变和农民思想意识的觉醒是通俗小说的主要题材之一，旨在掀起一场文化改革，移风易俗，破除农村封建糟粕对人性的束缚，典型作品如赵树理的《小二黑结婚》、力群的《野姑娘的故事》、西戎的《二爹》。

3. 山西抗日根据地通俗小说的文化领导权实现

斯图尔特·霍尔认为，意义争夺就是争夺文化领导权。他将意义争夺的手段界定为符码表征和意指实践两种方式。山西抗日根据地通俗小说作者运用符码表征和意指实践参与意义的阐释和争夺，在中国共产党建立抗日根据地的文化领导权的过程中发挥了巨大作用。首先是广泛采取了为人民群众所喜欢的文学形式，在旧的叙事框架中填充新内容，坚持通俗化、大众化的创作方向；其次是以人民群众为主角，再现根据地军民的斗争与生活；再次是唤醒民众的家国意识，号召民众团结一致抵抗侵略；最后是确立起中国共产党在意识形态领域的合法性，构建了共产党在思想领域的绝对领导地位。

（三）戏剧：下层民众公共空间与日常生活秩序的重构

山西抗日根据地戏剧在传播中，走上了大众化发展的道路，建构了下层民众的公共空间并重构了他们的日常生活秩序。

1. 戏剧的大众化：山西抗日根据地戏剧的传播路径选择

在救亡图存的主题下，戏剧的大众化成为抗日根据地戏剧工作者的共识。史群提出了戏剧运动的三个自觉努力：第一，要把戏剧运动和全民族的实际生活结合起来；第二，要在戏剧运动中接受一切历史的文化成果，力求进步，克服困难；第三，要使戏剧运动，成为大众的战斗的进步的运动。[1] 灵活机动的小型戏剧，如活报剧、街头剧与独幕话剧等的创作活跃起来。据李伯钊在《敌后文艺运动概况》一文统计，在 1939 年至 1940 年，冀晋豫抗日根据地创作的戏剧中，洪荒创作的活报剧《"九一八"的前夕》令"观众很激动"，385 旅宣传队集体创作的秧歌《泥澄口大战》令"观众极感动，连看不厌，日夜连台"，集体创作的话剧《农救秘书》"以方言演出效果非常好"。事实证明，戏剧大众化的方向是正确的，抗战戏剧激发了农民和士兵的抗战意识，使之广泛联结为团结的整体。

2. 民众的话语权：山西抗日根据地戏剧对公共空间的建构

抗战戏剧大众化的过程，也是下层民众掌握话语权的过程。第一，戏剧能够反映群众的切身问题。农村剧团能密切配合中心工作，取得了良好的传播效果。正因为他们与各方工作密切结合，因此从部队到群众，都觉得剧团是自己的，是村中不可缺少的一个力量，因之，油灯、纸张等一切具体需求，群众都给解决了。[2] 第二，注重群众对戏剧的意见与要求。民众对戏剧创作有总的要求，而对于戏剧题材、戏剧内容，剧中人物及表演技术的意见，多是一针见血，实际而且精辟。第三，民众自己表演。由群众自己表演的戏，采用了老百姓日常惯用语言，反映出人民火热的斗争生活，因此能够引发广泛的共鸣。第四，民众参与创作。蒲阁寨民兵剧团，是忻县老百姓自己的剧团，采用了忻县老百姓日常惯用语言，反映出忻

---

[1] 史群. 我们戏剧运动的方向[N]. 新华日报华北版，1939-2-27。
[2] 巩廓如. 戏剧组讨论概况[N]. 文教大会纪念特刊。

县人民的斗争生活。在戏剧批评、表演、创作的过程中，农村群众的公共空间就这样建构起来，充分实现了自己的话语权。

3. 民众的参与：山西抗日根据地戏剧对下层民众日常生活秩序的重构

山西抗日根据地戏剧在思想层面启蒙下层民众的同时，也在现实层面对下层民众的日常生活秩序进行了重构。第一，抗战戏剧将生产、战斗和学习结合起来，方便群众生活。农村剧团本质上是业余剧团，它必须听党指挥，服从根据地的生产、战斗和学习规范。第二，抗战剧团激发民众抗战热情，鼓动民众参军。武安柏林村"文联"的会员将村子的宣传教育工作作为日常工作，在动员粮食、救济灾民等集体性活动中，积极参加根据地工作。第三，抗战戏剧调解矛盾，改变农村落后习俗。如道蓬庵农村剧团针对村中的封建愚昧思想展开活动，阳城固隆村农村剧团通过演剧扬善抑恶、揭露封建剥削事实。

（四）报刊："民间文化形态"的舆论先导

山西抗日根据地依托抗日民族统一战线建立的政治氛围、全国文化工作者同仇敌忾的文化氛围，在广大外来及本地文学团体、作家团体、进步人士、战地记者、报纸编辑等的努力下，创办了大量报刊及文艺副刊，为文学传播动员提供了面向全社会的重要载体。

1. 舆论先导：作为文学载体的报刊

作为文学载体的报刊既有力地推动了文学"民间文化形态"的发展，亦作为舆论先导发挥了宣传组织的动员作用。在山西抗日根据地，既有全国性的报刊，也有地方性的报刊。两者在风格特色、报道内容上相互补充，建构了完整的宣传网络。全国性的报纸主要有《新华日报》（华北版）、《新华日报》（太岳版）。与全国性报纸相配合，大量地方报纸在各根据地创刊，从而形成了全面系统的传播格局。从1937年到1939年，晋察冀和晋冀鲁豫边区共出版报刊百余种，山西吕梁和晋绥边区各有50余种。很多的报刊都开设专门的版面或者创办副刊以刊登小说、故事、诗歌、杂文、漫画等文学作品。一切传播活动都紧紧围绕抗战进行，带有鲜明的革命色彩。

2. 特征风格：民族化与民间化的交融

山西抗日根据地以报刊为平台的文学，其中心任务及目的就是动员最广泛群体进行抗日，因此既显示出显著的民族化特征，也展现了极具民间化的风格。民族化表现在：首先，报刊本身及以报刊为平台的文学都以坚持抗战、挽救民族危亡作为自己的宗旨或使命。很多报纸在发刊词中就鲜明地指出了这一点。其次，报刊及其文学作品的内容及风格都极富战斗性。最后，以报刊为平台的文学兼顾虚构性与现实性。民间化表现为：第一，文本的通俗化。山西抗日根据地的报刊普遍具有大众化、通俗化的特征。第二，受众的主体性。受众不仅作为生产者参与文本创作，还作为传播者推动二次传播。

3. 动员效能：民族认同感与文化大众化

在山西抗日根据地，以报刊为平台的文学在民族化与民间化的风格书写中，既塑造了民族认同感，也在客观上促进了抗战文化的大众化。一方面，以报刊为载体的文学突出了作为共同体的"我们"的团结与英勇，揭露了作为敌人的"他者"的罪恶与软弱，建构了作为共同体的"我们"与作为敌人的"他者"之间的对抗性话语体系，增强了根据地民族的民族认同感。另一方面，在抗战时期，报刊不只是作为新闻传播的工具，文学也不只是文艺审美价值的载体，文学以报刊为载体，建构了以抗战为主题的文化空间。在这一特有的传播场域中，广大文化工作者与群众、作者与读者团结在一起，文学与抗战、诗与现实紧密联系。文学不再局限于知识阶层，而是扎根大众与现实，文化的大众化得以实现。

（五）街头诗：山西抗日根据地文学传播的情感动员

晋察冀抗日根据地是继延安之后街头诗运动开展得最早、最活跃且成绩最为突出的地区[1]，由创作者将短小精悍、朗朗上口的诗歌题写在墙、门窗、岩石、交通要道口甚至枪杆等日常媒介物上，以达到"即传即达"的效果，以"鼓动性的韵律语言"表现出"鼓舞你爱、鼓动你恨、鼓励你活着"的情感动员特征[2]。

1. 作为媒介的"街头诗"：媒介偏向与情感动员

从媒介的时空偏向而言，街头诗的媒介载体在晋察冀抗日根据地文学传播媒介中的特殊性得到凸显：从空间来看，街头诗主要依赖于自然物或建筑物等非流动载体；从时间维度来讲，街头诗以其媒介载体的相对稳定性、媒介内容的历时性特征实现对受众的重复传播，不断巩固情感传播效果，并由于其对生活场景的嵌入而更易将受众印象转化为记忆产品，从而潜移默化地对受众情感施加影响。从文化偏向而言，街头诗作为一种不同于戏剧的持久性、广泛性、表演性的"媒介仪式"，与受众的日常生活融为一体，以潜移默化的形式推进着情感动员的扩展。从政治偏向而言，在街头诗建构的公共空间里，街头诗"围观者"即众人的意见经过群体合意形成舆论，作为一种新的力量发挥着作用。根据地的社会情感组织方式、人际关系乃至个体的精神面貌都因之而发生了前所未有的变化，文学传播动员的集体情感深入地影响着个体感知。

2. 晋察冀抗日根据地街头诗传播的情感动员逻辑

街头诗在传播过程中通过受难叙事、抵抗叙事、连结叙事实现深层情感动员。第一，通过受难叙事塑造共同身份与集体认同。街头诗通过对非正义叙事框架下军民群众共同受难经验的深描，将符合公共秩序与道德、价值观念的个体受难情感记忆进行典型化加冕和规模化传播，为

---

[1] 杨丽珺. 山西抗日根据地传媒文化特点研究[D]. 太原：山西大学，2007.
[2] 闻一多. 时代的鼓手——读田间的诗[A]. 闻一多全集（第3卷），上海：开明书店，1948.

构建共同的"受难者"身份、唤起集体认同提供了路径。第二，通过抵抗叙事实现解释、理解与"情感导出"。街头诗对对抗双方关系的清晰解释构建了传播者与受众、受众与受众之间的"对话"与双向理解，以达成说服和移情的作用，从而为情感动员的落实提供通路。第三，通过连结叙事实现情感同一与意义共享。街头诗的传播中，涌现出很多以关系连结为目的的文学叙事。在连结叙事中，受难叙事的集体认同和抵抗叙事的情感说服转化为集体的"意义共享"。

3. 晋察冀抗日根据地街头诗传播的情感动员路径

晋察冀抗日根据地街头诗的传播过程中，多重情感动员方式纠合在一起。首先是从政治动员到文化自觉、由知识阶层到工农兵群众的模式。街头诗的传播贯穿了晋察冀边区在整个抗日战争时期的文学传播历程，情感动员效果呈现出由表及里、由政策动员到文化自觉的特点，在由上到下、由知识阶层向工农兵群众传播的过程中，情感动员的线索随这一过程逐步深入、扩散。其次是多种媒介的互动式情感动员模式。街头诗在晋察冀根据地并非以独立的传播网络和情感动员形式一以贯之，而是在与其他媒介的互动中、在多种媒介共同建构的综合传播网络中实现情感动员。最后是依托组织传播的情感动员模式。根据地街头诗的情感动员以政府和民间组织为重要节点，展开依托于组织传播的多层次、交互式、扩散式情感动员。

4. 晋察冀抗日根据地街头诗传播的情感动员效能

根据地街头诗的情感动员特征被闻一多描述为"晋解张用流着鲜血的手抢过主帅手中的槌来擂出的鼓声"、张衡"那喷着怒火的'渔阳掺挝'，甚至是那非洲土人的原始鼓，疯狂、野蛮、爆炸着生命的热与力"。[1]街头诗作为一种传播媒介，其效果既体现在对受众认知、行动层面，也体现在宏观的社会心态层面。受众认知与行动层面，晋察冀抗日根据地街头诗传播的情感动员塑造了普遍的社会信任，从而在全民族抗战的目标指

---

[1] 闻一多.时代的鼓手——读田间的诗[A].闻一多全集（第3卷），上海：开明书店，1948。

引下,转化为政治的共意动员。社会心态层面,正如艾青所言,街头诗"必须成为大众的精神教育工具"[1]。街头诗传播的情感动员对根据地受众的精神教化有着重要作用,除却促成了根据地群众作为革命者的理性选择并培育了斗争精神,同样促成了根据地群众作为民族、国家主体的、具有成长性的国民身份转向并培育了公众趣味。

四、山西抗日根据地文学的受众拓展方式

山西抗日根据地文学在党的群众路线的指导下形成了三种受众拓展的方式,通过组织机关部队剧团以及农村业余剧团提高受众到达率,通过建立学校与学习班提升群众文化水平提高受众接触率,通过各类大众传媒提高受众覆盖率。

(一)党的群众路线指导下山西抗日根据地文学传播方式的转向

群众路线是我们党的根本工作路线,群众路线的确立对党领导下的文学创作与传播产生了深远的影响。它改变了以往自上而下的文学创作与传播方式,变为自下而上的由党领导的群众自发组织的传播形式,这极大地激发了群众的积极性和创造力,也为山西抗日根据地文学的发展和繁荣奠定了基础。

在党的群众路线的指导下,山西抗日根据地形成了三种受众拓展的方式:一是通过组织部队和机关的剧团、农村业余剧团等演剧队社来提高受众到达率;二是通过组织各种学校、学习班等教育组织来提升根据地群众文化水平,扩大受众接受度;三是发挥各类大众传播媒介,如报纸、杂志、广播、画报、黑板报等的优势来扩大受众覆盖率。另外,多样化的传播方式因地制宜,以为人民群众服务为宗旨,包括独具特色的流动图书馆、阅览室、书籍贩卖等多种传播路径。这些举措极大推动了山西抗日根据地文学传播的发展,在艰苦奋战的时代洪流中,为根据地人民提供了宝

---

[1] 艾青. 开展街头诗运动:为《街头诗》创刊而写[N]. 解放日报,1942-9-27。

贵的精神食粮，也为抗日战争的胜利做出了不可磨灭的贡献。

（二）队社剧团：组织机关部队剧团以及农村业余剧团提高受众到达率

剧团是山西抗日根据地文学传播的重要组织形式，包括戏剧表演、歌曲演唱、街头朗诵等，形象直观、感染力强，贴近群众生活。战动总会组织了流动宣传团、战动剧团、战动青年团、宣传队和各种临时宣传组织；各县委会成立了剧团、歌咏队、宣传队等。这些文艺团体和宣传队对旧剧、歌谣小调进行改良，办了墙报，深入到群众当中进行宣传动员，对民众进行民族解放的革命教育。

戏剧演出是宣传群众、教育群众的一种最直观、易奏效的艺术活动。演出的形式多种多样，街头剧、活报剧、广场剧、秧歌、话剧、曲艺、各种地方剧，应有尽有。以晋绥边区的七月剧社为例，自 1938 年底至 1946 年初 7 年间共演出剧本 110 种，其中自编 34 种，演出 1500 场以上，观众达 300 万人左右。在诗朗诵运动、街头诗运动、戏剧运动的感召和动员下，群众自发的歌咏活动也开展得如火如荼，田野里、山坡上、会场里，随时随地可以听到人民群众吟唱抗日歌曲和填上抗战歌词的山歌小曲。

以太行诗歌社为代表的农村业余剧团也是宣传动员的一支不容忽视的重要力量。太行诗社的诗人们经常组织群众进行诗歌朗诵，在左权县桐峪镇，"我们几乎每个星期六的晚上，都在文化俱乐部举行音乐朗诵晚会，参加的军民非常拥护，深夜不散"。[1] 此外，还可以通过组织农村演剧活动进行宣传。1943 年，晋绥边区的农业劳动模范温象栓担任了兴县杨家坡的党支部书记，他领导本村的革命与生产工作并负责组织村中的演剧活动。

根据地政府通过成立剧团、改造艺人和创作革命剧等方式，将戏剧这种民间文化形式纳入官方的话语体系内，使其成为政治教育和革命宣传

---

[1] 王美红．论 1940—1942 年间山西抗日根据地文学传播的特征 [J]．名作欣赏，2020(02)，第 41 页—第 44 页。

的舆论工具。改造后的戏剧与乡村社会的关系发生了深刻变化,演剧不再是乡村社会的自发行为,而是受政府领导的政治动员工作;看戏也不再是单纯的娱乐享受,而是受教育的学习过程。可以说,根据地戏剧运动实质上是政府以演剧为手段对乡村社会进行的深入的动员和改造过程。

(三)教育办学:建立学校与学习班提升群众文化水平提高受众接触率

山西敌后抗日根据地的教育事业可分为干部教育、群众教育和学校教育几个方面。干部教育以延安中国人民抗日军政大学在各根据地设立的分校为主,另外还有根据地的各类干部学校。群众教育主要采取农闲冬学的形式。冬学遍及根据地的山庄窝铺,成为颇具特色的根据地教育形式。1941年中共中央北方局宣传部在《关于冬学运动的通知》中明确指出:"开展冬学运动的目的,不仅在于利用冬季农闲时间着眼于广大民众文化水平的提高,而其主要的目的还在于借此灌输与启发民众的民族抗战意识,促进与加强他们的政治水平。"在学校教育方面,在党的领导下,成立了许多民族革命中学、小学,在学生中进行抗战教育,宣传了抗战思想,为抗日民主政权建立后教育事业的发展培养了后备军。

提高文学在群众中的传播率,识字是一切的基础。战动总会具体拟定以下工作:普遍实施抗战教育,修订课本,训练教师,组织学生军训,以适应抗战;在军营、农村广泛开展墙报活动,并成立俱乐部,举行各种讨论会和开展各种文化竞赛;加紧开展识字运动,开展拉丁化新文字工作以扫除文盲;号召城市知识分子到战地来,参加实际战斗,进行文化教育工作等。为了大力培养干部,普遍提高干部政治文化素质,开办了各种短期训练班、识字班、农民夜校。战动总会在太原、离石曾办过游击干部训练班、工作人员训练班、敌工人员训练班、日语研究会,在各县也办过训练班等,前后训练了上万名的抗战干部,奠定了晋西北根据地的工作基础。当时训练班可分为两种:一为干训,即针对农会各级干部的训练;二为普训,即针对普通群众以知识普及为目的的教育工作。

（四）大众传媒：发挥报刊电影等各类大众传媒的优势提高受众覆盖率

山西抗日根据地的新闻出版事业非常活跃，各类报刊和图书相继出版。《抗战日报》《晋西大众报》《西北文艺》《人民时代》等报刊成为山西抗日根据地文学作品发表的主要阵地，其"地方化""通俗化""大众化"的办报原则与山西抗日根据地文学的创作宗旨相辅相成，实现了山西抗日根据地文学的思想导向功能。晋绥地区许多文学活动都发起于《抗战日报》，大量文艺作品在其文学副刊上发表。《西北文艺》是晋绥革命根据地的一份重要的纯文学刊物，它虽然只出版了八期，但却是山西抗日根据地文学发展的重要尝试，和《抗战日报》以及后期的《晋绥日报》《晋西大众报》等报刊一同确立了山西抗日根据地文学的方向。

山西抗日根据地文学的传播还得益于文学作品选集、文艺丛书的出版。在抗战时期，图书出版发行同样由中国共产党政府机关管理，有着严格的管理制度。山西抗日根据地文学作为当时的导向性文本系统，起着意识形态领域的宣传功能，选集或文艺丛书的发行遵循意识形态宣传的基本原则，通过各类出版发行渠道，拓宽了山西抗日根据地文学的传播面向。另外，文学教育文章和各种学术研究文章的发表，从不同视角、不同层次，以不同方式对山西抗日根据地文学的传播起到推动作用。

在抗战期间，根据地建立了电影制片厂，且被纳入政府系统的管理中。电影和文学一样都是重要的宣传工具，由于电影具有声画结合、真实感和现场感强等特征，因而宣传效果好，容易被观众理解和接受。当时的电影工作者走出摄影场地到前线到后方，从群众生活、抗战动态中寻找艺术素材，凸显了电影媒介的现实主义功能。山西抗日根据地文学作品也为电影提供了必要的艺术素材，使电影成为文学传播的一个渠道，共同推动了山西抗日根据地文学的发展。比如根据马烽、西戎的同名小说改编的电影《吕梁英雄传》，形象生动、直观易懂，得到观众的热烈反响。

山西抗日根据地的文学传播是抗战文学史上一颗璀璨的明珠。回溯山西抗日根据地的文学传播历程，其中取得的颇多成绩与经验值得我们继承，为今后党领导下的文学传播事业发展提供启示。

其一，以文学传播提升大众文化水平，以党的引领坚定文化发展方向。山西抗日根据地文学传播，在一定程度上促进了当地群众文化水平的提升。抗战胜利前夕，兴县李家山冬学中30个成年人中有26个学会了珠算小九九，4个学会了归除法，10个学会了记变工账，12个学会了开路条，12个学会了认路条，妇女学会了认票子和自己的名字。这与抗战前晋西北地区的人们大多是文盲，"宁拾一天柴，不读半日书"的状况相比，是一个极大的进步。[1]

其二，坚持党的领导，党的领导决定着文化建设的方向。抗战开始时期，中国共产党组织的宣传团队进入山西宣传动员抗日。根据地建立之后，晋察冀、晋冀鲁豫及晋绥边区包括所辖各区党委，以及各军分区、各作战部队相继成立文化工作委员会，负责党对文化工作的领导。同时，根据地建立健全党、政、群组织机构，由上而下建设覆盖边区的红色政权网络，在组织网络中设立文化管理机构及人员。农村普遍设立乡村文化娱乐员，青联、妇联设文艺小组，剧社设党支部，向业余半业余剧团派出文化工作员。这些文化领导机关具有广泛的群众基础，为党的领导提供了重要的组织保证，在根据地文化建设中发挥了巨大作用。

其三，以文学传播动员群众，依靠群众进行战争。依靠群众、植根群众是山西抗日根据地文学传播的基本动力和根本保障。《吕梁英雄传》语言平易朴实，在报纸上连载后，人们争相阅读，"对每期报纸只怕短下一张，如来得迟了，好像儿子想亲娘的一般"。人们不仅自己阅读，而且把其中的英雄故事讲给身边的人听，爱国主义和革命英雄主义在这中间得到了广泛的宣传。山西抗战文学作品通过宣传动员，把广大人民群众的思想统一起来，充分调动了群众参加抗日战争的积极性。广大群众通过这些作品了解了战争的正义性，提高了革命觉悟，坚定了抗战必胜的信念，

---

[1] 牛荣雁. 晋西北抗日根据地文化建设研究[D]. 山西师范大学，2014.

走上了抗日的最前线。[1]

其四，以文学的民族性为根本，以兼融并包的心态创新文化样式。山西抗日根据地文学以抵抗侵略、实现民族解放为根本内容，利用一切可以利用的形式进行抗战宣传和动员。通过对旧戏旧艺术的改造，剔除鼓词、快板、民间歌舞、民间刻绘中封建落后的成分，充分利用其反映现实的特点和优势，创作出大量揭露日军罪行和反映根据地人民杀敌、生产、劳动的新作品。将传统小戏、地秧歌、说唱等民间艺术与戏剧、音乐、诗歌、舞蹈、快板等形式融为一体，创作了民族歌剧的新形态，成为这一时期新民主主义文化艺术的典范。

习近平总书记指出："每到重大历史关头，文化都能感国运之变化。"近代以来中国的历史，既是一部中华民族从备受屈辱到站起来、富起来再强起来的发奋图强史，也是一部中华文化从自卑到自立再到自信的文化自强史。山西抗日根据地文学的发展和繁荣，对当今中国坚定文化自信具有重要的启发意义。革命文化作为构成我国文化自信的基础之一，在今天更应发扬光大，而抗战时期的文学传播则是我们进入、理解、感受革命文化的一扇窗口。山西抗日根据地文学的发展和繁荣，正是中华儿女争取独立、走向文化自主的光辉历程的真实写照。

超越五千年的古老文明、一个多世纪不屈不挠的艰难探索、七十多年天翻地覆创造的传奇，是中华民族文化自信的充沛底气。"当今世界，要说哪个政党、哪个国家、哪个民族能够自信的话，那中国共产党、中华人民共和国、中华民族是最有理由自信的。"近年来，习近平总书记多次发表关于文化自信的重要论述，其中包括对中华优秀传统文化的论述，关于"为人类对更好社会制度的探索提供中国方案"的宣示，关于"积极参与全球治理体系建设""构建人类命运共同体和利益共同体"的论述等，无不体现着我国强大的文化自信和对建设文化强国目标的追求。"会

---

[1] 张晓兰. 红色文化凝聚中华魂——从几部典型作品看山西抗日根据地文化建设[J]. 党史文汇，2015(10)，第 61 页—第 64 页。

当水击三千里,自信人生二百年"。文化自信是实现中国梦的"加速器",是弘扬中国精神的"原动力"。我们要以文化自觉为基础,增进文化自信,致力文化自强。中华民族的伟大复兴,根本上是中华文化的复兴;中国对人类社会的更大贡献,理应包括文化和价值观上的贡献。

第三章
教育传播：启迪民智，培育革命新力量

教育伴随着人类文明发展的始终。《说文解字》中将"教"与"育"解释为"上行下效"和"养子使行善"。在现代意义上，一切影响人类身心发展的活动皆可视为是教育的一部分。

毛泽东同志曾指出："没有文化的军队是愚蠢的军队，而愚蠢的军队是不能战胜敌人的。"由此可见，教育在战争中的重要意义。自1937年9月整编后的八路军东渡黄河，先后创建晋绥、太行、晋察冀抗战根据地后，立足山西实情、大力发展教育事业就成为山西抗日根据地对敌斗争的重要组成部分。由于开展敌后武装斗争的需要，山西抗日根据地多建立在山西周边省区的交界处，依山而立，远离中心城市。根据地的民众普遍文化水平较低，识字率不高，知识分子更少，为取得抗日战争的全面胜利，改变根据地文化落后的局面，在各抗战根据地建立之初，中国共产党就将普及教育，提高干部、军队和民众文化水平作为重大任务，持之以恒地开展工作。

山西抗日根据地的教育发展与传播有其鲜明的特征，从类型上可分为学校教育、干部教育、社会教育三类，三者特征鲜明且互有交叉，共同构成了根据地教育传播体系。本章将聚焦于山西抗日根据地的教育传播，从传播路径、传播内容、传播模式等方面深入考察其传播历程，在此基础上，进一步探究根据地教育传播的效应与意义。

一、山西抗日根据地教育发展脉络探析

山西抗日根据地教育事业艰难起步，伴随着根据地建设逐步发展，整体上可分为三个阶段。

（一）根据地教育事业初创

早在全面抗战初期，中国共产党根据战争需要和国内实际，初步提出了抗战教育方针。1937年8月，中共中央发布的《抗日救国十大纲领》中提出"抗日的教育政策，改变教育的旧制度、旧课程，实行以抗日救国为目标的新制度、新课程"，随后在中共六届六中全会通过的《论新阶段》的报告中，进一步明确了教育发展的四项要求，即：第一，改订学制，废除不急需与不必要的课程，改变管理制度，以教授战争所必需之课程及发扬学生的积极性为原则；第二，创设并扩大各种干部学校，培养大批的抗日干部；第三，广泛发展民众教育，组织各种补习学校、识字运动、戏剧运动、歌咏运动、体育运动，创办敌前敌后各种地方通俗报纸，提高人民的民族文化水准与民族觉悟；第四，办理义务的小学教育，以民族精神教育新后代。中国共产党关于教育发展的重要指示也成为山西抗日根据地教育事业发展的基本指导原则。

值得注意的是，山西抗日根据地教育初步发展是在特殊政治背景下展开的。彼时，建立抗日统一战线是各方达成的政治共识，受阎锡山政权及旧军力量的影响，中国共产党的教育事业发展必须充分考虑与友党友军的合作关系。因此，基于两党合作抗日、避免统一战线内部的意识形态摩擦的考虑，党领导的教育工作在很长一段时间里不得不秘密进行，党的教育机关也不能公开活动。就在这样的背景下，我党仍在干部教育和学校教育方面开展了大量工作，为之后的发展奠定了重要基础。

1. 统一战线中干部教育的建立

山西抗日根据地的干部教育是以国共合作为前提而发展的。面对日伪的猛烈进攻，阎锡山政府也希望通过人才培养来巩固自身势力，这也

为党早期干部教育事业发展提供了契机。

第一，山西民族革命大学的建立与发展。1938年1月，在牺盟会的全力推动下，山西民族革命大学在临汾铁佛寺开办，设军事系、政治系和民运系三部。山西民族革命大学有较强的政治性，一方面体现在"七分政治，三分军事"的教育内容上，另一方面也体现在其干部培养培训的性质上。山西民族革命大学开办后发展迅速，来自全国各地的进步青年，受抗日救亡的感召，会聚到这里参加学习，曲沃、运城等地皆设有分校，学员最多达到5000余人。在师资方面，包括沈钧儒、李公朴、邓初民、潘汉年、秦丰川、胡磊、肖三、萧军等知名学者，都曾在学校授课，产生了很大的影响。山西民族革命大学名义上虽由阎锡山控制，其亲信梁化之担任校长，但实际工作则由杜任之、梁膺庸、杜若牧等秘密共产党员担任，共产党人及左翼人士施复亮、陈唯实、侯外庐、薄一波、丁玲也常到校进行课程讲授。因此，民族革命大学也成为我党早期吸引进步青年、培养革命干部、储备革命力量的重要据点。1938年8月，朱德由晋东南回延安，路经古贤村也曾应邀给"民大"师生讲话。晋西事变后，中国共产党在山西民族革命大学中的大部分党员和组织撤出，自此，学校性质发生根本变化，沦为阎锡山当局控制的普通训练班。

第二，根据地自办的干部教育。除在山西民族革命大学中培养革命干部，这一时期根据地内部也克服重重困难，以创办党校、干校、军校的方式进行干部队伍的培养，并将其作为强化根据地建设、提升部队作战能力的重要方式。为使干部教育直接服务于抗战需要，在授课内容上，除教授必要的作战知识和业务知识外，政治教育更受重视，辩证唯物主义理论、党的大政方针是主要的培训内容。此外，初期的干部教育灵活多样，以短训为主，教授方式和学习内容皆视各根据地情况而定。如：1937年冬，八路军驻晋办事处入驻临汾后，即办起了学兵队。决死一纵队抵达兴县后，办起了随营学校。晋察冀根据地各个分区都建立了子弟兵团。

抗战初期的干部教育虽属于探索期，但在正确的指导方针下，培养出大批适应根据地军事、行政、党务等各类工作需要的干部人才，直接服务了创建抗日根据地的需要。

2. 学校教育的艰难起步

根据地学校教育的开展和恢复,对于激发民众抗战精神、抵御日伪"奴化"教育、改变根据地落后局面具有重要意义。然而,受抗战初期政治背景、历史条件所限,学校教育的发展并不顺利。部分人认为,根据地条件艰苦,基本温饱和前线军粮供应不足,此时开展学校教育,难以见到直接效应;与此同时,根据地建立初期,政权基础不稳定,从而造成教育行政体系不稳定,管理职责不明确,教育内容与抗战背景脱节,一定程度上影响了学校教育制度的恢复。

就在如此艰难的条件下,各根据地仍依据当地的实际情况,尽力开展学校教育的相关工作。1938年,部分根据地一度停办的小学开始复学,同时相应制定了新的发展原则。以晋察冀抗日根据地为例,其边区军政民代表大会确定了新的文化教育基本原则:第一,发挥高度的民族精神,加强抗战力量;第二,培养健全的军事政治干部,领导抗战;第三,培养专门技术人才,发展抗战时期各种事业;第四,培养热血的新青年,扩大民族革命的基础势力;第五,提高一般民众的文化水准,并提升他们的健康水平。[1]同时提出了诸如恢复乡镇初级小学和高级小学、编订救亡教材、检定小学教师、筹划教育经费等系列措施。至1939年底,部分抗日民主政府政权稳固的区域已基本恢复小学教育,包括沁县、沁源、平遥、介休、灵石、赵城、洪洞、临汾、安泽、霍县等在内在8个县,恢复小学1520所,在校学生达到46581人。[2]

此外,抗战初期大规模的社会教育还未完全开展,此时的社会教育主要表现为与民众日常生活紧密结合的规模性群众文化运动。寓教于乐的活动不仅包括各类文艺团体所积极开展的写标语、展出漫画版画、歌咏活动、戏剧演出等文艺活动,还包括报纸杂志创刊、专业文艺协会建立等。

---

[1] 王谦.晋察冀边区教育资料选编(上)[M].石家庄:河北教育出版社,1990,第3页。
[2] 李田定.太岳革命根据地教育简史[M].太原:山西经济出版社,2002,第22页。

根据地民众在丰富多彩的文艺活动中，潜移默化地接受抗战思想教育，逐渐成为民族救亡，对敌斗争中的一员。

（二）根据地教育事业的进步

全面抗战进入相持阶段后，山西抗日根据地的政权建设进一步强化，群众基础更加稳固，教育事业也在这一时期有了较大的发展。特别是1940年3月18日，党中央发布了《关于开展抗日民主地区的国民教育的指示》（以下简称《指示》），对学校教育和社会教育做出了明确的规定。在学校教育方面，《指示》在强调开展抗日民主教育重要性的同时，提出要加快发展抗日根据地的国民教育，具体措施包括恢复或重建小学校、吸收与鼓励各类知识分子担任小学教员、劝说学龄儿童入学、设置公立中学、创办女子小学等；在社会教育方面，《指示》提出建立民革室、救亡室、俱乐部、民众教育等各种类型的文化教育活动中心，重视农村文化活动，以马列主义的理论与方法为指导，开展民族民主革命的教育与科学的教育。

《指示》确定了抗日根据地发展国民教育事业的方针，明确了具体的要求，指出了操作方法，指定了负责机构，这就为抗日根据地教育事业的发展奠定了政策基础，也拉开了抗日根据地教育发展的序幕。

1. 学校教育的系统发展

学校教育发展在这一时期显著的特征是规范化。在课程内容上，覆盖与初级普通教育相适应的课程，国语、算术、唱歌、运动等课程在初级小学开展，进入高级小学后，加入自然、史地、社会、形势及军事教育等内容；在教材上，各根据地政府均编订出版了本区内通用的教材及补充读物，同时去除不适应抗日战争新形势的内容，补充新民主主义教育的全新内容；在学校管理上，创立了儿童自治的自主管理方式，以培养学生的集体主义精神与民主主义作风；在师资建设上，通过招收返乡知识分子、续聘旧教师或者民办学校教师等方式，壮大师资队伍，在集中培训后，这些教师逐步成为根据地教育事业有力的师资力量。

在正确的指导方针下，山西抗日根据地学校教育的面貌焕然一新，在校人数迅速上升。1940年9月在晋西北根据地所属19个县的统计中，有高级小学26所，学生435名，初小1393所，学生61203名；到1941年5月，按21个县的统计，有高小28所，初小1761所，高级生890名，初级生74069名[1]。在晋察冀抗日根据地，到1941年之后，普及义务教育已成为工作重点。动员学龄儿童入学在数量上要求平均达到全部学龄儿童的60%，不过对于实际上已超过60%的地区，就需要提高到70—80%。[2] 在太行和太岳根据地，小学教育发展势头也很迅猛。到1940年，太行全区32县，建立小学校3770所，大部分县恢复到战前数的80%~90%，个别县超过了战前水平。

随着初级小学教育的恢复，各根据地的高级小学和中等学校的教育也在同一时期建立。此外，根据地教育更开始向游击区和敌占区渗透，争夺教育主导权。战争时期，迫于日军侵扰，根据地教育时常间断，但仍在艰难条件下向前发展。

2. 社会教育的全面推进

随着各根据地对社会教育的逐步重视以及根据地社会组织化的程度明显提高，社会教育开始在这一时期被广泛推行。其中，冬学运动是社会教育中"最大量、最集中、最有效"的一种形式。早在抗日根据地初创时期，各根据地就已经开始着手动员组织冬学，但由于经验不足，推行效果不佳。1940年后，有组织的冬学运动迅速发展起来。各边区专门成立"冬学运动委员会"，并得到党、政、军各机关部门的大力支持和协助。在晋冀豫边区，共办冬学1801处，有冬学学生73824人；[3] 晋察冀边区则通过发放《扫除文盲调查表》《冬学调查表》《冬学运动总结提纲》等，准确了解全区冬学运动情况，有针对性地进行督导检查。

---

[1] 刘淑珍. 晋西北抗日根据地教育简史[M]. 成都：四川教育出版社，2000，第54页。
[2] 王谦. 晋察冀区边教育资料选编（教育方针政策分册）[M]. 石家庄：河北教育出版社，1990，第258页。
[3] 皇甫束玉. 中国革命根据地教育纪事[M]. 北京：教育科学出版社，1989，第195页。

除蓬勃开展的冬学运动外，根据地内专业文艺团体的成立，以及《抗战生活》《新华文艺》等专业文艺刊物的相继创刊，对繁荣根据地的文化事业起了重要的组织和推动作用。已普遍建立的"民革室""救亡室"等社会教育组织也在这一时期积极开展扫盲工作，有效地提升了根据地民众的文化素质。

3. 干部教育的迅速发展

中国共产党历来高度重视干部培养和教育，全面抗战进入相持阶段后，山西抗日根据地的干部教育也迎来了大的发展。

首先，干部教育机构更加健全完善。晋绥、晋察冀、晋冀豫根据地先后开办了抗日军政大学分校，这些分校在抗大总校领导和组织下，各自为所在根据地培养干部，其教育水平和层级较高；此外，各根据地结合自身情况，相继建立起各自的干部学院，如晋绥干部学院、晋察冀边区行政干校、晋冀豫省委（后为区委）党校等。除以上提及的高等干部学校外，中等学校、短期干部培训班等也相继出现，在不同时期发挥着其职能。由此，包括抗大分校、干部学院、党校、中学、短期干训班等在内的干部教育体系逐渐成熟。

其次，干部教育与整风运动紧密结合，提高了干部教育的效率。自1941年5月，毛泽东主席在延安高级干部会议上做了《改造我们的学习》的报告后，全党围绕着改造学风、文风和作风，自上而下进行了一次全面的马克思主义教育。同期，山西各抗日根据地的干部教育，也紧紧围绕整风运动展开，各级干部深刻检讨自己学风文风，反思工作作风，深入开展调查研究，自觉回归到实事求是原则上来，有效提升了干部培训的效果。

再次，集中培训与在职教育相结合。尽管党中央和各级党组织高度重视干部教育，但受当时各方面条件限制，难以对所有干部进行全面而普遍的培训。在这种情况下，党中央号召干部开展在职学习，并于1942年通过了《中共中央关于干部在职教育的决定》。山西抗日根据地各级党组织迅速组织实施干部在职教育，规定了必读书目，提出了学习要求，并派出专门人员巡查、指导、监督。普遍开展的在职教育，推动了这一时期干部教育的新发展。

（三）根据地教育事业的壮大

1944年之后，抗日战争形势发生了重大变化，日本侵略者被压迫在重点城市和交通线附近，而抗日根据地彻底稳固，根据地军民开始积蓄力量准备全面反击。在这样的背景下，根据地教育事业迎来了新的发展期。

在学校教育方面，山西抗日根据地学校数量增长迅速，办学规模明显壮大，各根据地开始着手推行公助民办的措施，进一步动员社会力量发展学校教育。以太岳抗日根据地为例，1944年底，有初小2351所，在校学生137098名；有高小48所，在校生4472人。[1] 与此同时，各根据地师资力量迅速壮大，师资素质明显提升。1943年底，晋察冀根据地的北岳区的小学教师中，初中及乡村师范以上学历的教师达到25.4%，高小以上学历的占到50.6%，其他学历的比例下降到24%。[2]

在社会教育方面，以冬学为代表的社会教育走向了全面兴盛，形成了独特模式和做法。一方面，根据地军民在经历了艰难的抗战岁月之后，逐渐意识到学习的重要性，在抗战形势逐渐向好、胜利即将来临之际，他们更是急迫地想要通过学习，总结抗战经验，总结翻身获自由的斗争经验，同时，了解党的政策和要求。另一方面，根据地政府也高度重视社会教育，不断推出新的指示和政策。以太行抗战根据地为例，冬学运动的数量和质量逐年提高，仅河南，在1944年上冬学的女学员就有43人。该县卫河以东的村庄，青年男女都参加夜校学习，学员1150人，民师120多人。

在干部教育方面，中国共产党始终高度重视干部教育，为抗日战争培养大量的骨干，成为抗击日军的中坚力量。在这一阶段，根据地各项建设完全巩固，敌军也无力再频繁侵扰，干部教育得以全面加强。抗大各分校进一步发展，根据地在培养军事政治干部的同时，更加重视培养文学

---

[1] 李田定. 太岳革命根据地教育简史 [M]. 太原：山西经济出版社，2002，第192页。
[2] 王谦. 晋察冀边区教育资料选编（下）[M]. 石家庄：河北教育出版社，1990，第80页。

艺术干部。在继续以往以党校、干部学校、中等学校为主的培养体系外，各根据地还建立起独立的干部学院，干部培训体系进一步完善。

二、山西抗日根据地教育传播的路径与内容

根据地教育作为传播革命文化、激发爱国热情、激起人民斗志的必要手段，在对敌斗争和根据地自身建设中发挥了不可替代的作用。山西抗日根据地的教育传播历程之久、范围之广、影响之深在各根据地中极具特色。根据地民众在中国共产党的领导下，举办了各种类型的教育活动，以革命干部、青少年和其他社会成员为对象，传播科学知识和革命文化，灵活运用各种教育方法，成为当时提高人民群众的革命素养、强化根据地建设的重要路径。

（一）"打牢基础，积聚力量"——学校教育的传播路径与内容

青少年是根据地发展的希望所在。以青少年为传播对象，推进学校教育，不仅是为根据地长远发展积聚力量，更是对敌伪在沦陷区开展亲日思想宣传、推行奴化教育的有力反击。在战争的动荡中，山西抗日根据地不仅重建了因战争而被破坏的初等教育和中等教育，建立较为完整的学校教育体制，同时将文化知识与抗战思想、民族精神有机融合，向根据地广大青少年传输民族的、科学的、大众的新民主主义文化教育，为抗战全面胜利以及日后新中国的建立，奠定了坚实的人才基础。

1.逐步完善的学校教育体系——学校教育的传播路径

全面抗战爆发之前，山西有着一定的教育基础。阎锡山为维护其统治，较为重视本地教育事业的发展，特别是基础义务教育一度处于全国领先的位置。知名教育学家陶行知在山西考察后谈到"中国除山西省外，均无义务教育可言"，并且认为"山西是中国义务教育策源地"[1]。但山

---

[1] 陶行知.陶行知全集（第2卷）[M].成都：四川教育出版社，1991，第245页。

西内部教育水平不均衡，差异较大，相较于盆地平原地区较高的受教育程度，偏远地区、贫困山区的教育事业发展缓慢，当地文盲半文盲比例较高。当战火燃烧到山西后，当地教育体系遭到了严重破坏，校舍被毁、适学青少年辍学；与此同时，日本侵略者打着"共存共荣""中日亲善"的旗号，在沦陷区推行奴化教育，在侵华日军宣抚班的策动下，先后开展了强迫学生和教师复学、篡改教科书、推行日语教育、编纂日语会话读本等侵略活动，妄图将教育作为其殖民体系的一部分。在这样的背景下，完善和建立学校教育体系，搭建系统的传播路径，传播正确的教育内容，就显得十分必要和紧迫。

（1）根据地小学教育体制的恢复与发展。

在严峻的形势下，山西各抗日根据地和民众政权结合当地实际情况，纷纷开展学校教育体制的恢复和发展。在晋察冀抗日根据地，1938年初，边区政府在建立伊始就明确提出了教育事业恢复和发展的计划，涉及学校教育的内容包括：①恢复乡（村）镇的初级小学和高级小学，一律于春季开学，学生男女兼收。并于可能范围，设立幼稚园。②编订各种救亡读物与教材。重编教材，使内容更适应抗战。编订大众的初级读物，编订各种革命丛书。③检定小学教师。对认识不足，程度过低的，加以训练。④筹集教育经费。⑤改变学生生活及课程编制。废除旧有形式主义教育，添授新文字，组织儿童团，实行小先生教育制。[1] 随后在1939年8月，边区进一步提出了《民族革命中学暂行办法》。该办法不仅明确强调了青年是革命的先锋、国家的命脉，是抗战建国的坚强干部，还以"救济失学青年，提高文化政治水准，训练地方工作人员，培植民族革命的基本干部，充实抗战建国的力量"为宗旨，要求在边区内的每一个专员区设立中学一处，定名为"晋察冀边区民族革命中学"。[2] 至1941年，在《晋察冀日报》刊发的《晋察冀边区行政委员会成立三周年纪念告全边区同胞书》中，

---

[1] 王谦. 晋察冀区边教育资料选编（教育方针政策分册）[M]. 石家庄：河北教育出版社，1990，第1页—第2页。
[2] 王谦. 晋察冀区边教育资料选编（教育方针政策分册）[M]. 石家庄：河北教育出版社，1990，第78页。

更提出"要做到每一个行政村有一个小学校,学龄儿童入学者要达到百分之六十,每个区要有一个高小,第一个高小要吸收三个免费生"。[1]

在晋冀豫抗日根据地,学校教育体制的恢复和发展则呈现出不同的情形。通常,根据村庄规模,较大的村庄独立兴办小学,较小的则与附近村庄联合兴办,同时还建起负责成人教育和儿童教育的混合学校。学制方面,有的实行全日制,有的实行半日制,还有隔日制。有的全年办学,有的则冬春季办学。1941年至1943年间,日军对晋冀豫抗日根据地进行了多次"扫荡"侵扰,根据地学校多次经历了"破坏、恢复、再破坏、再恢复"的过程,在艰难对敌斗争中,形成了"敌来我散,敌走我聚"的做法。在中学教育方面,从1937年7月建立的第一所民族中学——太岳区第三民族中学开始,先后有太岳第一中学、太岳第三中学、晋豫中学等学校先后建立,至1941年晋冀鲁豫边区政府成立时,太行区的中学校已达100余所,具备了一定规模。

在晋绥抗日根据地,由我党主导的学校教育体制直到1940年反顽固斗争胜利结束后才开始建立。此前,晋西北革命政权曾以牺盟会、动委会等组织为掩护,向旧教育系统渗透,争夺教育主导权,推行新民主主义的抗日教育,部分地区的小学教育得以恢复。1940年后,根据地着手整顿和健全小学,全面加强小学建设:对于办学条件差、学生人数少,或者政治方向有偏差的学校,果断关停;对教员进行全面检定,存优去劣,全面提升教员水平,并吸收新成员,扩大师资队伍;动员适龄儿童入校学习,普及小学教育;增印教材,保障教材供应;在一些特殊地区兴办半日校、巡回学校等。经过一年多的整顿,晋绥抗日根据地小学教育有了长足发展,学校教育基本普及,教师水平显著提升,教材供应充足。在中学教育方面,先后建立的晋西北民族革命中学(晋西北第一中学)、晋西北新民主主义教育实验学校等机构成为晋西北地区探索新民主主义教育的重要基地,

---

[1] 王谦. 晋察冀区边教育资料选编(教育方针政策分册)[M]. 石家庄:河北教育出版社,1990,第262页。

在整个抗日战争期间发挥了十分重要的作用。

在山西各根据地的全力推动和共同努力下，山西学校教育得以恢复，并有了较大发展，形成了较为完整的教学体系，而这也成为山西抗日根据地学校教育传播的有效路径。

在小学教育体制中，主要包括普通小学、中心小学、高级小学（完小）等。其中，普通小学多为以自然村为单位设置的小学。一般而言，在有四五十户居住的村庄中，根据地政府就组织设置一所普通小学，普通小学配置一名教师，负责教授本村儿童的学习；普通小学的教学条件极为艰苦，"这个学校只有一间破房，有一条炕，一个锅，一个水缸，还有几张破烂不堪、东倒西歪的桌子"。而对于更加偏远的山区，则会通过设置"巡回学校"来保障当地适龄儿童的就学，即若干个邻近的村庄联合办一所小学，教师在各个村庄间巡回教学。与多处于山区、条件简陋的普通小学相比，中心小学多创办于人口集中的城镇，这类学校规模较大，有多名教师且配备小学校长。中心小学不仅需要落实本校的教学，而且要发挥示范指导作用，指导周围的小学开展工作，并与周边小学一起组成中心学区。此外，根据地内部还会在条件允许的情况下设置高级小学或者"完小"[1]，提高本区域的教学质量。

（2）根据地中学教育体制的建立与发展。

在建立小学教育体制的同时，根据地也在加紧建设中学教育体系。当时的中学教育不仅肩负国民教育的任务，更承担着干部培养、引导青年知识分子投身抗日的历史使命。山西各抗日根据地的中学以区为单位兴办，一个分区办一所中学，晋察冀、晋冀豫及晋绥抗日根据地皆办起了多所中学。根据地中学一般都直接隶属分区政府领导，组织机构较健全，学校设校长1名，经常情况下由该分区的公署专员担任，也有委任专职校长的情况；校长下设教务主任1名，另设事务员、文书员若干名，负责学

---

[1] 抗日战争期间，各根据地小学教育普遍采取"四二制"学制，即四年初级，两年高级。高级小学，就是指完成四年初级学习之后进入更高级小学教育阶段的学校。如果一所学校，既有基础的四年小学，又有高级的两年小学，即称为完全小学，简称"完小"。高级小学是比中心小学更高级的教学机构。

校日常管理；有固定教师若干名，负责授课。受当时根据地条件的限制，各根据地中学的学制并不完全统一，在战争不同的历史阶段也有所变化，大多数情况下，中学学制一般为2年。

逐年完善的根据地教育体制成为抗战思想传播的实践场。在这里，适龄的青少年不仅接受了文化教育，更深刻领会到抗战精神，坚定了爱国主义和民族主义思想。

2. 文化教育与抗战教育相结合——学校教育的传播内容

课程是学校教育传播内容最直接的体现。党中央对于战时学校教育的课程内容曾做了十分详细的规定，其构成了学校教育传播的主要内容。山西各抗日根据地根据中央的统一要求，结合各地具体情况，具体地确定了课程及其具体内容。课程之外，学校教育的其他课外活动内容也是学校教育传播的重要构成部分。

（1）根据地小学的课程设置与传播内容。

在小学课程上，中共中央宣传部即在1940年发布了《关于各抗日根据地小学教育的指示》，其中明确提及了课程内容：①课程内容应包含初级普通教育所必需的关于自然、社会、劳作之知识、技能与学习方法；②初级小学需要开设四门必修课程，即国语、算术、唱歌、运动，其中国语课包含自然、社会、劳动等；③高级小学的课程主要为国语、公民、常识、算术、自然、史地、唱歌、运动等，并要求开设一定的时事政治教育，其中，公民、常识课程主要涉及根据地建设内容，自然包括生产劳动、卫生健康等方面知识，运动涉及军事知识教育。根据这一精神，山西抗日根据地教育行政部门组织编订出版本区域内小学教材。以太岳抗日根据地为例：区内各小学的初级小学，开设国语、算术、常识、公民、音乐、军操、美术与劳作等课程。小学采用行署新编教材，不足部分从《大众报》节选内容。区内高级小学，开设国语、算术、自然、卫生、地理、历史、公民、新文学、音乐、军操、美术、劳作等课程，国语是最主要的课程，教材内容从《国防国语》《大众文艺》《新标准国语》等杂志中选取；自然、地理、历史从集训教材中选取，算术选用行署编的课本和新中华课本；另外，高级小学还写仿宋字、写日记等。

值得注意的是，根据地在开展文化教育的同时，注重与抗战相关的各类政治动员和训练，主要通过救亡训练、儿童团等课外活动形式开展。这些活动是教育传播的重要组成部分，主要承载政治、军事、生活等知识。救亡训练，以晋察冀为例，每个小学都要开展抗日救亡训练周，内容包括：统一战线，以教育学生团结一切进步力量共同抗击日军；抗战训练，倡导坚持公理正义，奋斗到底，宁做战死鬼、不做亡国奴；春耕教育，教育学生搞好农业生产，支援抗日战争；锄奸教育，宣传忠诚于国家，不为敌人所用，并协助锄奸；自卫教育，教育学生时刻准备好抵抗敌人，不受任何无理伤害；防空教育，帮助学生了解如何防御敌人空袭；服务慰劳，引导学生服务于抗战大局，慰劳抗日英雄。儿童团则可视为学生的基层组织。在各根据地的统一要求下，各小学校组建儿童团，同时组建儿童团校团部；儿童团组织划分为小队、中队、大队三级，并由学校委派老师担任指导员；儿童团的训练坚持"教学做合一"，通过演讲、讨论、批评等方式，进行军事训练，学习政治常识，实施生活锻炼。救亡训练、儿童团等课外活动可被视作第二课堂，它不仅是重要的教育途径，也是教育传播的重要方式，其所传播的信息丰富多样，更有特别的传播效果。这些集中于政治军事方面的课外活动，是战争大局在教育中的微观缩影。

（2）根据地中学的课程设置与传播内容。

中学教育的课程传播主要由四部分组成。基础学科占到整体课程的40%，主要课程包括以政治论文与新文学作品为内容的国语教学，以算术、代数和几何为内容的数学教学，以中国近代史和革命史为内容的历史教学，以自然地理、各地的经济状况、政治制度为内容的地理教学，以及以物理、化学、生理卫生为内容的自然教学。政治类课程占到整体课程的30%，内容包括人类社会历史及世界政治的基本常识，三民主义与统一战线，形势与时事的报告等；不同地区的政治教学内容也不尽相同，大众哲学、科学社会主义、日本侵华史等课程也曾作为重要授课内容。军事课程占到整体课程的 20%，内容包括通信联系、侦察及武器使用等方面的基本知识以及游击战争的相关策略、技术等。此外，教授课程还包括约占总课程 10% 的艺术类课程，涉及歌咏、美术、写作等。

（3）根据地师范院校的课程设置与传播内容。

除着力推进中小学教育外，山西各根据地为持续推动当地教育事业发展，也在条件允许的情况下开展师范教育。相对于普通中等教育，师范教育明显增设了教育类课程，以服务于教育需要。各根据地的课程设置虽略有区别，但总体上覆盖了主要学科。例如：晋察冀边区师范授课内容包括政治课 20%，教育课 20%（教育概论、小学教育、社会教育），语文 15%（国语、修辞、文法），数学 10%，史地 10%，自然 10%（动植矿物、生理卫生、理化），艺术 10%（音乐、戏剧、美术），军事 5%（军事常识、游击战术）；晋冀鲁边区师范授课内容涉及政治常识、国文、应用文、数学、史地、生理卫生、自然与生产、理化、教材教法、小学教育理论与实践、体育、文娱、习字、美术等；晋绥边区师范授课内容包含中国问题、根据地政策、整风文件、工作技术、军事常识、公文写作、国文、近代史、地理、算术、自然、音乐、美术等。师范教育传播的课程内容主要针对小学教学需要，涉及面较宽，知识内容丰富。经过师范学习的人才基本能够满足初高级小学教育的需要。

3. 根据地学校教育的传播特征

山西抗日根据地学校教育的传播呈现出三个显著特征：第一，传播内容具有突出的政治性。时事与政治是传播的最主要内容，不仅开设有专门的课程，而且在基础知识类课程中有意识地突出政治教育；同时，把课堂上的文化学习和向社会实践学习紧密结合起来，学生们经常利用节假日以演剧、唱歌等形式进行抗战精神宣传，既提高了学生的文化水平，也提高了学生的政治思想和阶级觉悟。第二，传播形式和传播内容较为全面。尽管根据地条件艰苦，但国民教育仍然充分体现马克思主义教育理念，在着重满足全面抗战需要的基础上，坚持德智体美劳全面发展，传播内容丰富多样。第三，传播注重实用性。学校教育所传播的知识信息，如生产劳动知识、技术知识、军事知识等，均具有明显的实用性特征，旨在切实解决根据地生产建设及对敌斗争过程中面临的一系列现实问题。

值得注意的是，山西各根据地在恢复和发展区内学校教育的同时，还不断向游击区、敌占区渗透，发展游击教育，不断扩大新民主主义教育的影响，传播和扩散进步的思想，反击日本侵略者的奴化教育和反共教育。实践中，革命的教育者创造了丰富多样的教育形式。如，太岳区有一位在敌占区工作六年之久的地下党员教师，将抗日教育的教材拆开了夹在日伪教材中教育学生，还自编各种形式的顺口溜、谜语等开展抗日教育。

（二）"统一思想、凝聚战力"——干部教育的传播路径与内容

中国共产党一直高度重视干部教育。抗日根据地初创时期，军事斗争形势严峻，根据地各项建设百废待兴，革命斗争迫切需要大批干部，以革命干部为受众的干部教育传播成为解决这一问题的重要手段。

1. 多级干部教育体系的构建——干部教育的传播路径

全面抗战爆发后，面对复杂的斗争形式，我党将干部教育作为解决问题的重要手段，并开展了大量工作。在山西抗日根据地，为解决干部缺乏的问题，从中共中央北方局到新建立的中共晋察冀省委、冀豫晋省委、晋西北省委及山西省委都普遍开办了干部培训班。这些训练班虽然条件极差，时间很短，但它却适时地培养了一大批干部，为游击战争的勃兴和根据地建设提供了极为重要的组织准备。刘少奇指出，当时为了解决缺乏干部的问题，其中采取的一个办法，就是"开办了许多一星期卒业的训练班，把这些人立即分派到各地去进行工作"。随着抗战的推进和根据地建设的不断强化，党中央对干部教育提出了进一步的要求。1939年3月，中共中央发文要求全党干部加强学习，一面工作，一面学习，实行每日两小时学习制；1940年1月，中共中央书记处下发《关于干部学习的指示》，这是抗日战争全面爆发后中共中央关于干部教育的第一份文件；同年12月，毛泽东主席为中央写的对党内的指示——《论政策》，明确

指出了"每个根据地都要尽可能地开办大规模的干部学校,越大越多越好";1942年5月,北方局下发《中共北方局宣传部关于执行中央在职干部教育决定的指示》,就具体实施干部教育的措施与办法做出了明确的规定。在党中央的全力推动下,山西抗日根据地纷纷建立各级各类学校,其中既包括中国人民抗日军事政治大学所设立的分校,又包括各级党委建立的干训班、干部学校和党校,为山西抗日根据地建设事业的全面大发展提供了人员保证,很好地适应了长期抗日战争的需要。[1]

(1)中央干部教育机构的派出机构。

早在1936年6月,中央红军刚刚结束万里长征抵达陕北后,在陕北安定县的瓦窑堡创办"中国人民抗日红军大学",简称"红大"。1937年1月,"红大"迁至延安,更名为"中国人民抗日军事政治大学",简称"抗日军政大学"或"抗大"。"抗大"是整个抗日战争期间中国共产党最重要的干部教育学校。随着华北各抗日根据地的迅速创建,"抗大"也先后设置分校,负责在各抗日根据地组织进行干部教育。整个抗日战争期间,除总校外,"抗大"先后开办12个分校,为我党我军培养了大批革命干部。

1938年冬,"抗大"第一分校在陕北创建,同年底在晋东南办学,为太行、太岳抗日根据地培养干部,抗大第一分校校址设在晋东南。齐心在回忆这段历史时谈道,抗大一分校是八路军前方总部的随营学校,地处太行根据地的抗日战线前方。抗大一分校的学习生活充满了军事化、战斗化、革命化的气氛。抗大一分校的军事课程主要是讲授《论持久战》《游击战》等,还讲过军事学,讲《游击战》时,还配合做过实战演习。政治课程主要是学习《社会发展史》《政治经济学》《抗日民族统一战线》等。队上经常组织一些小分队到本村或外村向群众宣传抗日救亡,控诉日军的种种暴行,用革命歌曲发动群众,学生们每天生活在激动人心的革命歌曲声中。齐心将抗大形容为培育革命英雄主义、革命乐观主义、

---

[1] 张国祥.山西抗战史纲[M].太原:山西人民出版社,2005,第358页。

建立革命人生观的大熔炉，众多的干部在抗大得到了思想的进步。[1]第一分校在晋东南办学长达一年有余，后迁至山东抗日根据地。

第一分校迁出后，1940年11月"抗大"第六分校在武乡县创建，继续为晋冀豫抗日根据地及129师培养干部。1943年初，以"抗大"六分校余部为基础，组建起"抗大"太行分校。1944年11月，在抗日军政大学太岳大队基础上，又建起了"抗大"太岳分校。

"抗大"第二分校与第一分校在陕北同时创建，随后即迁至晋察冀边区办学，直到1943年返回陕北。第二分校承担了晋察冀抗日根据地及115师干部教育的任务。1941年7月，晋绥抗日根据地在兴县创办"抗大"第七分校，承担起晋西北抗日根据地干部教育的重大任务。

另外，1939年夏，中共中央决定将陕北公学、鲁迅艺术学院、延安工人学校及安吴堡战时青年训练班合并，组建华北联合大学，这是党在抗日战争期间承担干部教育的重要机构。华北联合大学成立后不久，即开赴抗日前线，总部设在晋察冀边区的阜平城南庄。华北联合大学先后办学九年多时间，为党培养干部8000余人，为政治、经济、文化、教育、文艺等各条战线培养了大量的骨干人才。

（2）山西抗日根据地自办的干部教育机构。

山西抗日根据地创建之后，在中共各级党委主导下，因地制宜，灵活多样地创办各类干部学校，吸收进步知识分子及工农积极分子参与抗日，大批量地培养革命干部。根据地自办的干部教育机构包括三种类型。

一是军校。八路军走到哪里，就将军事学校办到哪里。1937年11月，八路军驻晋办事处就在临汾建立起学兵队，抗日决死一纵队也在沁县开办随营学校。"十二月事变"之后，我党曾在沁县西林举办了3期军政培训班，经过培训，一部分顽固保守的旧军官被清除，代之以党领导的新军官，抗日青年决死队由此完全转变成为党领导的革命军队。

---

[1] 齐心. 在抗大生活的日子[EB/OL]. 中国共产党历史网. http：//news.12371.cn/2015/09/23/ARTI1442957072123763.shtml。

二是干校。山西抗日根据地创建之后，一些已经建立起抗日政权的专区、县均开办了干部学校，为抗日根据地各级政府培训干部。以晋冀豫根据地为例，早在1938年6月，就在牺盟会主持下，于沁县开办了"旧职人员训练班"，培训改变了阎锡山系统的公务人员，使之为抗日根据地服务；1939年初，该训练班迁至平陆县，先后举办了6期，培训公务人员数百名，这些人成了支撑抗日根据地建设的骨干力量。成立于1938年的晋豫抗日军政干部学校，以牺盟会村政干部为主体开展培训工作，同时吸收部分思想进步、积极抗日的青年、小学教员等；开学后，许多外地青年纷纷前来报名参加，凡愿抗日者，学校随时予以接收，编入班队；该校参照军事管理办法，将学生编为若干分队，进行学习训练；在实训中，学校还邀请理论水平高、富有工作经验的领导干部前来授课，包括魏克明、乔启运、魏永生、赵树理等；中共晋豫特委书记聂真、八路军晋豫边游击队唐天际司令员等，也经常给学员做政治形势与军事报告。中共晋城中心县委也曾于1938年举办"抗日军政干部训练班"，每期三个月，总共举办了两期，学员共140名；当时，陈立志任副主任，亲自代课，给学员讲抗日救国十大纲领、游击战术、牺盟会宗旨，重点阐述共产党主张；这些学员大都是山西获泽中学的进步学生，培训结业后，被分配到晋豫边区唐天际游击支队参加了抗日，少数人保送抗日军政大学去深造。同期，八路军晋南干部学校在晋城成立，由朱瑞任校长。

三是党校。山西抗日根据地创建初期，为解决基层组织不健全、党员人数很少的问题，中共北方局就将开办党校作为强化党建工作的重要手段，1937年9月中共中央北方局在太原成成中学八路军驻晋办事处举办党员训练班（即北方局太原党校）。参加学习的共100多人，大都是从平津和华北各地调来山西工作的。训练班由山西省工委委员王一夫主持。讲课人有周恩来、刘少奇、彭真、程子华、薄一波、唐天际、彭雪枫、张有清等。1937年11月又在临汾市举办党训班，后发展成为中共北方局党校。1938年5月，中共晋冀豫省委在长治屯留县寺底村开办党校。

（3）其他形式的干部教育。

除上述提及的组织性干部培训学校，山西抗日根据地还依据战争形式，组织干部培训班、夜校等短训类机构。这类机构有其独特的特点，参加培训的均为基层干部，从支部委员到普通党员，从青年到妇女，均可安排学习；学习时间灵活，有时三至五日，有时数十日或者一至两月，往往是利用生产劳动和战争间隙进行学习；学习规模不大，一般情况下召集十余名干部进行短期学习，便于组织，也便于转移；学习内容与教育目标也是多种多样，基本要求干部在教育中了解共产党的方针政策，提高自身业务能力和基础文化水平，还有根据工作需要临时进行的"一事一训"。这种灵活的学习方式常见于根据地建设早期，利用这样的方式，有效解决了当时干部短缺、思想混乱、矛盾尖锐等各类问题。

2. 注重政治性和实用性——干部教育的传播路径

基于特定的目的要求，干部教育传播的内容也与国民教育明显不同。山西抗日根据地的干部教育虽在形式上不尽相同，但传播内容大体类似。根据地的干部教育传播的内容，"既有民界观、人生观和价值观等哲学和价值理论方面的内容，也有科学知识、人文知识、国史党史和国情方面的内容"。[1] 具体而言，可分为马克思主义基本理论、党性教育、能力教育等。

（1）马克思主义基本理论传播。

抗日战争时期，我党将马克思主义基本理论与中国革命的具体实践相结合，取得了重大的理论突破，形成了毛泽东思想——这一马克思主义中国化的伟大成果。对相关理论的学习成为干部教育中最为重要的任务。

马克思主义基本原理的教育，着重于传播辩证唯物主义与历史唯物主义理论。山西抗日根据地干部培训使用的教材包括《社会科学概论》《中国近代革命运动史》《唯物主义原理》等。理论传播的目的在于帮助干部学习马克思主义基本理论，掌握分析问题的方法，从而提高干部理论与认识水平。成仿吾在回忆抗日根据地的干部教育的历史经验时讲

---

[1] 何磊. 延安时期怎样进行党的干部教育[J]. 群众，2019（6），第64页。

道：总的方针，用革命的理论与方法培养干部是没有变的，课程也是少而精的，在这一时期确定下来的，主要为社会科学概论（包括社会发展史、政治经济学常识，有时还讲世界近代革命史）、中国革命史、民众运动、游击战争等，有时还讲辩证唯物论与历史唯物论。[1]

马克思主义中国化理论的学习则着重于学习毛泽东思想。毛泽东主席在抗战期间的一系列伟大著述——《论新阶段》《论持久战》《新民主主义论》《改造我们的学习》《为人民服务》等，都是当时干部教育中经常使用的教材。对干部教育的过程中，还摘选和引用《新华日报》社论，重要领导人讲话等内容。毛泽东思想的学习与传播，目的在于引导广大干部学习并接受马克思主义中国化的最新成果，掌握运用马克思主义原理解决中国现实问题的基本方法，引导党员干部正确认识抗战中面临的困难。毛泽东主席的这一系列伟大论著，为当时根据地各级干部点亮了心灯，指明了方向，坚定了必胜的信念。

（2）党性教育传播。

党性教育同样是干部教育中的重要内容。其目的就是将党打造成一个纪律严明、作风优良、勇挑重担的政治组织，充分展现了党的先进性和战斗力。

党性教育首先要求各级干部在实践中改造自己的世界观、人生观、价值观。在艰苦的环境中经受政治锻炼、斗争锻炼，号召党员干部"为党为革命牺牲"，"出钱出粮在前，出力在前，牺牲在前，在各方面能做群众的模范"[2]，山西抗日根据地在干部教育过程中，将党中央在各个时期的指示与根据地的具体工作相结合，引导党员干部提升思想觉悟。另一方面，党性教育就是关于党的组织性和纪律性的教育。"对待干部的错误，基本办法是教育。纪律是不得已的教育，当然又是必要的。"[3]山西抗日

---

[1] 王谦.晋察冀区边教育资料选编（回忆录分册）[M].石家庄：河北教育出版社，1990，第56页.
[2] 彭真.关于晋察冀边区党的工作和具体政策报告[M].北京：中共中央党校出版社.1981，第195页.
[3] 原总政治部干部部.中国人民解放军干部工作历史文献选编（第1卷）[M].北京：解放军出版社，2004，第36页.

根据地的党性教育针对全体党员干部，特别是新加入党组织的党员，强调党的纪律，从行为习惯上加强组织意识，强化党的凝聚力和战斗性。

最值得强调的是，山西抗日根据地干部教育与整风运动紧密结合。在延安整风运动过程中，毛泽东主席所作的《改造我们的学习》《整顿党的作风》《反对党八股》，以及中共中央宣传部发布的《关于在全党进行整顿三风学习运动的指示》等，成为山西抗日根据地干部教育的主要教材。这些经典著作旗帜鲜明地反对主观主义学风、宗派主义党风、党八股文风，倡导实事求是和辩证唯物主义。山西抗日根据地的干部教育，将这些马克思主义中国化的成果在各级干部中广泛传播，有效地改变了干部的学风、文风和作风。

（3）能力教育传播。

通过有针对性的学习，迅速提高干部的军事能力和专业能力，对根据地的建设和发展同样有着重要意义。山西抗日根据地的干部教育注重对干部工作能力的提升，主要开展了文化知识、军事能力、专业业务的教育传播。

在文化知识教育传播方面，各根据地将辖区内的中学作为对干部进行文化知识传播的重要机构，而科学文化知识学习是最基本的传播内容，根据当时在晋察冀八中任教的教师回忆，学校内干部学生所学的课程中文化课程就占了相当大的比重，具体包括数学、语文、历史、地理、生物（动物学、生理卫生），部分时期还开设了外语（英语或日语）。这些科学文化知识的传播帮助很多革命干部打下了坚实的文化知识基础，使他们更有能力胜任后来的各种革命工作。在军事能力教育传播方面，抗日军政大学及其各分校，本身就属于军事编制，学员都是军队干部，入校后按照军队模式组织安排；学习过程中，军事技术教育占据了学习内容最重要的部分，除军事理论外，还要进行相当比例的军事能力训练，甚至临时分配到作战部队中参加战斗，到后期，部分学员甚至可以独立开展反"扫荡"斗争。在专业业务教育传播方面，在中共中央政治局于1942年下发的《关于在职干部教育的决定》中，就明确指出了业务学习的重要性："一切在职干部都须给以业务教育,实行'做什么学什么',无论哪一行业的干部,必须学会与精通自己的业务,这是第一个教育任务与学习任务。……学习范围包括:关于与各部门业务密切关联的周围情况的调查研究;政治、法令、指示、决定的研究;具体经验的研究;历史知识、科学知识。领导机关负责供给材料。轻视业务学习是错误的。"[1] 在党中央的指示下,山西抗日根据地组织不同类型的业务干部培训,教育根据地干部掌握科学种田技能、财务管理规范及简单的机械原理等,使专业干部在较短的时间内增强工作能力,有力地支持了根据地各项建设。

3. 根据地干部教育的传播特征

山西抗日根据地的干部教育传播显现了三个特征:第一,以统一思想认识为根本目标,将各级干部的思想认识统一到马克思主义的思想路线上来,统一到中央的路线方针政策上来。通过广泛的干部教育传播,马克思主义思想在全党得到普及,一大批进步知识青年逐渐端正了认识,认清了全面抗战的重要意义,理解了党的抗日民族统一战线政策,也克服了自身存在的不足,纠正了一系列的错误倾向与认识,成长为无产阶级知识分子;各级党组织及党员个人更能充分理解党在抗日战争中的路线方针政策,能够真正确立起抗战必胜的坚定信念,能够深刻理解敌后抗日游击战的重大意义,也能够积极主动地动员社会各界参与抗日斗争;而这正是最终赢得抗战胜利的思想保障。第二,注重经验分享,将个体经验集体化,提升党员干部工作能力。在干部教育过程中,通过学习交流,分析讨论,将这些成功的做法和经验推广运用,变局部个体经验为整体经验,全面提升了干部队伍的素质与能力。第三,注重内化于心、外化于行,改善党的作风,增强党的凝聚力和战斗力。通过教育,切实解决了党员干部,尤其是基层党员干部思想认识偏差、工作能力不足的问题,特别是1941年5月后,干部教育成为整风运动的有机组成部分之一,扭转了实际工

---

[1] 刘淑珍. 晋西北抗日根据地教育简史[M]. 成都:四川教育出版社,2000,第296页。

作中的不良作风，进一步改进学风、文风和作风，使党的面貌焕然一新，党组织的凝聚力和战斗力进一步增强。

（三）"因地制宜、启迪民智"——社会教育的传播路径与内容

毛泽东主席曾提到"战争的伟力之最深厚的根源，存在于民众之中"[1]，没有广大农民的觉醒，离开人民群众的支持，就不可能从根本上真正赢得抗日战争的全面胜利。以根据地最广大人民为对象，开展社会教育，就是要全面提高普通民众的文化素养和思想觉悟，唤醒其民族意识，使其投入民族解放的革命洪流当中。为此，中国共产党创造性地制定并实施了一系列具有本土特色的教育方针，而这也可视为决定战争走向的重要因素。

1. 面向广大群众的教育体系——社会教育的传播路径

山西抗日根据地的创建多依靠贫困山区，受历史因素影响，尤其因战争破坏，当地民众文化基础薄弱，思想认识混乱，精神状态萎靡。因此，推行大规模长时期的基本社会教育势在必行。在不断的探索和发展中，根据地形成了一整套形式丰富且行之有效的办法来解决人民群众知识匮乏的问题，而这也成为根据地不断壮大的重要保障。

（1）冬学运动。

所谓冬学，就是利用北方农村冬季的农闲时期，将当地民众组织起来，帮助他们学文识字、提高政治认识的活动。全面抗战爆发前，阎锡山当局也曾在山西各地推行以冬季学习为主的"冬书房"，然而学习内容比较简单，多局限于读书识字，扫除文盲，同时仅在人口较为密集、条件相对较好的村庄或者集镇进行。抗日根据地创建之后，我党改造了这一传统，将其推广为普遍性活动，在内容上大幅增加了政治形势和宣传动员的内容，使之成为一项"帮助群众在思想、文化上翻身的工作"。[2]

---

[1] 毛泽东选集（第二卷）[M]. 北京：人民出版社，1991，第511页。
[2] 晋绥分局关于一九四五年冬学工作的指示[Z]. 山西省档案馆馆藏资料。

1938年，毛泽东主席在六届六中全会所做的《论新阶段》报告，对社会教育提出了明确的要求："要广泛发展民众教育，组织各种初习学校、识字运动、戏剧运动、歌咏运动、体育运动，创办敌前敌后各种地方通俗报纸，提高人民的民族文化与民族觉悟。"按照这一方针，山西抗日根据地积极推动冬学运动。在1938年冬至1939年春，晋察冀、晋绥、晋冀豫抗日根据地先后在区域内开办冬学，但由于准备工作不足、教材不充裕、教员不够，冬学工作的开展并不理想，但也为后来大规模的冬学积累了经验。

1939年11月27日，中共中央北方局机关报《新华日报》（华北版）发表社论《开展冬学运动》，号召各地的党组织和抗日民主政府在广大农村中开展冬学运动，通过冬学运动教育民众，扫除民众中的文盲，由此掀开了根据地大规模冬学运动的序幕。在晋冀豫，1940年8月"冀太联办"发布关于开展冬学运动的计划，提出以"扫除文盲"为中心任务的冬学运动"是巩固抗日民主根据地重要工作之一"，规定从专、县到区、村，各级都要组建冬学运动委员会，以领导冬学运动的顺利开展；为此，"冀太联办"还特别开办了民众学校教员讲习所，专门培训冬学的教员和领导干部，并且拨出专项经费，资助各地冬学运动。在晋绥，1940年9月，晋绥行署提出冬学是巩固根据地三大中心工作之一；1941年12月，晋西北行署发出《关于冬学运动配合反"扫荡"战争的紧急指示信》，同时颁布《民国三十年冬学工作计划》，就冬学的性质与任务、具体要求、组织领导、经费与教材、工作步骤等，做了明确的规定。其中要求：在内地县份，凡工作基础较好的，平均每个行政村开办冬学二至两个半；接敌区县份，工作基础较差者，平均每个行政村开办冬学一至一个半；各地模范冬学，应占到冬学全数的5%。在晋察冀，1939年10月，边委会通过了《关于冬学运动的号召及冬学运动计划大纲》，提出："用革命竞赛的方式，把冬学运动普及到边区的每个角落，深入到边区的每一个群众。"其后，从1939年冬季开始到1942年冬季，根据地连续推动五次冬学运动；每次冬学，都根据形势发展，确定不同的学习内容和中心任务。

冬学运动在实施和发展过程中,形成了特有的工作模式和方法。冬学运动一般包括三个阶段:第一阶段动员发动,每年11月初开始宣传动员,各边区政府下发指示要求,基层政府宣传动员;第二阶段组织实施,大体每年12月正式启动,实施为期三个月的冬学;第三阶段为总结阶段,在冬学结束后的3月份进行。为克服物质、师资条件薄弱的问题,应对敌伪的侵扰,根据地军民在实践中形成了一系列富有特色的经验和做法,如创造性践行小先生制,以"即知即传"为原则,发展家庭教育,拓展了教育传播的时间和空间;教育与生产劳动相结合,边生产边学习,激发学习积极性,提高学习效率。

冬学运动的蓬勃开展产生了积极的影响,部分民众通过冬学成为根据地建设的骨干力量,有的通过学习成为小学教员,有的成为文化工作干部。与此同时,冬学运动有效抵御了日伪的文化侵略和奴化教育,使更多群众走向抗战前线。

(2) 其他形式的社会教育。

在冬学运动的持续推进过程中,山西抗日根据地的军民结合当地实情,创造了众多的教育形式,使当地民众无论在农忙农闲、前方后方、平时战时都能接受到有效的教育。

其一,建立形式多样的民众学校。民众学校"以扫除文盲增进人民文化知识,坚定民族文化意识为目的"[1],依托根据地的小学、中学等教育机构。主要形式包括:大众补习学校,依据对象的年龄、性别、职业不同设立青年、妇女、农民、商人和工人补习学校,专门聘请小学教员进行管理,学习内容主要包括识字课程、简单的算术课程(包括珠算)等,每日上1~2课时,力求各类学员在毕业时能达到初小水平。农民夜校致力于减少边区文盲,利用学校设施和小学教员,在晚上对当地农民进行文化教育,内容多为识字教学,辅之以政治常识和农业知识。识字班是针对根据地民众识字人数少的问题举办的培训班,聘请义务教员、驻军干部和小学教员,

---

[1] 王谦. 晋察冀区边教育资料选编(社会教育分册)[M]. 石家庄:河北教育出版社,1990,第235页。

以自愿为原则，依据住地、教育对象的文化程度等条件灵活举办；每次上课时间不超过1小时，上课内容以识字为主，并依实际情形酌添讲法令、讲实事、唱歌等内容。读报组是晋绥根据地为解决农村文盲不能读报识字的困难而创造的学习形式，最初在部队、工厂和小学兴起，可以有效提高组员的政治觉悟和生产生活知识。一揽子村学是学校教育与社会教育相结合的组织形式，平时通过夜校、半日班、读报组和识字班对民众进行教育，到冬季变成冬学运动组织，是本区域内的文化、政治和生产活动中心。

其二，发挥民革室的教育功能。民革室是实施社会教育的综合机构和当地民众主要的文化娱乐场所。在山西抗日根据地，各村民革室着重承担了成人教育工作，教育对象主要是15～25岁的失学青年。《村民革室组织暂行条例》明确指出"村民革室为实施社会教育的最好的群众组织"，"村民革室直接受村公所教育委员会的领导，村民革室设委员会，委员会由五人组成，设正副主任委员各1人，下分宣传教育股、文化娱乐股、体育卫生股3个股"。[1]其中，宣传教育股大力推进识字教育，加强对群众的政治教育和战时教育，主要形式有定期出版壁报，开展大众座谈会，组建图书室等，扩展文化生活。文化娱乐股组织民众剧团、歌咏班、自乐班等民间团体，并且在条件允许的情况下提供象棋、军棋、识字纸牌等，在农闲时节还负责举办戏剧、秧歌等娱乐活动的巡回表演。体育卫生股为提高人民的身体健康水平而服务，同时普及抗战实践知识，经常组织群众开展投掷手榴弹、踢毽子等运动。

其三，利用多种媒介对民众进行社会教育。在根据地社会教育的实践中，当地军民利用许多简单易行、形式多样的媒介进行宣传教育，标语、黑板报、顺口溜、街头诗等都成为社会教育的手段。山西抗日根据地的人民体现出了较强的创造性，他们能够利用一切可能使用的手段，卓有成效地推动社会教育传播。

---

[1] 董纯才，张腾霄，皇甫束玉. 中国革命根据地教育史（第2卷）[M]. 北京：教育科学出版社，1991，第437页。

2. 提高文化水平和政治认识——社会教育的传播内容

在全面抗战的特殊背景下，以根据广大民众为传播对象的社会教育，本身就蕴含了两个潜在的目标，一是提升民众的文化水平，启迪民智，改变山区贫穷落后的局面，这是由教育本身的特性所决定的；二是唤醒民众的抗战意识，使其参与到民族解放的斗争中，这是由抗战的特性所决定的。山西抗日根据地社会教育的传播内容也遵循了以上原则，主要涉及以扫盲为核心的识字运动和以抗日动员为主旨的思想政治教育。

（1）扫盲识字。

1939年4月19日，毛泽东主席在《新中华报》发表"为消灭文盲而斗争"的题词，同期，在陕甘宁边区发表《为扫除百万文盲而斗争》的社论，这为山西抗日根据地的扫盲识字运动指明了方向。同时，扫除文盲，提高民众的文化水平，也是建设并巩固抗日根据地的内在要求。

山西抗日根据地扫盲识字教育的主要方式包括两种途径：一是季节性的冬学运动，二是长期性的识字班、读报组、黑板报、民革室、民族教育馆等。从传播内容的角度，根据地开创了一系列行之有效的好办法，十分符合教育教学规律，传播效果也非常好。比如，民众识字，紧密结合生活，看到什么学什么，生活中接触到什么就学写什么。例如村口的岗哨棚边上每天换一个字，村民路过，问问岗哨，就认识了一个字。民革室等机构还通过编写顺口溜、编快板、编抗日小剧等方式，引导和帮助民众识字。

为了加速扫盲识字，各根据地政府还积极推广新文字运动。1941年2月，晋察冀边区就通过了《关于推行边区新文字运动的决定》。这一决定提出运动的目的是使群众能很快地获得这个求知工具，使群众在得到这个工具后，能够利用它，学习政治，提高文化程度。[1]新文字运动通过推行简化汉字，方便群众识字，有效提升了扫盲效率。

通过灵活多变的教学手段，学文识字一度成为一种时尚，形成了千

---

[1] 王谦. 晋察冀区边教育资料选编（教育方针政策分册）[M]. 石家庄：河北教育出版社，1990，第270页。

家万户男女老幼上学校的风尚,根据地群众的文盲率明显降低。

(2) 思想政治教育。

思想政治教育的的根本目标就是使根据地民众从封建思想中解放出来,逐步形成抗战思想,通过政治教育,使民众拥有抗战意识,了解党的方针政策,掌握抗战所必需的技能,增强战胜敌军的信心。

山西根据地在开展社会教育的过程中,将政治教育摆在首要位置,根据不同时期抗战的整体局势,选择不同的主题进行教育传播。例如,在太岳根据地,将日本侵略者的残忍伪善、中华民族的血性气节、坚持抗战的必胜信心写入社会教育课本中;[1]在晋察冀的《冬学政治教材》中,列出了不做汉奸顺民、不当敌伪官兵、不参加伪组织维持会、不替敌人汉奸做事、不给敌人汉奸粮食、不卖敌人货物、不用汉奸票子、爱护抗日军队、保守军事资财秘密、服从抗日民主政府与法令的10条国民誓约。

此外,政治教育的内容还包含了大量军事斗争技巧、自我保护方式。沁源县曾编写了这样的顺口溜:"敌情紧急,坚壁东西,离村要远,还要秘密,许多东西还要坚壁在一起。敌情紧急,大家要互助,先把病人抬出村,再帮老弱和抗属,互相来帮助,大家有好处。"[2]通过通俗易懂的话语,将丰富的对敌斗争经验传达给根据地民众。

3. 根据地社会教育的传播特征

社会教育作为向民众宣传的重要窗口,在战争中起到了重要作用,其特征体现在三个方面。一是高度重视,坚持不懈,动员和组织人民群众参加抗战。面对根据地群众文化水平低、思想觉悟落后的现实,根据地各级政权持之以恒,开展社会教育,从初创的民革室到其后大规模组织冬学运动,卓有成效地发挥了社会教育的效用。二是不畏困难,艰苦奋斗,调动一切积极因素创造性地开展社会教育。在极端困难的条件下,根据地军民想方设法克服困难,全面动员参与,各级各类党、军、政、民机

---

[1] 李田定.太岳革命根据地教育简史[M].太原:山西经济出版社,2002,第225页。
[2] 李田定.太岳革命根据地教育简史[M].太原:山西经济出版社,2002,第225页。

关倾力协助，同时紧密结合社会现实，有效调动各类积极因素，物尽其用，人尽其力，因地制宜地推动了各项工作。三是主题明确，中心突出，紧紧围绕抗战需要展开教育。根据地各项社会教育活动，鲜明突出抗战中心任务，起到了传播效果最大化的作用。

三、山西抗日根据地教育传播的模式

从信息流向上看，山西抗日根据地的教育传播有其明显的自上而下特征，整体上是由处于领导地位的中国共产党向各社会层面进行信息传递。学校教育主要针对适龄的少年和青年进行传播，干部教育由党中央向基层党员干部进行传播，社会传播则是由党内向党外，特别是向根据地广大民众进行传播。在这一过程中，山西抗日根据地克服了物资匮乏、敌伪侵袭等重重困难，创造性地探索了一系列行之有效的传播模式，产生了积极的传播效益。

（一）即学即教的"小先生制"

以即学即教为主旨的"小先生制"，是著名教育家陶行知先生提出的一种教育方式。从起源看，"小先生制"提出的动机与抗日救亡紧密相关。1934年10月，陶行知在南京大学发表《谈普及教育》的讲话，大力倡导"小先生制"，认为用这一方式，可以在一两年时间内普及教育。至侵华日军入侵华北后，陶行知更进一步推广"小先生制"，提出要将识字教育、政治教育和仪式教育统一，发挥教育的抗战动员功能。

山西抗日根据地的教育传播，则进一步推广发展了"小先生制"，使其成为教育传播中最引人注目的一种模式。如果说陶行知最初倡导的"小先生制"的主要宗旨在于克服师资力量不足、推动教育普及的话，那么在山西抗日根据地的实践中，"小先生制"已远远超越了其原初的内涵。抗日根据地社会教育发扬了群众路线的优良传统，可以说人人是教师、人人是学生，广泛开展了"小先生制"教学。

"小先生制"充分融入了山西抗日根据地教育的各个环节，发挥了重要作用。在学校教育体系中，"小先生制"衍生出了多种模式：有的选取班内成绩优良的学生担任小先生，负责向成绩相对较差的学生传授知识；有的则是班内同学轮流担任小先生，负责向知识掌握不够完善的同学传授知识；还有的则由高年级同学担任小先生，负责向低年级同学传授知识。在各根据地，"小先生制"的表现方式亦有不同。在晋绥根据地，《晋绥日报》刊载宣传了偏关完小开展"小先生制"的成效，"吕厚望同学负责帮助张英同学学习，带领她在两个月内学会整数九则"[1]。在晋察冀根据地，实施了所谓的"趸卖制"，刘松涛回忆道，除了采用巡回教学外，更创造了"趸卖制"的办法，推选热心的青年成为"小先生"，定期到邻近小学教师那里学习，归来之后，再教成人或儿童。[2]在太岳根据地，开创了"导生制"教学模式，即从同年级或高年级中选择优秀的学生为"小先生"，在教师不在时，负责维持课堂秩序，检查学生作业，解答学生难题。

冬学运动中，"小先生制"同样起到了关键性作用。很多小学学生在冬学运动中走出校门，进入农家村户，负责教农民识字，"孩子教大人"一度成为根据地的学习时尚。特别是在晋察冀根据地，"小先生制"有了明确的实施办法："尤其是在抗战时期，为了增加教育的功能以适应目前抗战形势，'小先生制'的教育，是各学校亟待执行的。'小先生制'是要小学学生教育一般民众的教育方法，在任何场所——树林下，茶馆旁，房檐下，都可以作为实施教育的场所，使不得能得教育的大众，都可以得到教育。"[3] 当然，"小先生制"的推广也不仅限于学校对民众的传播，"我们的口号是，'会的去教人''不会的跟人学'，小先生，大先生，流动教学，我们都普遍采用"。[4]在成年人的学习群体中，识字多的去教识字少的，人人皆可谓"小先生"。

山西抗日根据地"小先生制"传播模式的实质，是一种相互促进、

---

[1] 李醒悟，李培渊．偏关城关"小先生"教学新方式[N]．晋绥日报，1945-6-25（2）。
[2] 王谦．晋察冀区边教育资料选编（回忆录分册）[M]．石家庄：河北教育出版社，1990，第66页。
[3] 王谦．晋察冀区边教育资料选编(教育方针政策分册)[M]．石家庄：河北教育出版社，1990，第30页。
[4] 中央教育科学研究所．老解放区教育资料：抗日战争时期[M]．北京：教育科学出版社．1986，第16页。

共同进步的学习模式,毛泽东主席于1944年3月发表的《关于陕甘宁边区的文化教育问题》中,即对此种教育传播模式进行了高度概括:"识字组也可以民教民,认识十个字的就可能当组长,认识一百个字的就可以当委员长。"[1]

(二) 干啥学啥的实践性教育传播

坚定贯彻新民主主义教育方针、突出教育与实践相结合,是山西抗日根据地教育传播坚持的重要原则。根据地教育实践始终将教育传播扎根在生产劳动中,扎根在现实生活中,无论是文化知识的传播,还是思想政治教育,始终紧密结合实际。

干啥学啥的实践性教育最直接运用于社会教育。在冬学运动中,实践性教育教导民众脱盲识字,内容与现实生活紧密相连,主要采取"干什么学什么,学什么做什么"的认字形式。如组织妇女纺织生产,就教她们学习"绵花""线"等字;组织农民磨豆腐,就教他们认识"豆""斤""两"等字;遇到农民需要签订契约,就引导他们从学会写名字开始……这样,学习与现实生活紧密相关,极大地调动了一般民众的学习兴趣。"某52岁的女党员,过去一字不识,现在识500多字,过年时能自己写对联;某女同志学会500字……"[2]

干啥学啥的实践性教育,还融合到政治动员当中。1942年,日军对晋察冀根据地发动了大扫荡,面对严峻的形势,根据地政府在社会教育过程中,编写了《不告诉敌人一句实话》《坚壁清野》《送情报》等教材,将对敌斗争的方式方法融合到社会教育中,一方面帮助民众学习识字,另一方面进行抗战教育,教会民众与敌军斗争的技巧和方法。这种类型的教育传播,在山西各抗日根据地随处可见,抗日根据地从抗战初期的思想混乱、精神颓废,到不断提升思想觉悟,最终形成抗日军民大团结局面,很大程度上归功于以抗击日军为主旨的实践性教育。

---

[1] 毛泽东文集(第三卷)[M]. 北京:人民出版社,1993,第109页。
[2] 关于边区冬学运动总结1939—1940(中共晋察冀边区党委)[Z]. 河北省国家档案馆藏资料。

干啥学啥的实践性教育传播，在学校教育中得到了全面的推广。在授课内容方面，文化教育与抗战教育相结合。晋察冀边区的小学中，设置了防空、防毒、防伞兵常识等内容的教育；在晋绥，当战争来临时，小学举行隆重的战时停课典礼，进行庄严宣誓，如誓死打鬼子、帮助军队、不漏消息、战后即来上课。[1]这样的教育，有效地增强了根据地军民对敌斗争的能力和技巧。在教材编写方面，根据地的小学教材大量增加了以生产劳动为主题的内容。"1945年晋察冀边区政府所编写的小学国语课本，有关劳动观点、生产知识的内容就占到全部课本的37%。同年，晋冀鲁豫边区出版的新课本中，有关劳动观点、生产知识的内容占到全部课本的38%。"[2]晋冀鲁豫边区政府主编的教材中，有《拾粪》《打柴》《要学什么人》《庄稼汉和他的儿子》等课文，传播生产劳动光荣的理念。教育与生产劳动相结合，是当时特定历史条件下新民主主义抗战教育的突出特色。在学生管理方面，推广学生自治，并将此视作是与资产阶级学校的本质性区别之一。学生自治是一种社会政治教育的有用的工具，是实施民主教育的一个中心环节，实行学生自治与发扬民主精神是密切地联系着的，通过学生自治的形式可以实行民主教育。[3]实施学生自治，也是实践性教育原则的具体体现。

　　干啥学啥的实践性教育传播同样是指导干部教育的重要原则。这主要体现在山西抗日根据地各级党组织、政府对于干部业务教育的重视。晋察冀根据地对于干部在职教育的工作安排部署中，明确指出了要学习基本政策、各项法令和条例，学习工作方式、作风、技巧等。在干部的本职学习上，必须把全体干部划分为军事，行政，教育干部，政治工作干部，卫生干部等类型，然后再分别规定各类干部的研究材料与进度，提供与其本职相关的学习内容，干部亦可按其本身的需要选择军事或政治课程。[4]

---

[1] 刘淑珍. 晋西北抗日根据地教育简史[M]. 成都：四川教育出版社，2000，第69页。
[2] 王谦. 晋察冀区边教育资料选编（回忆录分册）[M]. 石家庄：河北教育出版社，1990，第75页。
[3] 王谦. 晋察冀区边教育资料选编（教育方针政策分册）[M]. 石家庄：河北教育出版社，1990，第248页。
[4] 王用斌等. 晋察冀边区教育资料选编（续集）[M]. 北京：北京师范大学出版社，1991，第76页。

干啥学啥的实践性教育传播，既是由全民族抗战的特殊历史背景所决定，同时也是新民主主义教育的伟大创举，这样的创新有效地扩大了战时教育的传播效果。

（三）因地制宜的灵活式教育传播

山西抗日根据地异常艰苦的物质条件并未消磨根据地军民的意志，他们立足于实际，结合对敌斗争的现实条件，因地制宜，开创了很多灵活多样的教育传播模式，流动学习、随机学习、伪装学习的模式即是其中代表。

流动学习是山西抗日根据地最常见的教学方式。各根据地虽然相继建立起规范的学校，但经常遭到敌军的扫荡或袭扰，特别是靠近敌占区的学校，几乎难有安静稳定的教育条件。为此，很多学校被迫在流动中进行教育传播：设立于各村的小学根据敌情随机应变，敌人进攻来了，学校就停课放假，学生们回到家中与父母一起躲避敌人袭扰；敌人被击退后，学生各自回到学校，继续参加学习。各地还结合农业生产的特点，以春假、秋假的方式，让学生帮助家庭进行春播和秋收工作。

随机学习也是山西抗日根据地教育传播中的有效机制之一。最突出地体现在社会教育中。为帮助民众识字，根据地在各村的中心位置办黑板报，书写各种宣传文字，农民们茶余饭后聚集在一起，一边看黑板报，一边学习识字。冬学运动期间，很多地方还开展见物识字的活动。如在墙上贴个"墙"字，在磨盘上贴上"推磨要推细"的字条。以这样的方式，方便了民众学习，也提高了传播效果。随机学习在干部教育和学校教育中也得到广泛运用。党中央和各根据地的主要领导经常奔赴各干部培训班或者学校进行随机授课。例如，1940年，晋绥根据地取得了粉碎敌军扫荡的胜利，八分区在交城县东坡底村召开了祝捷大会，党委书记饶斌、专员康世恩等分区领导出席会议并发表讲话，当地永田八中的学员们就将出席会议、听领导报告作为学习内容，同时也当作了本届干部班的毕业典礼。随机学习，成为抗日根据地教育传播的一种常见的机制。

伪装学习，则是抗日根据地教育传播中的杰出的创造，这样的传播机制主要运用于敌占区或游击区教育中。日军占领进犯山西之后，敌伪政权竭力实施奴化教育，封锁压制抗日教育，为阻击敌伪的反动统治，各抗日根据地也积极在敌占区、游击区发展抗日教育。为了骗过敌伪，敌占区教育工作者们开创了多种巧妙的方法，蒙骗敌伪，在艰难危险的环境中发展抗日教育。例如，1939年晋察冀边委会制定颁发了《敌区教育实施计划纲要》，其中提出一些具体的工作方案：在敌区取消学校形式，划为小组，分别施教，实行机动教学，教学过程中也要提高警惕，以防不测；不得已时，也可以利用敌伪强迫成立的学校为掩护（如新民学校），暗中进行抗战建国的教育。[1] 整个抗日战争期间，有很多共产党员、爱国知识分子等在敌区开展抗日教育，他们在极为艰难的条件下，做好伪装，骗过敌特检查，致力于抗战教育的传播，有很多人甚至献出了自己宝贵的生命。

（四）寓教于乐的乡艺式教育传播

山西抗日根据地的教育传播，始终秉持新民主主义的教育方针，在注重文化知识教育的同时，着力发展德智体美劳全面发展的教育。在根据地创建的中小学中，音乐、美术皆为其开设的重点课程。在社会教育和干部教育中，均重视文艺活动的教育意义，并将其作为重要的传播机制，做到寓教于乐。

寓教于乐的教育更突出地体现在社会教育传播中。随着根据地民众学习兴趣的不断提高，山西抗日根据地将各种各类的乡艺活动作为宣传教育的重要手段。其中，农村剧团是最常见的教育机制之一。山西各抗日根据地在政权得到初步巩固后，就开始建立起农村剧团。剧团贯彻为群众服务、为抗战服务的方针，根据真实发生的事件改编戏剧，由群众自编自演，运用群众的语言加以传播。广泛开展的歌咏活动，也是寓教于乐的重要机制。歌咏活动渗透到各类教育中，在学校，学生学唱抗日

---

[1] 王谦.晋察冀区边教育资料选编（教育方针政策分册）[M].石家庄：河北教育出版社，1990，第52页。

歌曲，开展歌咏比赛；军队和干部学校更是经常性地开展学唱教唱活动，通过传唱革命歌曲，激发革命斗志；而在重大节日中，群众性的歌咏活动成为宣传抗日精神的重要方式。

乡艺式教育传播以群众喜闻乐见的方式，向根据地民众传达爱国主义思想、传递英勇抗敌的精神，他们在娱乐过程中不知不觉地接受了党的主张。寓教于乐的乡艺式教育也成为我党在抗日中不断发展壮大的利器。

四、山西抗日根据地教育传播的效应与意义

开展最广泛的战争动员、改变当地贫穷落后的面貌、全面提升战斗力和凝聚力，是山西抗日根据地教育传播的总目标。无论学校教育传播，社会教育传播，还是干部教育传播，都始终围绕这一目标开展工作。事实证明，山西抗日根据地从初创时期的秩序混乱、精神颓废、一盘散沙，到抗战胜利时的井然有序、士气高昂、团结一心，教育传播起到了关键性作用。而教育传播的效应，也深入地体现在多个方面。

（一）推动社会变革

全面抗战爆发前，相对封闭落后的山西仍然属于典型的中国传统社会，费正清曾做出如下描述："从社会角度看，村子里的中国人直到最近主要还是按家族制组织起来，其次才组成同一地区的邻里社会。村子通常由一群家庭或家族单位（各个世系）组成，他们世代相传，永久居住在那里，靠耕种某些祖传土地为生。"[1]这样的社会结构展现出阶级阶层固化、生产能力低下、思想观念保守的特征。加之国民党军阀内战不断，各级政府横征暴敛，这给人民带来深重的灾难。

在山西抗日根据地不断稳固发展的过程中，中国共产党通过广泛而深入的教育传播，切实改变了抗日根据地的社会结构。新教育与旧式教育有着本质的不同，着重于"明理第一，识字第二"的新民主主义教育，

---

[1] 费正清. 美国与中国 [M]. 北京：世界知识出版社，2008，第20页。

卓有成效地改变了抗日根据地的社会面貌。

第一，改变根据地的社会结构。以家族统治为主的旧式社会中，地主或者士绅掌握着乡村社会权力。这些旧的势力，为了保护自己占有的财富，或者与其他恶势力勾结，或者屈从于日伪强权，鱼肉乡民，欺压百姓，无恶不作，竭力维系着旧有的社会秩序和制度。抗日根据地创建之后，在中国共产党的领导下，传统的社会权力结构被打破，新的阶级被培育。通过深入的教育传播，有效激发普通民众的民族意识和抗争意识，号召起越来越多的普通民众投身到抗日斗争之中。在此过程中，大批民众的思想得到解放，觉悟得以提升，他们坚决拥护中国共产党，逐渐成长为根据地新的领导者，成为根据地的中坚力量。与此同时，根据地政权建设坚持抗日民族统一战线政策，奉行"三三制"原则，越来越多的普通农民加入根据地各级政权中来，成为根据地建设的参与者和领导者。

值得注意的是，社会领导者的产生模式也发生了变化。以往，地主和乡绅主要是依靠财富获得乡村领导权的；抗日根据地创建后，推行民主制，各级政府在党领导下的以民主选举的方式产生。广大民众的热情被极大地释放出来，有些连名字都不会写的普通农民，用投豆子的方式参与选举，参与公共事务决策，直接改变了农村社会结构。

第二，开创新的生活方式。抗日根据地创建之前，广大民众的吃穿用度、婚姻家庭、文化生活皆恪守传统落后的文化习俗，艰难维系着自己的生存。随着抗日根据地教育传播的不断深入，新的思想观念萌发，新的生产生活方式被推广。

首先得到解放的就是广大妇女。扶助妇女组织、提高妇女文化和政治水平、改善妇女生活、保障妇女权利等政策在山西各根据地广泛推行。[1]思想的解放，使得很多妇女开始自由恋爱，追求自己的爱情幸福。与此同时，根据地还积极开展妇婴卫生保障宣传，如普遍开办卫生训练班、培训新法接生员、大力推广新法接生、提倡创造"三净四勤"的家庭卫生

---

[1] 晋察冀抗日根据地第二册（回忆录选编）[M]. 北京：中共党史出版社，1990。

环境、宣讲人体生理常识和科学卫生常识、维护妇女儿童的合法权益等。妇女工作的全面开展，深受广大群众，特别是妇女群众的支持和拥护，这也使妇女在抗日工作中更加活跃。

此外，通过教育传播，根据地民众也开始学习和接受科学知识。一些农民掌握了一定的农业技术，粮食产量明显提高了；一些民众接受八路军的医疗救治，逐步破除迷信思想，开始崇尚积极健康的生活方式。

（二）重塑精神风貌

改变根据地民众的精神面貌是教育传播的重要目标。面对日伪在文化领域的猛烈进攻，部分民众缺乏民族意识，仍怀抱着"哪个天子不纳粮"这样的错误思想。更为重要的是，战时状态下，社会秩序极为混乱，民众的生命安全朝不保夕，散兵流匪四处作乱，人民群众没有主心骨，更是无所适从。正是在中国共产党的领导下，通过大量深入的教育传播，坚定了民众抗击日本侵略者的决心和意志，振奋了根据地军民的精神。

第一，坚定抗日信心、确立拥护中国共产党的信念。抗战爆发初期，敌军进犯势头凶猛，国民党军队节节败退，中国共产党领导的八路军刚刚抵达敌后，开始创建抗日根据地。对于普通民众而言，一时间很难看清形势，对于共产党八路军也缺乏全面的了解和认识，难以找准正确的道路。加之敌伪的奴化宣传，一时间各种各样错误的思想意识在社会上流传，有的认为中国根本不可能抵抗日本帝国主义的侵略，主张投降主义；有的则看不到人民群众的强大力量，仍然顽固地寄希望于国民党政府，拒绝接受中国共产党的全面抗战政策；更多的则心系个人安危与利益，抱残守缺，不敢抗争。

面对这样的形式，中国共产党有针对性地提出了全新的文化教育方针。在"实行国防教育政策，使教育为民族自卫战争服务"的决议中号召各抗日根据地贯彻落实为抗战服务的教育政策，以普及人民大众的抗战知识技能和提高民族自尊心为中心，以培养具有民族意识、民族自信心，具有抗战与生产所需要的知识技能的抗日干部和国民为目的，以发挥学生学习的积极性为原则，改订学制，废除不急需与不必要的课程，侧重教授抗战所必需的课程。[1]正是依据这样的方针，山西抗日根据地大力推动学校教育、社会教育和干部教育，经过持续的发展，一大批拥护党的政策、具有强烈民族自尊心和自豪感的干部积极投身抗战事业。

教育传播同时引导了根据地社会舆论和意识形态的变化，确立起抗日光荣、投降可耻的正确观念，很多普通百姓不顾安危、舍生忘死，支持共产党、支持八路军，体现出人民群众强大的革命力量。同时，教育传播还引领了青少年一代的成长，他们接受了共产党的主张，自觉承担当时青年一代的历史使命，有的还直接投身到抗日战争的斗争之中。

第二，提高文化知识水平。山西抗日根据地经过深入的教育传播，文盲率大大降低，整个根据地的民众的文化素质发生了翻天覆地的变化。这样的变化，绝不是某些个体的转变，而是社会面貌的整体改变。

一方面，根据地人民整体文化素质的提升，为党的抗战政治动员奠定了坚实基础。在教育传播的影响下，根据地民众能够识文断字、明辨是非，这就为进一步确立其民族意识、确立民族自尊心、理解认识抗日战争的整体形势、认清正确的抗战道路奠定了基础，同时也对抵制敌伪的奴化教育和国民党顽固派的投降主义思想有着十分重要的意义。另一方面，知识水平的提升，为广大民众接受新思想、建设新社会奠定了坚实基础。基于文化知识水平的提升，根据地群众能够更好地理解和接受无产阶级新理念，学习新风尚，自觉地抵制各种愚昧腐朽思想的影响。这极大地深化了根据地的社会变革，为革命政权日益巩固创造了基础和条件。

（三）提高战斗能力

山西抗日根据地多处于偏远山区，自然条件恶劣、生产方式落后、生产关系僵化，从而导致当地农业生产力不足；同时，当地民众缺乏有效的社会组织，精神状态萎靡，这样的社会生产能力远不能满足抗战的需求。

---

[1] 张志伟，栾雪飞. 抗战时期中共根据地教育政策述论[J]. 史学集刊，2012（11），第65页。

经过中国共产党持之以恒的教育传播，根据地彻底改变了这样的状态，军民的战斗能力得到显著提升，激发出不可战胜的强大力量。

第一，提高农业生产能力。发展农业生产、保障粮食供应，对于根据地政权的稳定和持续开展的军事斗争有着十分重要的作用，可以说，农业生产是赢得抗日战争胜利最主要的物质基础。为改变根据地农业生产水平落后、粮食产量低的问题，中国共产党将发展农业生产力作为根据地建设的第一要务。在这样的背景下，以多种方式推广自然科学知识和农业生产技术成为教育传播中的重要内容。主要体现在：在小学教材及社会教育教材中，加入了很多耕作、选种、育种、浸种、灌溉的农业生产知识，还有农具的制作与使用、家畜养殖等方面的知识。在社会教育中，传授诸如纺织、编织、缝纫等手工业技术和技能。通过学习这些知识，民众的农业劳动技能有了很大提高，农业生产效率也得到有效提高。同时，根据地还经常组织变工组、互助组等教育传播活动，不同的人一起劳动，相互学习生产经验和技术，共同提高劳动技能。朱德总司令曾指出：发动农民实行劳动互助掀起了各解放区群众的生产运动热潮，提高了劳动生产率，不但发展了农业，而且发展了家庭手工业和手工工厂，实现了走向自给自足和丰衣足食的目标。[1]

第二，培育斗争精神、提升战斗实力。全面抗战的根本意义在于，对敌斗争不仅仅是军队的任务，广大人民群众才是取之不竭的力量之源，才是真正不可战胜的中坚力量。教育传播，不仅帮助广大人民群众提升了政治觉悟、坚定了抗战信心，也使一般民众学习了对敌斗争的技术技巧，普通的农民从"夜不敢点灯、昼不敢聚谈"的胆小者，一步步转变成为英勇的战士。

教育传播提升根据地军民战斗能力的作用，主要体现在三个方面：一是在思想上，通过政治动员和政策学习，使广大民众明晰自己的权益，从而鼓励他们为自己的权益作斗争，大批的普通农民组成民兵，埋地雷、

---

[1] 朱德. 朱德选集[M]. 北京：人民出版社，1983（9），第151页。

烧狼烟、吹号、打锣鼓，配合八路军主力与敌作战，让日军陷入人民战争的汪洋大海中。二是在体魄上，根据地通过传授持枪、投弹、射击等知识，使一般民众初步掌握军事技术，能够配合军队甚至直接参与对敌作战，而这也成为战争中取之不尽的力量源泉。三是在战术上，民众通过学习对敌斗争知识，明白了如何坚壁清野、如何躲避敌人追击、如何救护伤员，如何应对空袭等，使根据地成为对敌作战的堡垒。可以说，山西抗日根据地教育传播在宣传群众、组织群众的过程中体现出了强大的力量，正是因为有效地发挥了教育传播的作用，中国共产党依靠人民群众的全面抗战政策才显示出强大的力量。

第四章
音乐传播：以音共鸣，激荡民族新旋律

音乐艺术，指的是通过有组织的乐音流动来诉诸听觉、传达思想感情、表现生活感受的一种表现性艺术，它是人类社会历史上产生最早的艺术种类之一。[1]作为人类历史上最为古老的艺术形式，音乐以人声或乐器作为媒介，作用于听觉，从而表现出词曲作者的感情变化。可以说，音乐最基本也是最重要的艺术功能就是表达感情。

在全民抗战的大背景下，全国文艺工作者前往抗战前线，进入山西抗日根据地，在争取民族独立、抵抗外敌侵略的革命洪流中，一批批红色音乐诞生在抗日根据地，它们或高亢洪亮、催人奋进，或低回婉转，催人泪下。当声音的艺术与唤醒民众、抗日救亡相结合时，酝酿在抗日根据地的红色音乐又被赋予了新的意义。它不仅激励着彼时抗日根据地军民英勇抗敌、救亡图存，有力地宣传着党的各项政策方针，更以词曲的形式记录着发生在抗日根据地的点点滴滴，成为当代探寻抗日根据地历史图景的重要路径。

如今，诞生于山西抗日根据地的红色音乐仍回荡在华夏大地，激励着新时代的中国人奋勇向前。本章即以山西抗日根据地的音乐为核心，通过历史背景阐述、音乐传播路径分析及传播内容解析、传播效用及历史意义分析，描绘根据地音乐传播的历史图景，突出声音艺术在文化传播中的重要性及独特之处。

---

[1] 彭吉象. 艺术学概论[M]. 北京：高等教育出版社，2019，第150页。

一、山西抗日根据地音乐发展的历史溯源

位于黄土高原的山西,是中华古代文明的发祥地。千年沉淀,生活在山西的先辈为我们留下了丰厚的历史文化遗产,其中,音乐文化即是其中必不可少的组成部分。山西长久以来形成的音乐文化基础和底蕴,为之后的抗日根据地音乐的传播和发展奠定了基础。

(一)山西音乐发展的历史图谱

早在新石器时代,山西的先民们就创造了土鼓、陶埙、陶铃等乐器雏形,[1]这可以被视为人类在音乐创作方面的早期探索。至夏商及春秋战国时期,石磬、编钟等乐器出现,音乐创作进一步成熟。秦汉之后,山西乐器发展迎来新的篇章,除本土乐器外,箜篌、竽篥、羌笛等外来乐器也在山西落地生根,有机融入本土音乐的发展中,形成了"鼓吹"的音乐表现形式。《汉书·叙传》记录:"始皇之末,班壹避地于楼烦,致马、牛、羊数千群。值汉初定,与民无禁,当孝惠、高后时,以财雄边,出入弋猎,旌旗鼓吹……"[2]这代表着汉代山西鼓吹乐极为盛行,鼓吹类乐器和弹拨类乐器逐渐替代了先前的钟磬类乐器。值得一提的是,"鼓吹"的艺术表现形式一直延续至今,是"绛州鼓乐""威风锣鼓"等音乐形式的发展雏形。北朝后,山西的音乐融入了更多周边少数民族的艺术元素,羯鼓、毛员鼓、铜钹、节鼓、贝等特色乐器出现在音乐演奏中。至隋唐时期,音乐融合发展的趋势更加明显,竖箜篌、排箫、方响、笙、建鼓等乐器逐渐更多地出现在音乐演奏中。宋元辽金时期,先辈们对音乐的追求从未停止脚步,例如:嵇琴逐渐取代琵琶,占据重要的位置;芮城的永乐宫壁画中还出现了云锣这一打击乐器。明清后,随着戏曲艺术的大发展,弓弦类乐器发展速度加快。

近代以来,受地域政治、经济因素的影响,山西音乐也呈现出新的

---

[1] 薛首中.山西音乐史[M].太原:山西教育出版社,2017,第2页。
[2] 薛首中.山西音乐史[M].太原:山西教育出版社,2017,第74页。

发展趋势。从地理位置上看，区域内音乐活动呈现出差异化发展态势。在中部地区，自给自足的农耕经济为本地音乐繁荣提供了丰沃的土壤，社会性音乐活动兴旺，特别是在太原——榆次——祁县地区，每到重要传统节日或农闲时间，秧歌表演成为农民自娱自乐的重要形式，有组织性的晋剧演出、社火演出也频繁出现；晋中地区的民歌也在这一时期有了较大发展，其中左权民歌传唱度较高，传播范围较广，深受当地人们的喜爱。音乐在山西其他地区发展状态各不相同，在晋西北，音乐发展较为缓慢，一些经济状况好的县城，一年中偶尔会有一些小型的晋剧戏班过来演出两三天，但群众很难看到"名角"的演出，诸如偏关、河曲、保德等县域，二人台、道情成为居民们主要的娱乐方式。[1]晋东北地区与晋西北相似，秧歌、道情还有当地民歌是当地群众接触最多的音乐形式。可以说，地方性民歌、小调的传唱是山西农村音乐发展的主要方式。与此相对应，山西一些城市的音乐发展呈现出新的态势。1911年前后，学堂乐歌开始在太原、大同等地传播，学堂中的青少年学习了《革命歌》《何日醒》《苏武牧羊》等歌曲。以学校为起点，五线谱、简谱等音乐知识首先在知识分子群体内传播，而风琴、钢琴、铜管等西洋乐器也开始进入到群众的生活中。

山西古代的音乐发展就是山西千年历史的侧写。古代山西人坚强豪迈的性格使其更加偏爱具有气势的"鼓吹乐"，特殊的地理环境使山西音乐在发展中大量吸收融合了少数民族的音乐元素。这种兼收并蓄、博采众长的音乐形式不仅深刻影响了山西本土音乐的发展形式，其留存的文化基因也为抗战时期山西音乐焕发新的光彩奠定了重要基础。

（二）"九一八"后音乐界抗日救亡运动的兴起

1931年9月18日，日本关东军在沈阳悍然发动侵略，东北三省相继沦陷。"九一八"是法西斯国家在世界上点燃的第一把侵略战火，同时也标志着亚洲战争策源地的形成和第二次世界大战序幕的揭开。

---

[1] 山西省文学艺术工作者联合会编．山西文艺史料（第二辑）[M]．太原：山西人民出版社，1959，第1页—第3页．

"九一八"向中华儿女敲响了警钟，一批有识之士开始动员起来，民族危机感、民族责任感迅速提高。在这样的背景下，第一首以抗日救亡为主题的歌曲——《抗敌歌》应运而生。这首由黄自编创的歌曲，经上海广播电台播出后，引起了巨大反响，短时间内，抗日爱国的青年们一边高唱《抗敌歌》，一边在街头巷尾宣传抗日。《抗敌歌》的传播，不仅唤醒广大民众的危机意识，更体现出了音乐在抗战宣传中不可替代的作用。黄自的《旗正飘飘》、张寒晖的《松花江上》等一系列抗日歌曲相继出现。

在民族危亡的紧要关头，更多的艺术家自发地集合起来，形成了一系列音乐组织，集体向外发声，以期唤醒全民族的抗日意识。最早出现在上海的"新音乐运动"即以大型歌咏活动的形式传达声音，这种传播形式很快辐射到全国各地。而随着战争的推进，部分音乐在左翼作家联盟的影响下，开始探索中国无产阶级革命音乐。1933年2月，以聂耳、任光、安娥等为代表的左翼音乐家成立"苏联之友社"音乐小组和"中国新兴音乐研究会"，随后于1934年成立左翼"戏剧家联盟音乐小组"，这是我国第一个接受中国共产党领导的革命音乐组织。这支特色鲜明的音乐队伍以上海为中心迅速发展，不仅创作了大量爱国歌曲，同时为进步电影配乐，《毕业歌》《渔光曲》即是其中代表。1935年后，为响应《八一宣言》的号召，左翼音乐小组的成员们加入了具有抗日民族统一战线性质的新组织——歌曲作者协会，新组织中包含了全国知名的词曲作者，如徐幸之、安娥、张曙、贺绿汀、刘雪庵、冼星海、孟波等。歌曲作者协会创作了大量呼唤胜利、振奋人心的优秀作品，人们耳熟能详的《救亡进行曲》《大刀进行曲》就创作于这一时期；此外，歌曲作者协会与文学、美术等文化团体一道，积极参与社会活动，充分号召、动员更多的爱国抗日力量，建立了更为庞大的革命文艺团体。

组织、动员群众开展抗日救亡歌咏运动，教唱革命歌曲，普及音乐知识，组织群众性歌咏活动，是这一时期音乐家们的主要工作和任务。"从吕骥组织的'业余合唱团'到基督教干事刘良模主持的'民众歌咏会'，再到洪钟、立信、蚂蚁等合唱团的兴起，歌咏团体如雨后春笋般成立，歌咏运动成为民众表达革命心声的途径,全国各地掀起轰轰烈烈的抗日救亡歌咏运动。"[1]以民族救亡为主体的歌咏运动从上海延伸到东北、武汉、重庆、桂林等地,其影响力之大、传播速度之快、参与人数之多,深刻体现了中华民族英勇不屈的民族脊梁,而这也为山西抗日根据地的音乐传播实践奠定了坚实的基础。

(三)山西抗日根据地的音乐活动

七七事变后,我国进入了全面抗战的阶段,全国抗日救亡歌咏运动掀起了新的高潮。与此同时,八路军总部以及115师、120师和129师在朱德、彭德怀的率领下与刘少奇、杨尚昆、彭真等领导的中共中央北方局机关同时抵达山西,山西抗日根据地正式创立。

山西抗日根据地的音乐发展受到了当时特殊社会背景的影响。一方面,根据地群众在相对闭塞的环境中,形成了富有地域特点的审美取向,他们更习惯于收听当地的民歌小调;另一方面,中国共产党亟须向广大根据地民众传播自己的主张、唤醒其民族意识,而最直接、最有效的方式即是通过歌曲传播。在根据地建立初期,由于当时专业的音乐创作者很少,抗日救亡歌曲、左翼音乐家们创作的作品等成为当时主要的传唱内容。此外,为提升党在群众中的影响力,文艺工作者开始采用在现有歌曲上进行曲调改编的方式,填入与抗战相关的歌词内容。文艺工作者每到一地便深入到群众中,积极组织演出,让抗日的歌声响彻山区。可以说,凡是八路军到过的地方,就有歌声。

随着根据地抗日形势的不断发展,越来越多的文艺工作者有组织地奔赴前线,参与到前线新民主主义革命文化建设的洪流中。延安文艺工作团、西北战地服务团、华北联大文艺学院、铁流社、抗大二分校文工团以及沦陷区的青年学生等一支支文艺革命力量纵横在各根据地之间,为各根据地带来了新的生命力。在他们的影响下,山西抗日根据地的音乐发展迎

---

[1] 李雯煜. 中国左翼音乐运动研究[D]. 江西:南昌大学艺术与设计学院,2016,第11页。

来了新的变化：首先，文艺组织开始广泛建立，除了最初在部队建立的宣传组织，包括抗日救国会、文艺剧团、文工团、音乐协会等专业文艺团队和专业协会等，音乐创作逐渐规模化，音协的成立打破了之前军队和地方各个文艺宣传团体之间相互不交流的局面，搭建起音乐工作者们可以交流经验、讨论音乐发展的平台；其次，音乐活动极大丰富，文艺演出的数量增多，质量提升，形式也更多样化，在文艺团体的带动和影响下，根据地的群众也加入宣传和动员的队伍中来，他们利用当地的民歌曲调，加入抗日救亡等素材内容，通过歌曲、戏曲、说唱等多种形式宣扬民族救亡、宣传党的主张；另外，一大批优秀音乐创作者不断涌现，"抗敌剧社的徐曙、黄河、丁双吉、冬温；七月剧社的唐河、邓修良、丁莘、郭明、唐江、余从；挺进剧社的陈放、凡坡；铁血剧社的曹火星、肖云翔；前进剧社的田野；冲锋剧社的晨耕、朱云鹤、严金萱、王引龙；战线剧社的王佩之、田汀等"[1]，他们成为根据地音乐发展的中坚力量。

《在延安文艺座谈会上的讲话》为党的文艺工作发展指明了新的方向，同时也使每位文艺工作者明确了自己的目标和工作方式。改造思想，到工农兵群众中去，创作出真正为工农兵服务的艺术作品成为当时正确的方法论指引。正是在这一方向的指引下，山西抗日根据地音乐有了新的变化和进展，音乐工作者们加大了对音乐资料的搜集和整理，特别是对民间音乐素材的搜集和整理，并赋予其新的精神意义。在晋西北地区，音乐工作者记录和整理了山西梆子音乐曲谱、眉户曲谱、道情曲谱和一大本当地的民歌。[2]山西抗日根据地的音乐走向了人民化、大众化的方向。

山西抗日根据地音乐发展不仅可被视为革命音乐在根据地的实践史，更可被看作是根据地发展壮大的缩影，其中蕴含的山西军民不屈不挠的抗战事迹、英勇斗争的抗战精神，至今仍指引着我们奋勇向前。从传播的实践角度重新审视这段历史，就是要挖掘其中的精神内涵，彰显中国共产党文化软实力。

---

[1] 刘谷主. 晋察冀革命文化艺术发展史[M]. 北京：中国戏剧出版社，2007，第177页。
[2] 山西省文学艺术工作者联合会. 山西文艺史料（第二辑）[M]. 太原：山西人民出版社，1959，第13页。

二、山西抗日根据地音乐的传播内容

（一）抗战歌曲：激发斗志、贴近生活

在山西抗日根据地音乐传播的大体系中，抗战歌曲占据了首要的位置。其具有创作数量众多、创作速度迅速、表现方式丰富、传播方式多样、传播范围广泛等明显的优势，是山西抗日根据地音乐传播的主要内容。

山西被称为"民歌的海洋"，可以说，山西古代音乐的发展过程就是山西历史的侧写，《康衢歌》《南风歌》《击壤歌》《并州歌》《望江南》等都是山西流传千年民歌的代表。进入近代，《探情郎》《小妹妹心上开了花》《桃花红杏花白》《不想走了返回来》《穷人难》等山歌、卷席片、开花调、劳动号子、小调、套曲成为山西人享受生活的一种重要的方式，民歌成为人们精神上的"必需品"。富有地方特色的民歌为根据地歌曲创作发展提供了坚实的基础。

进入全面抗战时期，中国共产党的文艺工作者深入群众，从山西传统民歌中汲取养分，编创了一批批脍炙人口的抗战歌曲，这极大地弥补了山西根据地人民精神文化生活的不足，在短短的时间内就被当地群众接受，并很快传播开来。与此同时，根据地抗战歌曲的创作自觉紧密地围绕着党的政策和方针，具有极强的针对性和时效性，为抗战胜利贡献了不可磨灭的力量。诚如陈志昂所说："抗日战争时期是一个流血的年代，也是一个唱歌的年代。整个民族都在歌唱，歌唱着种地，歌唱着做工，歌唱着行军、打仗、流血，歌唱着走向永生……"[1] 在中国共产党领导的抗日宣传中，抗战歌曲以最简单的方式发出了民族解放的呐喊，传递了中国共产党的声音，凝聚了人心，鼓舞了士气，坚定了胜利的信心。

1. 抗战歌曲的组成

抗战歌曲涉及的体裁多、题材广，参与创作和演唱的人数众多，传

---

[1] 陈志昂. 抗战音乐史 [M]. 济南：黄河出版社, 2005, 第 1 页。

播速度快,在当时达到了较好的传播效果,是我党极为重视的一种宣传动员方式。抗战歌曲大致由以下几种类型组成。

(1) 抗战民歌。

依曲填词是抗战初期根据地歌曲编创最常用的方式,这种创作方式专业门槛低,同时可以根据战争形势的需要大量、快速创作,此方式不仅经常被文艺工作者使用,根据地的老艺人及群众也投身其中。他们在当地民歌的基础上,用百姓们最熟悉的曲调、最直白的语言,以自己的口吻和立场进行抗战歌曲的创作,形成了具有山西特色的抗战民歌。

抗战民歌有时多个作品使用同一曲调。例如左权抗日民歌《石匣有个狼牙山》和左权另一首抗日民歌《黄崖洞大胜利》就是同一曲调。两首作品中,旋律音高相同,节奏相同,调式上做了区分。《石匣有个狼牙山》是 C 大调,《黄崖洞大胜利》是 G 大调,在第一、三、四和十二小节使用了附点八分音符,在四二拍进行曲节奏的律动中增加了快速的节奏变化,凸显了群众对黄崖洞胜利的喜悦的心情,和主题更贴切,表现更显生动。尽管两首曲子的旋律相同,但是在创作过程中通过细微的变化,使其在传唱的过程中不容易混淆,能更好地表达出群众的心声和感受,体现了创作者们的细心和用心。

随着更多专业音乐工作者的到来,山西抗日根据地的群众也逐渐在他们的影响下学到接受更专业的音乐知识,特别是西方的作曲方法。在他们熟悉的民歌的旋律曲调的基础上,结合作曲技术,再填之朗朗上口的歌词,产生了很多经典的抗日民歌,在宣传、动员工作中发挥了极大的作用,有的甚至成为经典流传至今。

在抗日民歌的发展过程中,我们不难看出一个现象:根据地建立前的民歌内容多抒发对亲人的思念、对爱人的想念、对生活现状的不满而无可奈何,悲观、无奈、无助的情绪占据了主导。例如:偏关民歌《眊妹妹》,离石民歌《瞭哥哥》,大同民歌、左权民歌、临县民歌、曲沃民歌中不同版本的《绣荷包》。宁武民歌《难活不过人想人》将爱情、对情人的思念抒发到极致;沁源民歌《小寡妇上坟》,兴县民歌《老天爷杀人没深浅》

等真实刻画出主人公对生活现状的无奈。在抗日根据地建立之后，当地民歌的主题也在发生着变化。我们很少见到之前的关于男女之间相思情感的或对生活现状的叹息，音乐作品因中国共产党的方针政策而随之发生变化。例如：黎城民歌《齐上阵》《快去把兵当》《别了吧，我的朋友》[1]，屯留民歌《送郎去参军》[2]，寿阳民歌《送哥哥》[3]等，这些民歌鼓舞民众团结起来，投身于抗日救亡的斗争中，去前线奋勇杀敌。随着根据地建设的不断发展，抗战歌曲根据中国共产党制定的新的革命任务随时调整宣传内容。例如黎城民歌《白岩寺看花》《大生产》[4]就展现了大生产的热闹场景，号召所有的人发挥所长，投身到抗战的支援工作中来。

抗战民歌易于传唱。在繁忙劳作的田间地头，在妇女识字组的教室里，还是在文艺工作团体的演出宣传活动中，在各种庆祝活动中，都回响着抗战民歌的声音。燕大教授抵达晋察冀边区后在一篇文章中写道："到达边区队后，我们差不多每到一站，都受到当地军民的欢迎。这些愉快的人们，他们唱歌和举行反法西斯大会。"[5]

（2）抗战歌谣。

抗战歌谣作为在特殊政治形势下产生的一种新音乐，是抗战歌曲的补充，重在宣扬抗战精神，激发群众抗战的决心和信心。这种形式的音乐在广泛的传播中，同样为抗战做出了重要贡献。

山西根据地的抗战歌谣，是在传统的歌谣体诗歌的基础上，与抗战主题相结合的一种新的音乐形式。它表达直白、朗朗上口，又根植于群众生活中，能够被群众很好地接受并在广大群众中得到很快的传播。据不完

---

[1] 董长熙.民族之魂[M].黎城县八路军文化研究会、黎城县档案局，黎城：黎城印刷有限公司，2017，第320页。
[2] 中国民间歌曲集成全国编辑委员会编.中国民间歌曲集成.山西卷[M].北京：人民音乐出版社.1990，第801页。
[3] 中国民间歌曲集成全国编辑委员会编.中国民间歌曲集成.山西卷[M].北京：人民音乐出版社.1990，第802页。
[4] 董长熙.民族之魂[M].黎城县八路军文化研究会、黎城县档案局，黎城：黎城印刷有限公司，2017，第322页。
[5] 班成蔗.我怎样到边区来的[N].太岳日报，1942-4-15。

全统计,在山西各个抗日根据地就流传着很多歌谣,表现的内容极为丰富:晋东南一带的歌谣有《反扫荡》《粉碎九路围攻》《望延安》《红缨枪》《送郎去参军》《吃水不忘打井人》《小五更》《迎接光明》等;晋中一带的歌谣有《七七事变》《羊蹄洼惨案》《日军侵华罪滔天》《日军侵占太谷城》《敌炸榆社城》《骂汉奸》《联络苦》《受难歌》《三大任务》等;晋西北一带的歌谣有《日本鬼子的大炮》《打游击》《爱英做军鞋》《卖瓦盆》《闹生产》《诈良心》《下柳林》《白家山》等;太岳一带的歌谣有:《儿童团查路条》《送丈夫去参军》等。可以说,抗日的歌谣在反映抗日根据地的生活方面是无所不包的。[1] 抗战歌谣将山西抗日根据地军民丰富的战斗生活表现得淋漓尽致,特别是在表现军民的思想情感、理想愿望方面,一定程度上让更多的人通过歌谣明确对日军的憎恨,坚定抗日的决心。

歌谣从军民中来,到军民中去。从表现手法上,呈现出独特之处:一是为了便于传播,篇幅短小,朗朗上口,易于理解;二是用"比、兴"的手法,吸收借鉴古代诗歌的传统,如在歌谣中会把阎锡山、蒋介石等比作"壁虱虫""太灰鬼"等,把敌人的碉堡比作"王八壳子",把毛主席比作"红太阳"等;三是将陕北民歌信天游的元素很好地引入其中,在抒情的同时给人以自由奔放、轻快明朗的感觉,如"七月里连阴,八月里晴,共产党领导我们打日军。阳婆婆上来满山山红,共产党领导我们翻了身";四是采用了排比句式,在加深主题的同时,让人感到情感激荡,耐人寻味,如《十圈圈》中"一圈圈的人儿村干部们听……二圈圈的人儿父老乡亲们听……"这样的排比句一直唱到十圈圈;五是运用了民间常用的一些传统体裁,如《哭五更》《歌唱十二月》《春夏秋冬》等;六是形式的自由多样、不固定性,歌谣中的词多为口语,所以在唱的时候什么格式都会出现,有四言、五言、七言相对规整的句式,还有的每句的字数长短不一的情况,为了达到朗朗上口的效果,多为押韵,少数也会出现不押韵的情况。

抗日战争中,出现了抗战特有的文化形式。歌谣在其发展的过程中,

---

[1] 崔元和. 晋冀鲁豫边区文艺史[M]. 济南:山东文化音像出版社,1999,第 132 页—133 页。

积极地宣传了抗战思想，抵制了反动的文化宣传，抵制了低俗歌谣流传的风气，在一定程度上团结和改造了一些民间艺人和民间文艺组织，为新文化的发展奠定了基础。这一时期的抗战歌谣，不仅丰富了人民群众的业余文化生活，增加了群众自我教育的方式，更重要的是在粉碎、瓦解敌人方面起到了十分重要的作用。珍贵的抗战歌谣，使中国歌谣的内容更为丰富，同时成为传统教育的生动教材。

（3）抗战大合唱。

在抗日歌曲的创作中，为了提升宣传效果，让更多的群众参与到歌曲的演唱中，文艺工作者们在原先歌曲创作的基础上，加入了多声部、多种演唱形式，抗战歌曲拥有了新的音乐形式——合唱。

合唱在创作和演唱技巧方面要求较严格，在合唱过程中，参与者会受到氛围的影响，容易形成抗日救亡的共识，增强组织性和凝聚力，因此合唱成为更理想的宣传动员方式。1939年11月，随着晋察冀抗日根据地创作的第一部大合唱《朝着列宁斯大林的道路前进》的出现，山西抗日根据地陆续出现了众多优秀的合唱作品，如《春秋大合唱》《十月大合唱》《在共产党的旗帜下》《中华民族不会亡》等，根据地民众在合唱中坚定了要与更多的同胞们一起抗日的决心。《在太行山上》《黄河大合唱》《牺盟大合唱》等优秀作品更是在当时起到了极大的作用。

在众多文艺工作者的努力下，根据地群众的音乐素养有了明显的进步。大家从最初的齐唱，逐渐开始尝试对经典的作品进行合唱。在创作方面，一些文艺工作者也开始尝试对合唱进行创作。周巍峙、王莘、卢肃、张非、卜一、陈地、陶申等音乐家先后创作了《晋察冀边区艺术工作者之歌》《边区儿童团》《生产战斗大合唱》《春耕》《平原》《献礼》《晋察冀民众四重唱》等一批脍炙人口的合唱作品，这些作品风格各异，有的庄严豪迈、催人奋进，有的生动活泼、通俗易懂。大量合唱作品的创作，推动了山西抗日根据地的歌咏活动，使之成为音乐活动的主要形式之一。

（4）叙事歌。

叙事歌曲是在叙事诗的基础上通过与叙事音乐的结合逐渐形成的一

种新的艺术形式。抗战时期叙事歌的创作主要立足于让听众倾听故事、了解故事、身临其境地感知故事所要表达的情感，因此在创作方法上大量参考了山西地方说唱将具体故事情节娓娓讲述的表现方式，同时将鲜活动人的抗战事迹融入其中。叙事歌的演出和传唱，生动展示了根据地军民艰苦的战争生活，运用叙事的方式赞颂抗日英雄、倾吐群众心声、控诉日军暴行，唤起万千中国同胞团结一致、抵御敌军的斗志，极具影响力。

作曲家劫夫作为叙事歌的杰出代表，及时捕捉到了叙事歌的特点，并将这一形式作为抗击敌人更有力的武器。他于1942年在反扫荡结束后，计划将一些平凡的英雄人物的叙事诗写成歌词、谱上曲子，以便广泛流传。他先后与方冰、邵子南合作，根据真实的抗战事迹，编创了《歌唱二小放牛郎》《王禾小唱》《自由的农民王老三》《五十九个》《狼牙山五壮士》《茂林挽歌》《李勇对口唱》等系列叙事歌，在根据地引起了巨大反响，颇受边区群众的欢迎。

此外，在根据地广泛传播的其他叙事歌曲也各具特点，例如：张非作曲、施序作词的《劳动英雄胡顺义》重视叙事性与抒情性的结合、独唱与伴唱的结合、民间说唱体与歌曲体的结合，进行了新的尝试；晨耕作曲、萧芜作词的《颂平阳》使用沉重的基调、叙事性的手法和曲调的变化，让人们感受到敌人的凶残；管桦与纪良合作的歌曲《好村长》通过多种演唱方式的交替结合，让人们从不同角度感受到老村长为革命牺牲的伟大。

叙事歌曲的发展，使抗日过程中涌现出的先进的个人和动人的事迹，在歌曲的塑造下得到升华，逐渐成为当时十分重要的一种宣传和赞颂英雄人物形象的方式。

（5）新歌剧。

根据地文艺工作者在新秧歌剧的基础上，注重使用和突出我国的民族音乐语言，参照西洋歌剧的创作手法，最终形成了一种具有中国民族特色的，将音乐、舞蹈、说唱等多种元素融合于一体的新型艺术形式——中国新歌剧。

根据地文艺工作者在中国新歌剧的创作上，保留和继承民间音乐，同时借鉴了国外歌剧用音乐来刻画人物、揭示人物内心的特点，着力描绘具有戏剧冲突的场面，让民族新歌剧的音乐更富有戏剧性，这也成为民族新歌剧的音乐特色。与此同时，文艺工作者将音乐性戏剧主题和戏剧性音乐主题较为完美地结合在一起，以主题歌的形式表现出来。

在山西各个根据地，民族歌剧的创作成为当时文艺工作者们热衷的创作形式。许多文艺工作者为了能够具备创作歌剧的能力，跟随专业的音乐家或者是被组织派到延安等地去学习歌剧的创作技术。七月剧社的大部分成员在延安学习了一年后，为了将自己学成的东西展现给晋西北的军民们，在公演三天中演出了新歌剧《治病》。该剧打破了传统歌剧的模式，音乐部分没有套用民间戏剧的任何曲调，歌词部分也超越了填词的境界，编写了十分浓厚的民间风味的新曲子。在打击乐器的使用上也经过了改造，放弃了流水、顶头等模式，动作从过去的写意变为写实，更重要的是在背景的使用上利用了现实背景……[1]一系列大的变化，充分体现出剧团创作者在新歌剧创作中的大胆创新的精神，也为以后中国新歌剧的进一步发展做出了大胆的尝试，迈出了坚定的第一步。

有一些音乐家们在创作歌剧方面做出了特殊的贡献，吕骥、周巍峙、邵子南、卢肃、王莘、陈地、卜一、刘沛、徐明、张非等音乐家先后创作了风格各异的歌剧《参加八路军》《不死的人》《团结就是力量》《相信谁》等。大部分歌剧流传甚广，不仅在根据地内广泛演出，甚至在东南亚国家也被广泛传唱，对新中国建立后歌剧的发展产生了深远影响。

摸索前行的民族歌剧加深了歌剧这种艺术形式在根据地群众脑海中的印象，也成了群众广为传唱的内容，同时为中国歌剧未来的发展提供了思路和借鉴经验。

---

[1] 谈《十二把镰刀》与《治病》的演出 [N]. 抗战日报 1942，第四版。

2. 抗战歌曲的特点

山西抗日根据地的抗战歌曲凝聚了根据地军民的革命智慧，彰显了山西军民不屈不挠的斗争精神。在其不断发展壮大过程中，呈现出如下特点。

第一，节奏性与革命性。在山西抗日根据地音乐中，富有跳跃性节奏的曲风占据了较大的比例。这些歌曲凸显了抗日根据地军民的精神风貌，激发了更多人的斗志，在战争年代，抗战歌曲给人以希望和勇气。

这种风格凸显的作曲方式，与文艺工作者想要表达的革命性和斗争性理想地契合。连续出现的附点让歌曲的律动性提升，轻快活泼的曲调让整首作品充满了生气和活力，根据地军民意气风发的状态得到了最佳的体现。活泼的曲调、跳动的节奏瞬间让歌曲活力四射，将边区青年青春、热情、精力充沛的形象生动地表现出来。

众多歌曲中，特有的节奏让群众在歌唱的过程中不禁会联想到奋战在前线的战士。行进的速度、铿锵有力的步伐、英勇无畏的形象得以充分展现，歌曲的革命性也在其中显现。正是由于这些特点，抗战歌曲才深受根据地群众的喜爱，在广泛传唱中提升了革命的斗志，弘扬了革命精神。

第二，生活性与通俗性。词曲贴近群众生活，让绝大多数没有文化基础的群众能够在最短的时间内接受并传唱，是抗日根据地歌曲编创过程中要考虑的重要问题。

为实现抗战思想的快速传播，文艺工作者们立足山西的风土人情，在编曲上采用流传广泛的当地民歌，在填词中多采用当地的方言俚语，创编出当地民众听得懂、喜欢唱的歌曲。此外，边区的许多文艺团体，如七月剧社、抗敌剧社、西北战地服务团、火线剧社、大众剧社等，在边区举办农村训练班，为的是训练、培养更多的文艺工作者。受到教育的文艺工作者在进行创作的同时，成为新的传播起点。个别业余的文艺工作者就是在这样的培训和指导下变为了专业文艺工作者，如王昆、杨润身等。

根据地文艺工作者在演出时也尤其注意民众的接受程度，演出的内容都是群众喜欢、能够快速接受的内容。他们每在一个村里举办演出，"歌咏"总是第一个节目。富有战斗气息的进行曲《骑兵进行曲》《游击队歌》《十月革命进行曲》《军民进行曲》《到敌人后方去》，庄严雄壮的战歌《晋察冀之歌》，抒情活泼的《春耕曲》《快乐的八路军》《春天里》《红缨枪》等就这样响彻山西各大根据地。

第三，叙事性。在山西抗日根据地的众多抗战歌曲中，有很多歌曲注重对故事情节、人物性格等的叙述。歌词文字质朴，通俗易懂，但又耐人寻味，更容易打动人心，具备了较浓郁的叙事性。一些歌曲将英雄事迹娓娓道来，歌词从头到尾如同唠家常一般，让人觉得亲切易懂，同时还能带动人的情绪，使之随着主人公命运的变化而变化。这种特有的方式，是根据地群众所熟悉和喜爱的方式。

无论使用哪一种艺术形式，文艺工作者们以根据地群众能够快速理解作品为目标，有针对性地创作了各种作品。从早期结构简单、篇幅短小的使用叙事口吻的抗战歌曲，到篇幅加长的叙事歌曲，再到具有一定故事情节的秧歌剧、歌剧等的出现，叙事性成为符合当时群众审美喜好的重要特点。

（二）器乐：自制工具、打破封锁

山西地理位置偏僻，消息闭塞，在最初常见的乐器中，仅能见到民间曲艺中常见的二胡、笛子等。在抗日根据地建立以后，虽然有不少专业的剧社、文艺宣传队进行相关的演出和宣传，但是因为专业演奏人员缺乏、乐器携带不方便等原因，演出多是清唱的形式，几乎没有乐器伴奏。刘良模在《忆抗日救亡歌咏运动》中曾说道："当时我们教大家唱歌的任务是非常艰巨的，因为我们既没有钢琴，又没有手风琴。教歌就靠自己的嗓子……"[1]众多音乐工作者立足于现状，将精力更多地投入到歌曲的创作中。

随着抗战音乐宣传工作的不断深入，简单的演出已经不能满足广大群众的需求了。根据地的音乐工作者们并不止步于此，在宣传演出的同时，

---

[1] 刘良模.忆抗日救亡歌咏运动[J].人民音乐，1980(6)，第16页。

还注重乐器在演出中发挥的效果和作用，以提升演出的艺术性。例如，山歌《牧羊歌》讲述了牧羊人因不愿过被人折磨的生活，一心想要从军抗日得解放的心理，这首民歌引发更多群众的共鸣，鼓励像牧羊人一样的穷苦人民积极参加抗日，为自由和解放而战斗。在实际演出中，为了提升效果，常常借助笛子来演奏，为的是让人能够通过笛子的声音联想到放牧的草原和山坡，有很强的带入感。此外，挺进剧社也尝试在演出中加入器乐演奏，剧团内的陈先芳、韩鸣、韩非、王建中、田汀等文艺工作者利用自己所熟悉的民族乐器，曾排练和演出过一些古典乐曲和北方流行的乐器曲和牌子曲，如《梅花三弄》《小桃红》《雨打芭蕉》等。这些乐曲在曲调上朴素华美，使人情绪上愉快健康。这种演出方式对于根据地民众较为新鲜，深受根据地军民的欢迎，特别是陈先芳的二胡独奏，成为大多数群众追捧的节目。

抗战后期，在各方面的共同努力下，乐器逐渐普及，甚至出现西洋乐器在中国传统音乐中的运用。为了提升演出效果，文艺工作者希望将中西乐器的独特音色在演出中很好地结合，但是因为根据地的实际情况，好多乐器特别是西洋乐器的缺乏成为当时最大的困难。根据地的音乐工作者们凭借着自己外出学习积累的经验，开始了自制乐器的尝试。1944年左右，李桐树同志自行设计、试制成晋绥边区内第一把土造大提琴。土造大提琴的成功，极大地鼓舞了根据地的其他音乐工作者们，大家纷纷开始了各种乐器的自制尝试中。晋绥军区政治部为了肯定李桐树同志这一有意义的尝试，为其举办了发明创造展览，并授予模范工作者称号，他光荣地出席了边区第四届群英大会。之后，李桐树一直致力于乐器的研制和演奏，还组建了晋绥军区第一支军乐队和管弦乐队，促进了边区器乐的演奏和发展。此外，劫夫与西战团的木工张文同志合作，在材料、工具极为缺乏的条件下，用松木、枣木、梧桐木等材料精心制作了小提琴、大提琴、苏联三角琴以及二胡等乐器。这些乐器外观精美，样式合格，演奏效果也很好，堪称一绝，为当时根据地的演出提供了大量的乐器，大大提升了演出的效果。

山西抗日根据地的器乐在根据地音乐的发展中，经历了从无到有，从少到多，从民族乐器到西洋乐器，从业余到专业的发展和转变。在它的发展过程中，正是因为有很多致力于根据地音乐发展的文艺工作者们的不懈的努力和钻研，因为他们不畏艰辛、克服重重困难，才取得较为显著的成就，实现了根据地音乐的专业化宣传和演出，更重要的是为新中国的器乐发展奠定了坚实的基础。

（三）音乐理论：探索规律、研究方法

山西抗日根据地作为抗战前线，战争较多，根据地音乐主要承担宣传动员工作。为了发动群众、鼓舞士气，山西根据地音乐的创作多以歌曲为主，仅有极少数的音乐工作者们将精力投入到音乐理论的研究中去。

山西抗日根据地建立后，延安文艺工作团、西北战地服务团、东北促进纵队干部队、八路军总政治部前线记者团等大批文艺工作者来到这里，不仅自己进行宣传动员，同时还积极带动本地的文艺工作者，教育当地群众共同投入到抗战救国的事业中。面对几乎没有文化积累的农民群众，文艺工作者起初只能进行歌曲的口头传唱，使群众在唱的过程中领会党的主张，更好地开展各项活动。按照当时边区出台的《边区文救会为实行新的工作方针告边区各界同胞书》中的工作方针："团结全边区一切抗日的文化工作者，共同开展边区民众识字运动及乡村文化娱乐工作，提高干部的文化水平与各部门的文化质量。"在具备一定的基础后，文艺工作者们开始进行相关音乐内容的专业培训，包括音乐简谱的识别、歌曲指挥的手势、利用民歌小调进行歌曲创作等，这些音乐方面的培训占据的学习时长要长于学习其他内容。例如华北联大文工团在晋察冀边区举办培训班时，曾帮助五专区举办了一个为期一个半月的乡艺干部培训班，班容量达到200人左右，经过一个多月的学习，班级将近百分之六十的学员学会了识谱等技能，并掌握了一般艺术理论。

此外，根据地的音乐家和文艺工作者们以自身的艺术实践为基础，通过教学、文章撰写、著书、翻译等方式，为音乐理论发展做出了贡献。

在音乐基础理论方面，西战团的何慧向本团队员介绍了不少优秀的欧美歌曲和音乐理论著作，包括美国作曲家改编的中国民歌《锄头歌》、德国古典作曲家亨德尔的《弥赛亚》以及英国普劳特的《和声学理论于实用》、王光祈的《西洋音乐史》《中国音乐史》、丰子恺的《音乐入门》等，这些宝贵资料大大提升了西战团队员们的表演和创作能力。晋绥文联大众剧社的张鹏鸣系统地记录整理了眉户、山西梆子的数十首唱腔、曲牌，出版著作《山西梆子音乐概述》；同时，他根据自身在离石刘家山村深入生活的经历，撰写了以《农民歌手刘有鸣》为题的调查报告，这些论著皆成为研究山西抗日根据地音乐发展的重要理论资料。联大文工团音乐组的赵卜一编写了晋察冀边区第一篇音乐理论专著——《简谱识谱法》，书中第一次提出了"独立音符"即"1"（dou）的概念，以及增时线、减时线、高低倍音点等一套独立于五线谱以外的记谱音系。其编著《简谱体系》，则为群众性音乐创作活动的普及起到了积极的推动作用。

在声乐理论方面，陈地撰写的《声乐基础》是一部关于声乐的基础知识的理论著作，提出了"声乐即有乐器伴奏或无乐器伴奏的由人声演唱的音乐"的观点。在书中，陈地具体阐述了声乐训练的一些基本乐理、方法和步骤，为长期从事实践活动的有着丰富实践经验的歌唱演员和文艺工作者提供了较为系统和科学的声乐理论知识和方法。卢肃发表的《假声带之研究》，是一篇关于声乐研究方面的文章，成为鲁迅文艺奖金委员会公布的 1942 年二季度入选作品。肖河翻译的《指挥手册》指出了指挥如何在音乐作品内容和风格的基础上，在演出或者练习时结合口头提示或解释，通过手势、身体动作和面部表情来对作品的节拍、速度、力度和思想感情等变化进行处理，从而引导全体合唱（奏）团的团员们能够准确地将音乐作品的内容和情感表达出来，对当时的歌咏活动极具指导意义。

在音乐创作理论方面，周巍峙撰写的音乐论文专辑《音乐创作方法论文》，探讨了创作实践中存在的一些音乐创作规律性问题。文集中的论文不是纯艺术性的理论讨论，而是展示了作者对音乐应实现民族化、大众化的渴望；此外，他在《晋察冀日报》发表的《大众歌曲的"党八股"

与克服的办法》一文中，讨论了音乐创作中的某些具体方法及其规律问题，探讨了音乐创作中的立场和观点以至"观点的感情与意念"等问题，对音乐的创作具有指导作用。李焕之的《作曲教程》将作曲理论知识与具体的创作实际案例相结合，该著作既有理论的系统性，又有实践的应用性。120师战斗剧社的谷军在《战斗文艺》上发表了《舞蹈在我军中的发展及其前途》一文，极大地鼓励了根据地舞蹈的创作与发展。

在艰难的条件下，我党的文艺工作者在繁忙工作之余，仍关心音乐理论的发展，他们的研究在一定程度上推动了山西抗日根据地音乐的发展，在全民音乐知识的普及以及专业化音乐创作等方面做出了重要的贡献。山西抗日根据地的音乐，在短短几年中不断发展壮大，虽然抗战歌曲是中坚力量，但是其他的音乐形式也在逐渐发展和成熟的过程中，承担着宣传抗日、凝聚民心等重要作用。如果说山西抗日根据地的音乐创作是中国民族革命战争中"战争的怒吼"，那么音乐理论则制造了一个巨大的共鸣器，使"战争的怒吼"发出更加洪大的声音来，"使人民群众惊醒起来，感奋起来，推动人民群众走向团结和斗争"。[1]

三、山西抗日根据地音乐的传播路径

八路军副总司令彭德怀在晋冀鲁豫边区临时参议会上说道："抗日根据地的文化政策是主张抗日的，要提高民族自尊心。我们是伟大的有几千年悠久历史的优秀民族，尽量发挥中华民族一切好的地方，要把爱护我们民族的像岳飞一样的人发扬起来，希望在华北有千百个岳飞出现。"[2] 可以说，在根据地，无论哪一种艺术形式都肩负着宣传党的政策方针、唤醒民众抗日热情的历史使命，音乐这种艺术形式也不例外。从战时文艺工作者的视角去思考，何种音乐形式能更有效地传播党的思想，如何使抗战音乐走向更广大的人民群众，如何利用音乐扩大中国共产党在百

---

[1] 王剑青，冯健男. 晋察冀文艺史[M]. 北京：中国文联出版公司，1989，第522页。
[2] 山西省文学艺术工作者联合会. 山西文艺史料（第一辑）[M]. 太原：山西人民出版社，1959，第7页。

姓中的影响，是其在作品创作和文艺宣传中必须直面的关键问题。这不仅关乎着根据地音乐的传播效果，更关乎着我党和中华民族的生死存亡。根据地的音乐工作者们因地制宜，从多个方面开展工作，取得了历史性的胜利。本节聚焦根据地音乐的传播路径，探讨各种音乐形式走向广大民众的历史过程。

（一）群体传播：抗战救亡歌咏运动

1. 歌咏活动与抗日救亡运动

作为最为普遍的群众性抗战歌曲演唱活动，抗战救亡歌咏运动早在"九一八事变"后就发挥了积极的作用，特别实在 1935 年"一二·九运动"及 1936 年"双十二事变"后，抗战歌咏运动已形成了全国性的热潮，参与人群也从最初的知识分子扩大到工人、军队和农民群体。1937 年 8 月 8 日国民救亡歌咏协会在上海的成立，标志着此种艺术表现形式走向成熟。在歌咏协会的成立大会上，徐则骧喊出了为民族抗战救亡而歌咏、为民族独立解放而歌咏的口号，说出了战时歌咏的直接目的——唤醒民众、组织民众、训练民众，建立抗敌救亡集团生活的习惯。从艺术性角度理解，所谓歌咏就是群体齐唱同一首歌曲，这种艺术形式本就容易激发每个人内心的激情，当它与民族救亡的背景相结合时，就发展成为一种与艺术合唱、西方合唱完全不同的表达方式，成为对抗敌人最有力的武器。

全面抗战爆发后，全国性的大型歌咏团体走向延安和其他敌后抗日根据地，这些团体通过开展群众性的音乐活动，将抗日思想传播开来。在山西抗日根据地，歌咏运动主要从两个方面展开。

（1）通过教唱的方式进行抗日宣传。

在战争的特殊背景下，口口相传的传播方式最直接也最有效，这种方式可以使根据地军民快速掌握歌曲演唱方式，并深刻领会歌曲所传达的内容，同时在不知不觉中完成由被动到主动、从自发到自觉抗日的转变。

以《游击队之歌》的传唱方式为例，1938 年 1 月 6 日，中共中央北方局和八路军总司令部召开高级干部会议，上海文化界救亡演剧一队队员在贺绿汀的指挥下，为参会代表们首次演唱了其创作的《游击队之歌》。歌曲得到当时与会的朱德、贺龙、刘伯承等高级将领的高度赞扬，并要求他们在部队中教唱。《游击队之歌》就这样从山西各抗日根据地迅速传遍全国各抗日战场。"在平型关打了胜仗来此休整的六八五团团长杨得志急切地把演剧队邀请到部队，让他们一个营、一个连地教唱这首歌。部队出发那天，战士们唱着'我们都是神枪手，每一颗子弹消灭一个敌人'前进。这首献给八路军全体将士的歌，得到全体八路军将士的热烈欢迎，许多热血青年正是唱着这首歌投奔解放区的。"[1]

除上述提到的向战士教唱，向基层百姓教唱同样起到重要作用。在山西抗日根据地，诸如"军民联合歌咏大会""军官歌咏训练班"等活动先后开展，在部队和群众中产生了极大的反响，覆盖面十分广泛。在晋南地区，河津县志中记载："牺牲救国同盟会的宣传队，到各村镇、学校教唱《义勇军进行曲》《打回老家去》《抗日战歌》等歌曲。"[2] 在冀晋豫边区，歌咏活动由长治民革艺校直接推动，北岳区的每个妇女和儿童都会唱6个或6个以上的抗日救亡歌曲。在晋绥边区，战动剧团向群众进行教唱，仅一年多的时间就向群众演唱和传播抗日救亡歌曲一百多首。

这种教唱的传播方式可视为连接军队和群众之间的桥梁和纽带，在教唱的过程中，文艺工作者不仅将优秀的音乐作品传播到其他根据地，更将中国共产党的政治思想、文化建设方针传播开来，使基层民众有序地组织起来，使抗日救亡的思想转化为抗日救亡的实际行动。

（2）通过歌咏演出等形式传播抗日思想，鼓舞动员民众投身抗日。

歌咏团体大规模的文艺演出，特别是大型齐唱、合唱的现场演绎对群众的影响更直接、更深刻，给根据地群众以听觉和视觉上的震撼。

歌咏演出是抗战歌曲宣传最有力的武器。例如，在繁峙，歌咏活动十分活跃，当时的机关、学校经常组织学生、干部在街头为群众演唱，

---

[1] 山西省文化政策研究中心. 山西革命文艺史[M]. 太原. 山西出版传媒集团三晋出版社，2017，第234页。
[2] 河津县志编纂委员会. 河津县志[M]. 太原：山西人民出版社，1989，第378页。

以大合唱为主,《大刀进行曲》《在太行山上》等成为当时的流行曲目,此外还有自编自唱的歌曲。[1] 在他们演唱的过程中,常常有路过的群众止步围观,有的在旁边认真地聆听观看,有的则跟着歌咏队员一起唱了起来,正是在不断的影响和互动中,当地不少群众纷纷加入歌咏团体,积极投身到抗战的历史洪流中。

群众歌咏活动的另一种表现形式则体现在山西新民歌的发展上。1941年歌咏运动已经在晋西北的群众中广泛的发展起来。[2] 在晋察冀抗日根据地,农民在抗战前就常在农闲时候传唱祖辈传下来的山歌、小调和花会歌曲,抗日战争爆发后,当地民众在群众歌咏活动的影响和感召下,把抗日救国放在头等重要的位置,他们不仅跟着歌咏团体一起唱抗战歌曲,甚至自己编写带有当地特点的民歌式的抗战歌曲,这些作品在团结动员民众上效果显著。正如"中华全国歌咏协会"在成立大会上的《宣言》中所说的那样,山西救亡歌咏运动做到了"用歌咏去发动民众,组织民众,把他们唱上战场,为中华民族的解放而斗争"![3]

2．群体传播的特点

在山西抗日根据地,广泛开展的歌咏运动是群体传播的具体表现,无论是教唱,还是大规模的歌咏演出,都将振奋人心的抗战歌曲有效传播,根据地中的男女老少在倾听、学唱到自主传播的过程中,领会党的政策方针,振奋抗日士气。这种群体传播的方式展现出如下三个特点。

（1）以政治性为基本导向,群众性歌咏活动配合政治任务和中心工作开展。

从作品的创作到演出、传唱,无论哪一个环节都紧紧围绕着抗日战争的政治任务而进行。在具体的传播中,政治性特点具象化地表现为与当前中心工作任务紧密结合。例如合唱曲《春耕歌》是为动员广大根据地

---

[1] 李斌．繁峙县志[M]．北京：今日中国出版社,1995,第364页。
[2] 严梦．开展文化工作——写给抗战日报一周年[N]．抗战日报,1941-9-18。
[3] 佚名．中华全国歌咏协会宣言[J]．战歌,1938(6)。

军民积极准备并随时投入到春耕运动中而创作的,《没有共产党就没有新中国》是为了配合1943年反法西斯宣传而进行的专门的创作,《生产战斗大合唱》则是作者王莘配合根据地的大生产运动创作的合唱歌曲。

(2) 艺术形式和表现形式丰富多彩、多种多样。

从传播主体上划分,抗日根据地的音乐传播可大致分为群众性的歌咏活动和团体性的歌咏活动,每种传播方式都有其各自的特点,并在实践中相互融合。

群众性的歌咏活动通常具有自发组织、业余自愿、自我娱乐的性质,它常常与百姓的日常生活紧密联系,具有在生产、生活中自然传播的特点,劳动歌咏即是其代表。顾名思义,劳动歌咏是边区民众在日常劳动中边生产边演唱的形式,边区群众在党的领导下自力更生,为了表达内心的喜悦,便在生产劳动中情不自禁地一边劳作一边歌唱。例如,边区妇女在相互学习纺织的过程中,为方便识记纺织要领,通过旧曲新编形成新的歌曲,以至传唱到各个边区。

与群众性歌咏活动不同,团体性的歌咏活动则呈现出更为高级的形式,部队、地方的专业剧团(社),或是一些业余乡村剧团是此种传播方式的主力军,其目的除了传播抗日思想和党的政策外,重在提高边区群众对音乐的喜爱程度及欣赏能力。例如华北联大文艺学院和西战团演出的《黄河大合唱》,群众剧社演出的《生产战斗大合唱》《晋察冀儿童大合唱》等,火线剧社演出的《生产大合唱》《滹沱河大合唱》等,就是通过团体大合唱的群体传播方式出现,边区艺术节、重要节日举行的有组织的歌咏比赛都是团体性的歌咏活动进行音乐传播的重要渠道,歌曲以齐唱、轮唱、对唱等形式演出。值得一提的是史诗性的广场大歌舞,它是团体性的歌咏活动的典型代表,晋察冀边区1941年第二届艺术节就演出了《跟着聂司令前进》广场大歌舞。而至1943年,广场大歌舞的表现形式更为成熟,西战团在庆祝反"扫荡"战役胜利的军民庆祝大会上,演出了他们集体创作的《要拥军》,此节目由插秧、点播、送郎参军、庆祝胜利等多个段落的内容组成,西战团在创新艺术形式的同时,极大地点燃了边区人民群众积极投身抗战的热情。

在传播实践中，以上两种歌咏形式并未各自为战，而是表现为相互融合的特点，形成了拼接式演唱的新形式。其常见表现方法就是将歌曲与边区常见的民间艺术相结合，如歌曲与大秧歌的拼接、歌曲与霸王鞭的拼接。我们熟悉的歌曲《没有共产党就没有新中国》就是为儿童霸王鞭写的一组歌曲的最后一首歌。选用霸王鞭，为的是在演唱中方便识记、配舞，使歌曲的节奏更为简练，乐句更为规整。

（3）传播场域因地制宜，形成多元传播路径。

根据地音乐的传播场所并非仅局限在演出、艺术节、庆祝活动等大型活动中，可以说，根据地的任何场域皆可视为群体传播的重要场所。

除上文提及的劳动场所外，较为典型的就是部队在列队操练和行军中的歌曲传播。为激励和鼓舞战士们的斗志和士气，部队战士们在行军或训练中会高唱革命歌曲，这种歌曲也被称为队列歌曲。120师和战斗剧社，就是通过这种形式将《在太行山上》《到敌人后方去》《打回东北去》《游击队歌》《洗衣歌》等十几首歌曲与《摘豆角》等小调在根据地传播开来。可见，八路军队伍也在自觉和不自觉中成为当时歌咏活动中的骨干与主力。

3. 群体传播的作用

歌咏活动这种群体传播形式，在残酷和复杂的抗日战争中，直接促进了抗日救亡运动和对敌斗争的政治攻势。在激励根据地军民的同时，歌曲传播到敌占区，还能起到分化、感化敌人等作用。

第一，群体传播中的感化作用。群体传播重在通过多数人的影响力带动少数人心理发生变化。在抗日战争的过程中，对敌斗争不仅通过战场上的枪和炮决胜负，更要借助精神的力量。一名叫田园的游击剧团团长，擅长于戏剧、歌曲，作为吉林人的他牢记家仇国恨。他带领着剧团团员深入到敌占区，深情地为他们演唱《流亡三部曲》，当唱到"爹娘啊！爹娘啊！"时，演唱者们声泪俱下，听的人泪流满面；他还是很好的"老师"，他不仅教剧团团员，还教部队的战士、根据地的群众，带动和影响了身边很多的人。在他的影响下，敌人厌战、思乡之情被唤醒，起到了瓦解敌人的目的。

第二，群体传播的遏制作用。群体传播营造的正义气势可以打击、遏制敌人的嚣张气焰，使得对方产生不自信的心理，起到了打败敌人甚至是改造敌人的作用。山西抗日根据地中有个被称为圪垯字的据点，为首的汉奸金春山组织了一个专门策划破坏活动的组织——"归顺班"。当地教员葛尧同志为打击敌伪的嚣张气焰，编写了一首词《打击归顺班》，音乐工作者结合当地民歌《骂鸡调》，将二者变为一首歌曲，并用当地方言教给孩子们唱。没过多久，这首歌曲传遍了整个边区，"归顺班，都是一群无赖汉"，歌声直接揭露了敌伪的真面目，破坏了敌伪的阴谋活动。

第三，群体传播的教育作用。作为抗敌情感的直接表达方式，歌咏活动在传播过程中也产生了积极的教育作用，成为对敌政治攻势中的有力武器。例如，在一篇回忆文章中记载了这样的故事：当演出结束后，无论是演员还是观看的群众都在谈论刚才的演出内容，剩下剧团的团员们在忙着收拾舞台上的道具，其中一个演员一边收拾着东西，一边无意中唱起了《伪军反正》的歌，大家也跟着唱了起来，此时突然发现院子里有一个人一动不动地站在院子中央。原来他是伪军队长，当他听完这首歌曲后陷入沉思中，然后慢慢地一步步走到屋子里。到了晚上，他来到敌工部，向敌工部的同志们主动提出自己也要参加工作，投入到抗日战争的队伍中来。剧团团员们不经意的歌唱却让身陷泥潭的伪军队长重回光明。

第四，群体传播的从众作用。有别于独唱的艺术表现形式，歌咏活动的集体性传播方式体现出了巨大的宣传能量，具体表现在：气势上加强震撼的效果；形成良好的集体意识和团结意识；吸引更多个体加入集体组织中；集体内形成较为和谐的默契感。在生死存亡时刻，这种力量更为明显。烈士苏路在被捕入狱后，经历了敌人的严刑毒打和威逼利诱，苏路烈士不为所动，反而在狱中高唱争取顽固伪军的《岗楼》小调和其他抗日歌曲。在他民族精神的感染下，狱中的其他同志也一起高声跟唱，他们甚至开始创作歌颂革命者受难和号召受难同志坚贞不屈的歌曲，狱中越来越多的抗战志士用自己对党和人民的忠诚不渝让敌人无可奈何。苏路、今歌、田园、郭剑秋、刘彦等同志，为革命的事业英勇牺牲，谱写了一曲曲忠于革命的英雄之歌。

以歌咏活动为代表的群体传播活动，其影响是多方面的，它不仅促进了音乐作品数量和质量的提升，推动了对民歌民谣的收集和改编，更加强了山西抗日根据地各组织间的联系和经验交流，让更多的军民团结一致，坚定了对敌斗争的信心和决心。

（二）组织传播：广泛建立的文艺组织机构

1. 根据地的音乐组织机构

从传播效用上讲，使受众能够直观地理解所要宣传和表达的内容是衡量宣传效果最为重要的指标。在这个意义上，深入到当地群众中为群众表演其喜闻乐见的节目，在宣传和互动中让群众认识中国共产党、唤醒其民族危亡意识，是文艺工作的首要任务。在音乐的传播实践中，各种活动的开展并不是无序的，而是在严密的组织下进行的。组建文艺团体，更好地为人民大众所服务，则是埋在不同音乐表演形式下暗线。

山西抗日根据地的文艺团体可分为如下几类：一是宣传队或剧社，它们多由军区、军分区以及行政机构组织建立，战线剧社、奋斗剧社、冲锋剧社、抗大分校文工团、七月剧社、长城剧社等是其中的代表；二是地方性文艺演出单位，如于1938年10月组建的晋东北大众剧社等；三是西北战地服务团、华北联大文工团等山西地区以外的文艺团体。以上三种团体都服从于中央领导，积极宣传党的文艺思想，其工作的主要任务是一致的。

在宣传实践中，不同类型的组织呈现出各自的特点。其中，宣传队或剧社是部队的组织结构，歌咏部、剧务部和总务部是必不可少的三个部门。团队中的成员身兼数职，既承担演出任务，同时又在其中的一个或多个部门中担任其他辅助性工作，使得该团体能够正常运行。在之后的发展中，剧团建立了系统的组织机构，设置了"文艺工作科"并制定细则规定。[1]它们内部的组织自上而下、分级管理，在具体的工作中有着各自细微的分工。西北战地服务团等专业文艺团体，在组织建构上也有其特点，主要体现在部门专业化的设置，通常有音乐组、美术组、话剧组、编辑组、儿童演剧队等。这些部门的设置，是基于专业演出的分类而设立的，便于节目的组织与编排，便于相关人员的分类与管理。

不同类型的文艺团体在山西抗日根据地发展迅速。以晋察冀边区为例，太行区剧团分为职业剧团和农村剧团两大类，其中职业剧团有11个。[2]其活动方式有三种，分别是全年集合、半年集合和冬末春初集合。[3]农村剧团数量更为可观，达到数百个，这些剧团多在本村活动。[4]

不断发展壮大的音乐组织机构是抗战胜利的重要保障。在文艺工作者的不断努力下，山西抗日根据地呈现出村村有歌声的情景，白色山西开始向红色山西转变。

2. 音乐组织的传播活动

山西抗日根据地的文艺演出始于根据地建立之初，并始终伴随着整个山西抗日根据地的发展。从西北战地服务团、华北联大等专业团队，到部队文工团、剧社、文艺宣传队，再到群众自发组织的团体，这些都是文艺演出的主要力量。

（1）文艺演出与宣传。

各文艺团队肩负着抗日宣传、动员民众的使命，从建立的那一刻起就奔波于山西各大抗日根据地。他们的演出任务十分繁重，在演出之余还要进行新剧的创作和编排。在他们的影响下，一批批有组织的民间文

---

[1] 于冰.晋察冀抗日根据地文艺社团及其音乐创作活动研究[D].沈阳：沈阳音乐学院，2010，第8页。
[2] 主要包括：三分区六个，分别是左权剧团，武乡光明剧团，武西战斗剧团，襄垣农村剧团，榆能新声剧团，黎北农民剧团；四分区两个，分别是胜利剧团，黎南黎明剧团；五分区三个，分别是涉县劳动剧团，磁武黎明剧团，文化剧团。
[3] 全年集合的剧团有左权剧团、黎北农民剧团；半年集合是指一年中一半时间农忙回家种地、其余半年集中演戏，主要的剧团有光明剧团、战斗剧团、襄垣剧团、新生剧团、胜利剧团、黎南黎明剧团、劳动剧团；冬末春初集合是指全年生产，仅在年末演戏两三个月的，主要有磁武黎明剧团、文化剧团。
[4] 太行区剧团概况[G].山西文艺资料（第一辑），太原：山西人民出版社，1959，第214页—215页。

艺团体相继建立，成为宣传队伍中的生力军。

例如，诞生于晋绥边区的"七月剧社"自成立以来在晋西北和绥蒙一带演出，演出场次一千五百多场，观众达三百万人次以上。晋剧《三打祝家庄》《八大锤》《长坂坡》《逼上梁山》；民间新型歌剧《王德锁减租》《闹对了》《重见天日》《千古恨》《血泪仇》等，受到群众的热烈欢迎。1941年深秋，120师司令部侦察参谋戈克忠带领着"七月剧社"的几个演员和蔡家崖的五六个民兵去胡家沟，成功地打败了二十多个伪军，"七月剧社"将此编成了小歌剧，到处演唱，受到群众的热烈称赞。大致内容是："戈克忠一把大刀一支枪，带领十来个'土八路'，歼灭了二十多个伪军，缴获了二十一条步枪、三十多颗手榴弹、二百多发子弹"，被群众传为佳话。[1]

在各个专业剧社等的带动和影响下，根据地的群众也逐渐加入抗日的宣传工作中，组建属于自己的地方剧团，积极主动地进行宣传抗日演出和创作。

例如忻县老百姓自己的剧团——蒲阁寨民兵演剧队，他们把忻县人民英勇抗敌的真实生活，用当地的方言演绎出来，受到当地群众的热烈欢迎。晋绥日报记载道："有一次他们出去打游击，夜晚住在一个小村子里，一盏麻油灯下面，十几个民兵你一句他一句，不到一顿饭时间，编成了一首生动活泼的歌子。歌子名字叫《围困歌》，一共四小段，原歌词如下：十二月十三那一天，命令下来打据点，前响发下子弹来嗬哎呀，夜晚进攻蒲阁寨……这个歌子，采用忻县老百姓最熟悉的忻州小调唱出，情调轻松愉快，唱起来非常好听。几天以后歌声响遍了忻县全境，大人、儿童到处唱着他们编出的《围困歌》。七月里敌人扫荡忻县，民兵使用联防线把敌人打跑，又编成了《联防歌》《民兵英雄》等好几个歌子，都用群众熟悉的小调唱出。"[2]

把地方民间小调融入抗战宣传也是地方剧团、宣传队常见的宣传方

---

[1] 兴县革命史编写组．兴县革命史[M].太原：山西人民出版社，1985，第161页．
[2] 凤林．蒲阁寨民兵演剧队[N].抗战日报，1944．

式。例如古县人民抗日自卫队宣传队，根据不同的形势，不同的宣传改编、创作了很多民间小调，如揭露婚姻不自由时，湾里村演出《柳树井》，贾寨村演出《回头看》，讲述父母包办婚姻，逼死儿女性命的悲剧。1943年开展大生产运动，白素村编演了《劳动英雄赵金林》。为批判旧风气，树立新风尚，白素村剧团编演了《戒洋烟》《劝赌博》《二流子改变》等。为揭露民国党反动派残害无辜，致人家破人亡的罪恶，白素村又编演了《探监》等剧目。[1]

（2）文艺团体间的交流。

山西抗日根据地文艺团体和文艺工作者非常重视各根据地间的经验交流，这使得文艺作品能够很快在不同的地域之间传播，推动根据地音乐的蓬勃发展。

以河曲地区的二人台为例。因日本侵略者进犯，二人台一度处于销声匿迹的状态。直到1939年第二战区北路军总司令兼35军军长傅作义率部进驻河曲后，二人台演出才得以回暖。1940年后，中国共产党在河曲建立政权，二人台班社逐渐发展壮大到30多个。在此期间，二人台艺人越来越注重与新文艺工作者们的交流与合作，与"七月剧社"多次同台演出，使得二人台在创作和演出等方面有了大的突破与革新，女演员开始登上表演舞台。在创作方面，更是改编《小放牛》《查路条》《口袋》《十二把镰刀》《夫妻识字》《兄妹开荒》等节目。[2]

山西各根据地文艺组织的建立，为各类抗日文艺的发展提供了更便捷的交流机会，将抗日音乐的交流带到快速发展的轨道上。包括中华全国文艺界抗敌协会晋东南分会，中华全国音乐界抗敌协会，中华全国歌咏协会等在山西各根据地成立的分会等组织机构的建立，使音乐工作者们的交流不再仅仅局限于演出，而可以通过座谈会，不定期地交换报纸、音乐刊物或演出的剧本等资料，在创作、演出等不同的方面达到更高的

---

[1] 古县志编纂委员会．古县志[M]．西安：陕西人民出版社，2001，第459页。
[2] 河曲县志编纂委员会．河曲县志[M]．北京：中华书局，1989，第2074页。

层次,甚至通过合作的方式,发挥各自优势,提升作品的质量,增强作品的感染力和说服力,将更好的作品呈现在群众面前。

主力剧团指导进而带动其他剧团的工作同样是文艺团体间交流的重要方式。晋西北的七月剧社、晋东南的太行山剧团、抗大文工团、先锋剧团、火星剧社等经常到各个根据地的剧团进行指导,在交流中提升各剧团的政治素养和业务能力,使得这些组织更好地发挥作用。[1]

根据地内的业余剧团会演是音乐交流的有益补充。左权县30个业余剧团在1940年"五卅运动"纪念日中,于抗日县政府所在地西黄漳村举行了大型的会演;1944年11月,晋冀鲁豫边区政府在黎城县南委泉召开太行区杀敌英雄劳动模范大会上,文艺队演出了首批小花戏的新节目《四季生产》《俺们这六个人》等。[2]这些文艺会演在文艺演出的形式、内容方面加强了县内、县与县之间的交流与沟通,在一定程度上扩大了传播的地域范围,加强了抗战宣传的力度。

山西抗日根据地音乐在通过文艺工作者和文艺团体之间的学习交流取得进步的同时,还在音乐传播的过程中通过和其他地区的音乐元素结合,形成了新的抗战音乐或者新的抗战音乐形式。无论以何种形式呈现,目的都是让更多的群众团结起来,一致抵抗日军,并将抗日战争的音乐传播到了更广泛的地方。

3. 音乐组织的传播特点及影响

山西抗日根据地的文艺团体众多、类型各异,但都完成了历史赋予的使命,激励中国儿女奋勇抗敌,取得了最终的胜利。整体上看,根据地的文艺团体呈现出两个鲜明的特征。一是分类管理、隶属明晰。各团体在建立之初就有明确的管理,会按照不同文艺组织的性质、工作的范畴等因素进行分类,其隶属部门也不同,展现出直线管理的特点。尽管个

---

[1] 中国山西省委党史办公室.山西革命根据地文化建设专题研究(第四辑)[M].北京:中共党史出版社,2018,第1122页。
[2] 赵世元.左权县志[M].北京:高等教育出版社,1999,第435页。

别文艺组织会根据战争形势和根据地文艺组织建设的需要发生调整和改变，但是隶属关系依然清晰。正是因为这样，各级各类文艺组织在数量、归属等发生变化的情况下，仍然能够在政治上保持与党的高度一致性，可以有条不紊地继续工作，发挥着各自的作用。二是专人管理、职责明确，无论是专业的剧社、文艺队，还是农民业余的音乐团体，在其建设的过程中都具有自己的管理者。根据每个团队的规模、人数等的不同，对应的管理者的规模、人数、分工等也会发生相应的变化。随着人员的增加，团队根据新进人员的特点，开展专业分工，有戏剧队、音乐队、美术组、创作组、舞蹈队以及行政后勤组；在组织演出中，还会有更具体的分工，有灯光、布景、服装道具、化妆等。正是因为分工的明确和专业化，文艺组织朝更专业的方向发展。

正因为有鲜明的组织关系，文艺团体在抗战不同阶段皆产生了巨大的影响。首先，将口头艺术的最大化传播。文艺工作者按照上级的要求，因地制宜，充分利用民歌、小调、歌谣、顺口溜、对口唱、大鼓书、莲花落等群众平时喜爱的音乐形式，将党的政策、抗日思想有目标、有计划地进行口头教授和传播。当一定基数的群众学会后，再传播给其他边区群众，产生了巨大的影响。其次，极大丰富了边区文化生活。团体中的文艺战士承担着繁重的任务，平时，他们深入连队帮助和辅导战士，教唱歌曲、组织小型的文娱晚会，并搜集材料尝试进行创作；战时，他们化整为零，进行宣传和鼓动工作，协助地方干部组织群众支援前线。正是在他们的努力下，各根据地文艺活动兴盛，使音乐在战争中发挥了不可替代的作用。

（三）大众传播：以纸质媒介为路径

1. 纸质媒介传播

大众传播是一种信息传播方式，是特定社会集团利用报纸、杂志、书籍、广播、电影、电视等大众媒介向社会大多数成员传送消息、知识的过程。具体到山西抗日根据地的历史语境中，音乐利用纸质媒介向民众传播值得一提。音乐作为有声的艺术形式，利用无声的纸质媒介进行传播，更体现出其不同寻常之处。

（1）报纸传播。

山西抗日根据地报纸中涉及音乐的内容，主要是让群众了解山西根据地音乐发展现状、传播根据地音乐。在根据地的诸多报纸中，不仅会对山西抗日根据地的音乐活动进行报道，还会刊登很多音乐作品。报纸增设的副刊，即是音乐大众传播的重要阵地。

晋察冀抗日根据地十分重视民歌民谣等的搜集和整理，鼓励发表。《晋察冀日报》《子弟兵报》等报纸成为经常登载歌谣的重要平台。这些报道，对山西根据地音乐传播和创作做出了重要贡献。晋西北地区发行的报纸有《文艺之页》《吕梁文化》等，内容涉及诗歌、剧本节选、歌曲曲谱、美术作品等。据粗略统计，仅在1939年至1942年，经常在根据地各报纸发表音乐作品的作者，已达70多人，报纸成为根据地音乐传播的重要阵地。

报纸的流传面的广阔性和时间的久远性都决定了它在文艺传播工具中的重要地位。这一切，离不开文艺工作者在特殊战争环境中的坚守和对文艺报纸出版的重视。正如《晋察冀日报》文艺副刊《鼓》的发刊词这样写道："我们这个文艺小刊物取名曰《鼓》，望文生义，显然不是供人玩赏的花朵，也不是骚人雅士辈舞文弄墨的场所，而是给我们边区广大读者以精神上的鼓励，使之从这里能够听到急剧的暴风雨似的'鼓'声，而倍增冲锋陷阵向敌突进的壮气……再'鼓'一把劲，以准备反攻，度过黎明前的黑暗，取得抗战最后的胜利……我们的《鼓》，虽然篇幅有限，还是要努力做到使边区读者爱读而有所得，使敌人看了头痛、心惊、肉跳，而成为插在他心窝里的一把利刃。这也就是说，我们要使《鼓》成为在政治上思想上教育边区群众与文艺工作者自己，因而更能发挥对敌思想斗争的利器作用。"[1]

---

[1] 王剑青，冯健男. 晋察冀文艺史[M]. 北京：中国文联出版公司，1989，第68页—第69页。

(2) 音乐书刊传播。

专业音乐刊物是山西根据地推动音乐创作活动的开展、促进音乐作品数量提升的主要方式，也是调动音乐工作者创作积极性，使音乐工作者们可以学习和交流的"园地"。

在晋东南地区，于1938年创刊的《文化哨》是重要的文艺阵地，王玉堂、郝汀在物资极为缺乏的条件下，克服困难，凭借着经营文化食堂赚来的极少的钱来维持刊物的正常印刷与发行。《鲁艺校刊》也是在晋东南抗日根据地一带创刊的独特刊物，于1940年创刊，为油印中型本。刊物上常刊登各种文艺作品，有李伯钊、洪荒、伊林等人的剧作，有常苏民、海啸、朱杰民、李季达的歌曲。《抗战生活》是山西长治太行文教出版社发行的有关抗战生活的综合性刊物，出刊数量虽不多，但内容涵盖各种形式的文艺作品，均与抗战根据地的生活息息相关。其他文艺刊物还包括晋东南主办的《文艺轻骑》《敌后抗日小丛书》，新华书店出版的《华北文艺》等。

在晋西北抗日根据地，《西北文艺》是主要的刊物，于1941年7月5日创刊，其中记录了大量的抗战歌曲。西北战地服务团团员田间撰写了《民歌杂抄》一书，作为乡艺第二辑之一收入歌谣59首。袁同兴创作的《抗战谣》《俚曲短唱》等由边区政府教育处油印出版，收入歌谣百余首，成为珍贵的资料。此外，当时出版的还有120师战斗剧社编写的《战斗文艺》、晋西青联编刊的《青年文艺》、决死二纵队文艺工作委员会编印的《文艺丛刊》、决死四纵队文艺工作委员会编刊的《新地》、雁北军分区政治部编印的《洪涛文艺》等，均在一定程度上将当时的音乐文艺作品通过刊物的形式传播给根据地的群众。

除综合性的文艺刊物外，抗战救亡歌曲集的出版，也是山西抗日根据地歌咏运动的材料的主要来源。

1939年5月，为激发根据地军民的抗战热情，西战团音乐组创办了不定期音乐刊物《歌创造》，共出版50余期，发表歌曲400余首。作为一个不定期的刊物，《歌创造》除了供本团演唱使用外，也会发往各文艺单位、兄弟剧社和学校，这一过程中涌现出许多优秀的作品和作曲家。

田间、邵子南、方冰、史轮、叶频、曼青、石群及剧作家贾克、田野等都编写了大量的歌词；音乐组则在周巍峙、劫夫的影响和指导下，涌现出赵尚武、边军、张见、张敦、金戈、张海等一批歌曲创作者。《歌创造》从创刊起，紧密和当时边区的各项斗争任务相联系，同时重视体裁、题材、形式、风格的多样性，大力倡导向民族民间音乐学习。一批为保卫根据地、建设根据地、配合各项斗争任务的歌曲作品被不断创作，音乐创作者在向民族民间音乐学习同时，使作品更加民族化、群众化，更深入、更广泛地为群众服务。[1]《歌创造》停刊后，西北战地服务团与群众剧社合编了《群众歌声》，继续将优秀的抗战歌曲传播到根据地各个地方。

此外，其他文艺团体也在积极地进行音乐刊物的出版和发行工作，如文救会等团体出版的《大家唱》《大众唱》，军区政治部出版的《连队歌唱》《连队音乐》，抗敌剧社出版的《我们的歌》，还有其他文艺团体出版的《冲锋歌声》《火线歌声》《七月歌声》《战线歌声》等，这些刊物在宣传党的政策方针、丰富根据地音乐文化、培养词曲创作人才等方面起到了积极的作用。

（3）地方民歌搜集整理。

为发挥民歌在山西抗日根据地宣传的作用和强大的影响力，鼓励文艺工作者因地制宜开展工作，山西各根据地对民间歌曲进行相关的搜集与整理，特别是在中国民间音乐晋察冀分会1944年9月成立以后，这一工作更加被重视。同时期，《民歌杂抄》《抗战谣》《俚曲短唱》《晋察冀边区民歌选》等歌集相继发表。在新民歌的推行方面，《晋察冀日报》《子弟兵报》《五十年代》《北方文化》等报刊经常刊登新的民歌、歌谣；华北联大文艺学院、西战团等都做过新民歌的搜集和对曲谱的记录和整理工作。山西各个根据地在1944年左右还先后对山西梆子音乐曲谱、眉户曲谱、道情曲谱和民歌进行了细致的整理。

---

[1] 晋察冀文艺研究会. 文艺战士话当年[M]. 北京：文化艺术出版社，1989，第28页—第29页.

2. 音乐纸质媒介传播的特点与作用

山西抗日根据地的报纸和音乐刊物是文艺工作者们相互交流、共同进步的园地,是将抗战歌曲向大众传播的平台,更是宣扬抗日精神、凝聚民族毅力的利器,在其发展过程中,展现出了如下特征。

一是始终坚持面向大众。对于刊物而言,最重要的吸引受众,只有这样才能更好地影响读者的真正想法,最终形成共鸣。为适应战时环境,根据地的文艺刊物以刊登短小、方便识记和传播的音乐作品为主,内容上尽可能做到通俗易懂,让群众可以很直观地理解其中要表达的意思;在主题的选择上,尽可能接近群众的生活和群众喜爱的主题内容,让大家在阅读的过程中产生亲切的感觉;在刊登形式上,主要以"简谱+歌词"的方式,方便歌曲的传播和传唱。

二是注重时效。在根据地出版的刊物有着较强的时效性,这就要求文艺工作者在发表作品时,从作品的创作到主题的选择需要考虑时效性。刊物中所刊登的歌曲,往往与时政紧密贴合。无论是百团大战、武装保卫秋收的军事行动,或是建立统一战线、减租减息、精兵简政的党的大政方针,抑或是发生在根据地的重大事件和重要会议,都会被作为刊登歌曲的主题。以活泼生动的方式传播时政信息,成为抗战音乐传播的一大亮点。

利用纸质媒介的传播同样在根据地音乐传播中发挥了重要作用。首先,音乐刊物提升了传播内容的水准和时效性,通过歌曲甄选,优秀的抗战歌曲得以广泛传播,根据地军民可以直截了当地明晰所要宣传的内容,明确当前的政治目标和军事任务,极大地提升传播效果和影响力。其次,音乐刊物出版实现了对山西抗日根据地当地民歌的推广与改造。根据地绝大多数抗战歌曲是依据当地的民歌进行创作。以这样的方式进行创作,不仅可以在短时间内快速创作抗战歌曲,及时满足我党宣传工作的需要,还便于在歌曲的传播过程中使群众快速地接受。报纸、音乐杂志等的编辑有针对性地将音乐内容进行筛选,将体现党的方针政策、根据地建设、抗战宣传等内容的歌曲进行刊登,不仅实现了宣传作用,同时对当地民歌以及其他传统音乐进行了保护和传承。再次,音乐刊物对传播群体产生了正面引导。报纸、杂志刊登的每一首音乐作品,不仅是山西抗日根据地音乐工作者的创作成果,更是这段独特历史的记录。报刊等媒介不仅表达了音乐作品的内涵,更重要的是在鼓舞军民抗战士气的同时,承担了引导与教育的作用,为广大军民对抗战的认识和学习提供了素材,实现了宣传性和教育性的结合,也为之后的根据地音乐教育奠定了基础。

四、山西抗日根据地音乐的传播效用与历史思考

山西抗日根据地音乐,是抗日战争的历史产物,是新民主主义文化中的重要组成部分。它的发展始终坚持民族性、科学性和大众性,重视对山西地域音乐特征的把握,形成立足本土下的音乐创作新范式,成为激励士气、凝聚民心、瓦解敌人的有力武器。《抗战三年来的晋东南文化运动——晋东南文化界第二次代表大会上的报告提纲》这样总结道:"歌曲的创作数量虽然无确切统计,但流行在民间的歌曲不下几百支,歌集数十种,许多村干部因为配合临时宣传动员的需要,将民间歌谣小曲改制,在每个县里,我们都可以听到他们自己编制出来的歌曲。"[1]可以说,山西抗日根据地的音乐创作与传播对取得抗战最终的胜利,孜孜矻矻、厥功至伟。

(一) 山西抗日根据地音乐的传播效用

音乐艺术特殊的表现方式,使其在传播中可以不受方言、曲调、文字、地域、时间、地点等条件的影响,随时随地成为民众沟通的一种方式,而且这种方式通俗易懂、能够在很短时间内引起共鸣。在山西抗日根据地,大部分群众文化水平较低,诸如宣传标语、口号,印发报纸、刊物等传统宣传方式对于一般群众来说,接受门槛较高,宣传效果远不如预期。在宣传实践中,音乐传播逐渐成为理想的宣传方式,发挥了重要的作用。

---

[1] 山西省文学艺术工作者联合会. 山西文艺史料(第一辑)[M]. 太原: 山西人民出版社,1959,第23页。

1. 音乐传播有效传递了中国共产党的集体意志

山西抗日根据地音乐是贯彻党的文化建设方针最迅速、最直接的艺术形式。坚持党的文化建设方针，就是要在中国共产党的领导下，及时有效地传递党的声音，建立起最广泛的统一战线，动员千万民众投身到抗日战争中。中国共产党的集体意志，借助歌曲等多种音乐形式，通过表达不同的主题内容，让根据地群众浅显易懂地领会了党的精神，并很好地贯彻开来。

其一，通过传播主题鲜明的抗日歌曲，根据地群众坚定不移地拥护共产党、拥护八路军。例如《拥护共产党》《爱护八路军》《八路军来了》《我是小八路》等歌曲，通过对共产党和八路军的赞美，让群众感受共产党和八路军一心为人民的宗旨和情怀，使百姓坚定不移地跟党走。

其二，在不同的群体中贯彻党的意志。例如，《三十八军军歌》《山西青年抗战决死队第一纵队战歌》中明确指出了对部队指战员的纪律要求；《三大任务》指明了战斗、生产和学习的三项重要任务。

其三，在战争的过程中，通过歌曲的传唱让根据地军民明确中国共产党指导意见的具体要求。例如《爱护根据地电线》简单直接地指明了要爱护公共设施、警惕敌伪破坏；《工农兵学商一齐来救亡》则是对建立抗战统一战线的具体阐释。

其四，在抗战过程中，根据战争的形势将党的战斗决策与主张通过歌曲进行传播，在动员广大群众的同时，起到宣传和普及的作用。例如，《制止剿共内战》《反扫荡进行曲》《准备反攻》等歌曲就是根据战争发展的形势，有针对性地将对应的内容进行编写，让更多的群众了解战争的发展形势，使之积极地配合，建立必胜的信心。

2. 音乐传播直接服务于抗日根据地的建设

山西抗日根据地建立和巩固过程中，抗日根据地音乐发挥出自己特有优势，多角度、多方位地服务根据地的建设。

在根据地思想建设方面，为抵抗侵略者的殖民主义思想，根据地音乐有针对性地对不同年龄段、不同群体的民众进行对应的内容创作，尤为重视儿童、妇女的教育，特别是在军民誓约运动中进行了大量关于"五不誓约"的音乐创作，力求通过歌曲传唱让妇女儿童们接受深刻的爱国主义教育；同时，根据地音乐还重视对汉语的推广，反对"语言侵略"，通过传唱来加深民众对汉语的认识、唤醒民众对母语的热爱，力求从多方面加大民众对民族精神、民族文化和民族思想的继承和发扬。

在根据地的政权建设方面，根据地众多音乐作品将政权建设的实际工作融入其中，群众在接受过程中潜移默化地提高了觉悟，坚决支持抗战政权。例如：盂县凤凰山的百姓在我军十九团的帮助下，成功从敌人手中解救了一千三百只羊，同时给予日本侵略者狠狠一击。随后盂县、寿阳等地开始流传这样一首小调："鬼子出发凤凰山，抢走羊只一千三，这下急坏小根全。小根全，莫哭喊，山上来了十九团，消灭鬼子一百三。"[1]简单的歌词，反映出我军一心为民的英雄形象，这无疑深化了当地民众对中国共产党、对八路军、对抗日政权的信任。

在根据地的经济建设方面，根据地音乐引导民众开展生产运动，鼓励他们用自己的双手打破敌伪的经济封锁，为根据地建设贡献自己的力量。例如《四季生产》《生产忙》等民歌将军民一起大生产的情景真实描绘出来；《送军鞋》《纺线好》《爱英做军鞋》《纺棉线》《送棉衣》等歌曲则是对根据地群众生产军装、军鞋的热闹场景的描绘，在宣扬军民一家亲的同时，引导更多的人加入准备军备物资的队伍中。

3. 音乐传播丰富了根据地群众的精神文化生活

山西抗日根据地音乐在弘扬民族精神，提高民众的抗战热情的同时，又丰富、发展了根据地民众的精神生活，是群众精神文化生活的有益补充。田间谈道，他们不再用低沉的小调来悲叹自己无望的生活，不再酗酒、赌博，变相自杀，而是集合到广场上，在伟大的战斗前，高声地合唱抗战进

---

[1] 寿阳县志编纂委员会. 寿阳县志[M]. 太原：山西人民出版社，1989，第827页。

行曲,过去他们用秧歌祭献神灵,现在他们把秧歌舞与大炮、机关枪一起,作为武器来主宰自己的命运,在生产、武装动员、普选等这种新生活中,人们也学会了写街头诗、写剧本、唱歌、演戏、画画。[1]这段话真实再现了当时根据地民众丰富的精神文化生活,以及在这些活动之中体现出来的民族精神、抗战精神。

春节的庆祝活动则是根据地精神文化生活的集中反映。新年期间,家家户户集合起来,大家手中拿着自己制作的扇子,或者五颜六色的绸子,共同庆祝新年。活动中,有拥护抗战政权的大合唱——"咱们唱那个三十四年新年歌,实行民主多快活,咱们要选举好政府,大家的事情大家做。人人自由笑哈哈,笑哈哈!咱们一伙儿大年初一一齐歌唱,只要跟上共产党,一年更比一年强,男女老少喜洋洋。拥护中国共产党,共产党!"有鼓励大生产的秧歌剧——"……粮食多,庄稼强,大家都喜洋洋。多亏那好政府,给咱们出主张。开荒互助,度呀灾荒,大家都要生产。过光景还要靠自己亲手干,发展边区大呀生产嗯哎哟!"有鼓舞人心的儿童歌舞——"……割的割来扛的扛,军队民兵都来帮。葫芦南瓜山药收回去,玉茭麦穗堆满场……"[2]积极向上的精神面貌,融洽的军民关系,丰收的成果,让更多根据地群众感受到军民团结共抗日军的重要性,意识到自力更生搞生产的必要性。

山西抗日根据地的音乐,具有明确的传播目的,就是通过音乐活动的开展,让更多的中国民众团结起来,共同奏响抗日救国的主旋律。多样化的传播方式,多元的传播组织,丰富的传播内容,使根据地人民经历了"被动接受""主动接受""成为积极的传播者"这三个不同的传播阶段。

(二)山西抗日根据地音乐传播的历史思考

当山西境内打响了反抗日军侵略的第一枪后,山西抗日根据地音乐的探索和发展从未停歇,它伴随着根据地的发展不断壮大。在中国面临

---

[1] 田间.庆祝边区首届艺术节[J],抗敌报.1940-11-4。
[2] 新年乐[M].山西:韬奋书店,1945(1),第12页—33页。

生死存亡的重要关头时，山西抗日根据地的音乐像激昂的号角发挥着积极的作用，是中华民族在中国共产党领导下夺取最终胜利的先声。回望这段历史，仍有许多可以学习和思考之处。

首先，音乐创作和传播要与时代主题同步，紧跟时代步伐。音乐是文化具体的表现形式，而文化又可作为服务政治的手段。在漫长的历史演变中，每段历史的时代主题都不尽相同，这些岁月的痕迹都会在当时的音乐中留下印记。在中华民族生死存亡的关键时期，音乐创作和传播当仁不让要担起历史的使命，那就是宣传抗日，使广大人民群众团结起来建立抗日统一战线，这是大势所趋。而在当下，音乐创作和传播自然要肩负起实现中华民族伟大复兴的历史责任，坚持全心全意为人民服务，为实现中国梦而奋斗。

其次，立足实际，创新音乐创作思路和模式。山西是抗战爆发后中国共产党领导的抗日游击战争最先开始、最先发展、最先胜利的地方，是八路军实行对日抗战的立足点和发展抗战的出发地。山西抗日根据地音乐创作与传播为其他根据地提供了范本和参考。《歌唱二小放牛郎》开创了叙事歌这一题材的音乐创作，引领并带动更多地区的叙事歌创作蓬勃发展；《武装保卫山西》用共同的主题进行创作，开辟了各个根据地都可以套用的音乐创作范式；《黄河大合唱》结合山西民歌特点，体现山西地方特色，唤起民众抗日共鸣，在世界音乐史上都产生极大影响，它的出现给很多文艺工作者的创作提供了借鉴和学习的思路。在音乐越来越多元化的今天，我们更应立足当下，发时代之声，编创出更多弘扬爱国主义精神、传承红色基因的音乐作品。

第三，音乐作品只有以人民为中心，真实反映人民群众现实生活，表达人民群众真实感受，才能在人民群众中长久广泛地传播。从《歌唱二小放牛郎》《游击队之歌》《没有共产党就没有新中国》到《黄河大合唱》《白毛女》等经典作品经久不衰的传唱，就是最好的例证。毛泽东主席曾言："新民主主义文化是大众的，因而是民主的。他应为全民族中百分之九十以上的工农劳苦群众服务,并逐渐成为他们的文化。"[1]如今,我们的音乐作品同样需要从人民群众的生活中来,为广大人民群众服务,这是每个音乐创作者和传播者必须要长久坚持的原则。

1923年,王光祈在他的《欧洲音乐进化论》中谈道:音乐之功用,不是拿来悦耳娱心的,而在于引导民众思想向上,因此迎合堕落社会心理的音乐,都不能称为国乐。所以,音乐家从事音乐创作,不应去迎合民众的消极的精神情绪,而应主动地满足、引导、激发民众积极的精神需求和大无畏的精神动力。有的音乐作品之所以优秀,是因为它们顺应了时代的潮流、满足了民众的精神需求。革命的、进步的音乐对人们的教育、审美是有独特功能的。抗战时期,音乐具有鲜明的革命性,召唤民众抗击侵略,争取民族独立。

山西抗日根据地音乐,是根据地人民的记忆,记录了民族解放战争的历史;山西抗日根据地音乐,是召唤万千民众传播抗日民族精神的重要载体,更是传递民族精神的不朽史诗!

---

[1] 毛泽东选集(第二卷)[M]. 北京:人民出版社,1969,第668页。

第五章
戏剧传播：走进大众，开辟斗争新阵地

作为上层建筑的文化的一部分，对任何一个国家和民族而言，戏剧都是其精神文化的载体之一，而戏剧演出活动本身就其实质而言，就是一种高级的意识形态的传播方式和方法。近代中国享有国际声誉的国学大师王国维认为，戏曲和话剧都属于戏剧的范畴。总体而言，它们的主要特点就是通过演员来进行人物的扮演，同时通过演员的对话、肢体动作、歌舞等形式来向受众演绎，以达到所要表达的思想内容的传播目的。

作为一种文化传播的载体，传统的中国戏剧多是以古代和现代的代表性故事作为题材，通过运用"唱、念、做、打"等艺术表现形式，以及中国民众所熟知的传统的音乐化的对话和舞蹈化的动作为手段，将有代表性故事中的优秀人物和事件向社会大众进行叙述和传播，以此来对社会大众的现实生活进行映射和表现，从而达到教化民众、启迪民众以及娱乐民众的作用。同时，社会大众在这种娱乐形式下，在不知不觉中，将中国传统社会所颂扬的精神文化、社会伦理、民俗风貌、道德规范予以接纳。

中国现当代戏剧理论与美学研究学者傅谨教授认为，戏剧演出并不仅仅是娱乐文化的一部分，它与民众日常生活中有诸多联系，戏剧与社会其他相关领域的互动，所涉甚广。戏剧演出的背后，经常有信仰和民族大爱作为动力。[1]政治、艺术、娱乐三个层面相互交织，20世纪初以来，

---
[1] 傅谨.20世纪中国戏剧史[M].北京：中国社会科学出版社，2016，第2页。

特别20世纪前半期的中国话剧,表现出了强烈的社会性、政治性与战斗性。这种与社会现实的紧密联系,使得中华大地的戏剧在很大程度上不自觉地觉脱离了其本身单纯的演剧艺术形式,承担和扮演起了重要的社会政治任务及角色。

一、山西近代戏剧活动的社会传播转向

(一) 中国戏剧及传播的社会使命

中国传统戏剧自从成为一门独立的艺术门类以来的800多年间,一直都是同中国社会中最广大的人民群众的生产、生活、娱乐等各类社会活动紧密相连的。它不仅是中国社会多种艺术形式的有机综合体,而且涉及政治,经济,军事、宗教、伦理、心理,以及文化、教育、科学、技术等社会活动的诸多领域,可以说,中国传统戏剧就是中国传统社会生活在舞台上的某种艺术化投影。中国传统戏曲在其发展的历程中,有效地完成了传播手段、载体与文化、艺术的有效结合,实现了自我的升华。千百年来,中国传统戏剧,除去纯粹的文化娱乐性的形式表演外,更多的是通过各种剧目的演艺,有效地将中国传统社会中的,以"仁、义、礼、智、信"等方面为代表的基本道德观念、行为规范以及审美情趣等,向民众进行传递。这种以戏剧演艺方式进行的精神、道德和文化的传递,对于由于经济和社会阶层等方面的原因而无法进入正规学堂受教育的广大普通民众而言是极为重要的。可以说在很大程度上,中国传统戏剧担负起了传承文化、教化民众,甚至教化民族的重要责任。它对保持中国传统社会文化的稳定、道德的稳定、甚至整个社会结构的稳定起到了不可估量的作用。

戊戌变法拉开新文化运动序幕的同时,一种新的、西方的戏剧形式开始进入中国。此时的中国社会文人和戏剧艺人不同程度地都加入到了"戏剧改良"的潮流中。时事题材的戏剧创作演出和利用古代题材影射时事的剧目,比起以往也更为多见。相对于土生土长的中国传统戏剧而言,话剧是西方的舶来品,这种艺术形式在中国社会逐步走向现代化的历史进

程中，不断被国人选择性地吸纳和有意识地改造，进而完成了创造性的转变。中国戏剧史家田本相认为，话剧这种西方艺术形式进入中国，是"中国人的一种主动的文化选择，当然也是一种历史的遇合"。[1]生于忧患的中国话剧，其发展一直伴随着近代以来中国的社会发展和现代化历程，成为中国社会政治生活以及中华民族文学艺术的重要组成部分。

（二）山西的地方传统戏剧及发展

山西被称为"戏曲摇篮"，是中国戏曲艺术的发祥地之一。作为中国戏剧的重要组成部分，山西的戏剧同样由两大部分构成，一是山西的传统戏曲，二是近代以来引入山西的现代戏剧。

山西的戏曲文化可谓源远流长。萌芽形式的戏曲，自汉代起就出现在了山西大地上。到北宋时期，山西的各个地区出现了形式多样的民间"土戏"，中国的戏曲至此有了初步的形态。到了元代，杂剧以中国文学史上第一种成熟的叙事文学样式登上了舞台，同时，文学剧本和"唱、念、做"艺术形式的出现，标志着中国戏曲进入了成熟的高级状态，并将中国戏曲的发展推入黄金时期。明代中期之后，中国的戏曲艺术进入了第二个黄金时期，山西各个地方的戏曲活动更为活跃。山西蒲州、河南陕州、陕西同州一带的民间艺人在元代北杂剧的基础上进行了唱腔改革，演变出了"蒲州梆子"戏。而晋中、晋北、晋东南等地的土戏又分别与蒲州梆子相结合，逐步孕育出了驰名中外的山西"四大梆子"——中路梆子、南路梆子、北路梆子、上党梆子。清代中期起，昆曲的兴起使得当时中国戏曲出现了梆子戏（即"花部"）和昆曲（即"雅部"）的竞争的局面。山西各个地区也盛行起了两种戏曲的民间竞赛。一般情况，大一些的集市和村镇每在重要的事务或节庆期间，往往会邀请两个或者两个以上的戏班剧社同时演出、连续演出，进而相互比拼。

由于自北向南存在着地理上和气候上的多样性，各地方言也大不相

---

[1] 田本相. 中国文化艺术丛书·中国话剧 [M]. 北京：文化艺术出版社，1999，第3页。

第五章 戏剧传播：走进大众，开辟斗争新阵地

同，山西各个地区孕育出了上百种秧歌剧种和地方小戏。这些秧歌剧种和地方小戏包括：上党落子、晋南眉户、朔州秧歌、繁峙秧歌、壶关秧歌、黎城秧歌、武乡秧歌、襄垣秧歌、沁源秧歌、干板秧歌、晋城秧歌、曲沃碗碗腔、孝义碗碗腔、大同罗罗腔、河曲二人台、左权小花戏、繁峙蹦蹦、大同耍孩儿、凤台小戏、蛤蟆翁、拉活戏、跳戏、河东线腔、上党皮黄、潞安大鼓、上党鼓书、襄垣鼓书、武乡三弦、锣鼓杂戏、莲花落、打花鼓、榆社霸王鞭、原平凤秧歌、孝义皮影戏、晋北道情戏、洪洞道情戏、长子道情戏、永济道情戏、临县道情戏等。这些类型各异的大戏和小戏深受当地民众的喜爱。

每逢传统节日、庙会以及各地的婚丧嫁娶、宗祠祭祖和祈天求雨等重大事件，各种形式的传统大剧及梆子戏的演出活动成为自然的、必不可少的重要内容。"山乡庙会流水板整日不息，村镇戏场梆子腔至晚犹敲"的情况已经成为一种"常态"。在这种"常态"中，除了游走于山西各地的职业性戏剧班社以外，各地的村、社普遍还成立有自己的"自乐班"和"什好班"等自发的村社戏剧娱乐组织，进而发展出了各自种类繁多的如百戏技艺、吹弹歌舞、民间小戏等传统戏剧节目。在这个过程中，山西各地民众已经不单单是这些传统戏剧传播活动的受众，同时也在戏剧传播的过程中同各种职业性戏剧班社一道，成为整个山西传统戏剧文化活动的承担者和创造者，成为这种戏剧文化传播活动的主角之一。

山西的地方戏剧有着极为深厚的群众基础。遍布全国的晋商活动所带来的社会财富的积累，使得山西各个地方的民众对于戏剧文化活动的要求得到极大的提高，各地不但对这些戏剧活动产生了巨大的需求，更是为这些戏剧活动修建起了各式各样的戏台。这些戏台从南到北、从平原到山区，遍布山西各个角落并同各地的传统寺庙和庙会进行了有机的结合。一般情况下，有寺庙和庙会的地方都会有形式不同的各种戏台与之配套。山西各地，从府、县到镇、村，可以说，府县大的寺庙配有大的戏台，村镇小庙配有小些的戏台。这些大大小小散落于山西各地的戏台，实际上也成了山西戏剧传播活动中的重要组成元素和最具标志性的文化传播符号之一。

（三）近代山西戏剧传播活动的转向

1840 年开始的鸦片战争，使得中国传统社会开始在政治、经济、文化等方面的出现偏离传统轨道的转向。1984 年爆发的中日甲午战争以及 1900 年的庚子国变更是将中国的传统社会推向了剧变。随着 1911 年辛亥革命的爆发和 1919 年五四新文化运动的开展，近代中国的社会治理和文化走向出现了根本性变革，新文化运动带来的文化转向所导致的近代中国戏剧方面的变革自然也是不可避免的。

在这个时期，近代中国资产阶级革命和无产阶级革命运动的兴起，以及与之对应的旧民主主义革命、新民主主义革命的进行，对传统戏剧的发展提出了各自不同的要求。为此，近代中国的各个地方前后出现了一批新兴的地方小戏，或是迎合资产阶级政治运动及旧民主主义革命，或是与和无产阶级革命运动的新民主主义革命的戏曲改良活动相结合，这就构成了近代中国戏剧改革和发展的基本路径。这一时期的中国各地的戏剧改良和发展，不同程度地反映着近代中国社会性质的剧变。由于近代戏剧活动同中国人民反帝反封建的斗争相联系，其承担起了传统戏剧活动所不具备的历史责任和担当，这样就使得这些新兴的戏剧活动与传统戏剧活动相比，在指导思想、剧本创作、剧团管理、人员培训、组织宣传等若干方面不同程度展现出了全新的特点。

对于近代山西的戏剧传播活动而言，由于山西传统文化的自身特点和山西省在抗日战争时期所处的特殊地位，其在指导思想、剧本创作、剧团管理、人员培训、组织宣传等若干方面都出现了翻天覆地的变化，并在这些变化之下，结合自身的特点孕育出了颇具特色的新兴戏剧文化，展现出了前所未有的精神风貌。这种新兴的戏剧文化和全新的精神风貌的产生的理论基础就是无产阶级领导的新民主主义革命及其革命的文艺理论。

中国共产党人在其新民主主义革命文艺理论的指导下，通过引入新的戏剧表演形式和对传统戏剧的改造，将山西抗日根据地的戏剧活动改造成了具有无产阶级意识和民族解放思想的革命的戏剧活动，将戏剧演出的地点从舞台扩展到了民族的日常生活和劳作之中，将社会大众的日常生活和民族解放思想表现在了戏剧表演的舞台之上，不但使戏剧活动在中国共产党山西抗日根据地的政治思想传播中占有了重要地位，更成为新文化、新思想传播的重要渠道，宣传革命方针、政策的重要方式，组织、动员群众的重要手段。

中国共产党领导下的山西抗日根据地的革命戏剧活动对于打击投降主义、克服失败主义、宣传抗战、保卫中华文化起到了不可估量的作用。中国共产党领导下的革命戏剧工作者在山西抗日根据地先后组织了各类专业、半专业和业余剧团剧社上千个。他们在毛泽东《在延安文艺座谈会上的讲话》精神指导下，深入民众社会生活，吸收民间艺术形式和大众话语，围绕民族抗战的主题和中共中央的政策，创作出了大量的贴近民众、贴近战斗和生活的戏剧作品，并以充实的内容和饱满的演出热情充分地感染了广大群众和人民的军队，使他们在艺术的熏陶与感染下不知不觉地接受了教育、学习了知识、获取了信息、提升了认识、完成了思想的再造、接受了中国共产党的领导。山西抗日根据地的革命戏剧活动，在政策宣传、思想统一、团结群众等方面做出了不可估量的贡献，与此同时，也在戏剧的指导思想、剧本创作、剧团管理、人员培训、组织宣传等方面积累了全新经验，完成了自我的提升，也为后来新中国戏剧事业的发展提供了丰厚的社会历史经验。

二、山西抗日根据地的建立与革命戏剧传播

（一）抗战的形势与山西抗日根据地的建立

从1931年的"九一八"事变到1935年的华北事变，日本帝国主义蓄意制造的一系列借口逐步扩大侵华战争的规模，中日民族矛盾日益激化，中华民族的危机已到了空前严重的程度。毛泽东主席认为："中日战争不是任何别的战争，乃是半殖民地半封建的中国和帝国主义的日本

之间在 20 世纪 30 年代进行的一个决死的战争。"[1]随着中国工农红军长征的胜利结束，中国共产党领导核心和骨干力量由赣南、闽西的中央苏区转移至陕甘革命根据地，使得中华民族解放斗争出现了历史性转折。

在日本帝国主义侵略加剧、抗日民族运动形势高涨的情况下，1935年12月17日，中共中央在陕北瓦窑堡召开政治局扩大会议，制定了抗日民族统一战线、组织国防政府和抗日联军等一系列方针和策略。会议认为当时"形势的基本特点，就是日本帝国主义要变中国为它的殖民地……威胁到了全国人民的生存"。[2]1937年8月22日，中共中央政治局在陕北洛川县冯家村召开扩大会议，决定今后军事工作的主要任务是开辟敌后战场，建立敌后抗日根据地，进行独立自主的游击战争，党的工作重心转移到在战区和敌后，同时把工农红军改编为国民革命军第八路军（1937年9月11日，国民政府军事委员会按全国陆海空军战斗序列将八路军改称为国民革命军第十八集团军）。洛川会议后，八路军三大主力115师、120师、129师，根据中共中央军委和八路军总部关于建立抗日根据地、独立坚持华北抗战的指示精神，奉命东渡黄河进入山西，开始了晋察冀、晋绥、晋冀鲁豫三大抗日革命根据地的创建和发展工作。

由于地理上的封闭性，山西在三大抗日根据地相继创立后，形成了东北、西北、西南、东南四个方向均为根据地的抗战局面，侵入山西的日军实际上陷入了被四面包围的战略不利态势。这样，日军以占领的中心城市和交通要道为重点向外扩张，中国共产党领导的抗日武装以根据地为出发点，用独立自主的山地游击战争的方式，向日军控制的中心城市和交通要道进行挤压，构成了山西抗战的基本势态。这种基本势态不但形成了全国抗战战略退却中的战略进攻，同国民政府消极抗战形成了鲜明的对比，更为中国共产党领导的对敌文化斗争提供了广阔的社会实践舞台，丰富了中国共产党的革命文艺理论，培育出了大量的文艺战士，产生了丰富多彩的文艺作品。

---

[1] 毛泽东选集（第二卷）[M]. 北京：人民出版社，1969，第 415 页。
[2] 毛泽东选集（第二卷）[M]. 北京：人民出版社，1969，第 128 页—第 129 页。

（二）山西抗日根据地文化建设的重要性

自中国第一个抗日根据地创立起，山西就是中国共产党领导的敌后抗敌斗争最主要的战场。山西抗日根据地的建设与发展为抗日战争的完全胜利做出了决定性的贡献，为中国共产党领导的军事建设、政治建设、经济建设和文化建设提供了丰富的实践场所和内容。山西抗日根据地是中国共产党领导下的军事、政治、经济组织，是完整的而又有相对独立性的地方政权，是中国共产党领导的新民主主义革命斗争的试验田和战略支撑点。山西抗日根据地的建设，是中国共产党领导的军事力量、政治力量和新型的文化力量不断输入山西抗日根据地，同时山西抗日根据地又以其丰富的历史文化传统和斗争经验不断丰富中国共产党的革命理论的互动过程。中国共产党在山西抗日根据地形成的社会工作经验和教训，不仅是中国共产党领导的抗日战争取得胜利的基本保障，而且为解放战争最终夺取全国胜利，以及新中国的建设，在干部队伍、社会治理、文化建设等方面提供了坚实、可靠的社会经验和人才保障。

中国共产党人在长期革命实践中，深刻地体会到军事斗争和政治工作同等的重要性。早在1929年毛泽东就认为"扩大政治影响争取广大群众……是红军第一个重大工作"。[1]从此，宣传群众、组织群众等方面的工作一直就是中国共产党人政治工作的主要内容。1942年5月毛泽东主席《在延安文艺座谈会上的讲话》一文中指出："我们要战胜敌人，首先要依靠手里拿枪的军队。但是仅仅有这种军队是不够的，我们还要有文化的军队，这是团结自己、战胜敌人必不可少的一支军队。"毛泽东主席还认为："一切文化或文艺都是属于一定的阶级，属于一定的政治路线的……"[2]所以，在中国共产党人的世界中，军事、政治、文化是一个辩证的统一体。军事斗争为中国共产党领导的山西抗日根据地的存在提供了根本保证，政治工作是中国共产党及其领导的军队在山西根据地

---

[1] 毛泽东新闻工作文选[M]. 北京：新华出版社，1983，第15页。
[2] 毛泽东选集（第三卷）[M]. 北京：人民出版社，1969，第822页。

发展的生命线，文化传播则是服务于山西抗日根据地政治路线的手段。

山西抗日根据地文化就是中国共产党通过文化传播的方式来完成这个最朴素的政治任务的实践结果。抗战时期，中国共产党领导的工作队伍将自己的军事和政治方针、政策，以新文化、新气象的面貌，在山西抗日根据地通过文化艺术的形式广泛地向社会大众进行传播，取得了良好的效果，比较全面地达成了中国共产党人的军事和政治工作目标。这些方面的文化传播工作，是中国共产党在抗战时期软实力建设工作的具体呈现，是中国共产党在军队发展和政权建设方面争取民众进而夺取社会和文化主导权的成功典范。而山西抗日根据地的创建，为革命戏剧工作的开展提供了实践的舞台和广阔的天地。作为根据地文化建设的枪杆之一，中国共产党在山西抗日根据地的革命戏剧实践及其传播，在全民抗战的大时代背景下，继承了南方土地革命战争时期的红色戏剧的文化基因的基础上，又结合了山西各个根据地的本地戏曲文化因素，通过文化传播为中国共产党山西抗日根据文化软实力的建设做出了突出贡献，无疑是夺取社会文化主导权方面的成功范例之一。

（三）山西抗日根据革命戏剧活动的兴起及定位

1. 山西抗日根据革命戏剧活动的兴起

1936年3月6日至8日，东征的红军在孝义大麦郊（今属交口县）总部驻地召开了由毛泽东主持的中央政治局扩大会议。毛泽东在会议上指出了当时工作的重点在于红军迅速开展抗击日军的作战行动，而开展这个行动的第一步就是要"经营山西"。由此可见，山西在毛泽东抗日战争总体布局中的重要战略地位。在1936年5月21日历时117天的东征结束时，在"中国人民抗日红军"的旗帜下，包括武乡、左权、平定、沁源、沁县、沁水、五台、盂县、临县、兴县、岢岚等11个县在内的山西抗日根据地逐渐形成。这些地区都是山区，特殊的地形、险要的地理条件，为抗日敌后战斗提供了必要的自然条件，同时也为中国共产党领导的戏剧活动提供了广阔的社会实践舞台。

第五章 戏剧传播：走进大众，开辟斗争新阵地

戏剧演出活动自古就是最具群众性、观赏性的文化传播方式之一，深受社会群众的喜爱，所以，中国共产党领导的文艺工作者长期以来都非常重视戏剧工作，并以之作为走进民众、传播革命思想的最主要手段之一。其实，在日本侵华战争进行的同时，日本军国主义在思想上和文化上也随之开始利用各种形式的宣传活动来对占领区的社会大众进行文化殖民。对此，当时的中共中央已经充分意识到，以文艺宣传来反击日军的思想侵蚀是十分必要的，也是刻不容缓的，中国共产党领导的文艺工作者的首要任务就是唤起民众的民族意识和国家意识来反抗日本军国主义的侵略，并实现民族解放。1938年10月，毛泽东主席发表的《论新阶段》一文，明确指出"广泛发展民众教育，组织各种补习学校、识字运动、戏剧运动、歌咏运动、体育运动，创办敌前敌后各种地方通俗报纸，提高人民的民族文化与民族觉悟"是当时抗敌工作的基础性任务。在整个南方苏区土地革命战争时期，红军革命戏剧发展高潮时的演出团体已经多达60多个，红色戏剧传播所体现出的革命理想主义和现实主义所承载的精神和强烈的时代气息，在动员民众、团结军民、保卫苏区方面发挥了不可替代的巨大作用。这使得中共中央对革命戏剧传播的重要性有了深刻的认识，并已经积累了相当的成功经验。因而，当中国共产党领导的抗日力量面对日本军国主义对中华民族的文化侵略时，中国共产党在山西抗日根据地进行革命戏剧的传播工作，自然就会成为反抗日本侵略的重要文化斗争方式之一。而如何引导蓬勃兴起的戏剧团体进行政治宣传，广泛吸纳各界人士的加入，丰富传播形式及渠道，成为抗日战争初期戏剧面临的主要问题。

1937年11月，八路军115师挺进晋察冀地区，开辟了最早的中国抗日根据地。随后，一些来自大后方和延安的新兴革命戏剧剧目就开始由革命文艺工作者在山西抗日根据地陆续编排上演。此外，为了贴近群众、深入群众、发动群众，一些利用山西地方戏曲形式编演新内容的地方剧团也随之兴盛起来。例如，晋东南抗日根据地最早的传统戏剧团——襄垣县第四区抗日农村剧团。为了更有效地发挥革命戏剧的文化传播效力，"1937年冬，国防部下令所有师以上部队的政治处，都要设立演剧宣传

队和政工大队,随部队开展以抗战内容为主的话剧演出和其他宣传活动"。1937年12月31日,中华全国戏剧界抗敌协会成立,并发表了《中华全国戏剧界抗敌协会宣言》,它以团结抗日为己任,"对于全国广大民众作抗敌宣传,其最有效的武器无疑是戏剧。因此动员全国戏剧界人士奋发其热诚与天才为伟大壮烈的民族战争服务实为当务之急",并且"今日中国的戏剧艺术界不怕不能发挥伟大的抗敌宣传力量,而怕的是这一团结不能充分巩固"。同时,也呼吁民众树立抗日必胜的信心,戏剧工作者坚定"戏剧救国"的信念,相信"戏剧必能更有力地达成推动抗战的目的"。这份宣言确定了抗日戏剧的具体任务、责任与使命。

戏剧工作开展离不开其所依托的社会和民众,革命戏剧工作的开展同样离不开其赖以生存的革命土壤和革命群众。山西全面抗战的八年,也是革命戏剧迅猛发展的八年。中国共产党人领导的八路军对晋察冀、晋绥、晋冀鲁豫三大抗日根据地的创建和发展,为革命戏剧工作的开展提供了实践的舞台和广阔的天地。曾经战斗在晋察冀根据地抗日前线的老一辈戏剧家、原解放军艺术学院院长,中国文联荣誉委员、中国剧协顾问、剧作家胡可同志,在1995年中国人民抗日战争及世界人民反法西斯战争胜利五十周年之际,主持了在北京召开的革命历史题材戏剧创作座谈会(1995年8月16日),同与会的老一辈戏剧家傅铎、严正、李紫贵、杜烽、所云平、胡沙、刘厚生、夏淳、蓝光、王一达、魏敏等一起,对抗日战争时期戏剧创作的优秀传统和宝贵经验以及革命历史题材戏剧创作的现状进行深入的探讨。胡可撰文称全面抗战八年是我国戏剧迅猛发展的一个重要时期,以解放区的戏剧来说,随着抗日根据地的建立巩固和扩大,我们的戏曲队伍也不断地壮大和成长。这些抗日根据地原本都是穷乡僻壤,一时间成了文化的中心,以晋察冀根据地来说,当时剧团之多,演出之频繁,观众情绪之热烈以及成千上万村剧团的建立,我们今天回想起来仍感到振奋,有的同志把这种景象称为戏剧史上的奇观。造成这种奇观的推动力量,是敌后抗日军民的精神需要,是中国共产党对戏剧的重视和领导,是敌后人民火热斗争生活给予戏剧工作者的感染,是戏剧工作者自身强烈的责任感,是对红军宣传队传统和左翼戏剧经验的继承和发扬,这些作为历史的经验,对于我们今天的工作也仍然是有启示的。

2. 战斗性与大众化的传播定位

抗日戏剧需要走进大众,这也是根据地革命戏剧工作者需要充分注意的问题。1939年11月,夏鹰在《抗敌报》发表了《建立和健全群众的剧团》的文章,他特别强调,边区剧团占到总戏剧团体数量的十分之二,是群众性戏剧团体数量的五倍,但是仍然没有精力服务于大众,工作范围仅限于部队,"戏剧也只有真正深入到大众里去,才能真正使它大众化"。

由于身处革命文艺工作的第一线,山西抗日根据地的文艺工作者们往往更能够从自身的革命实践工作出发,以自己的切身感受来对根据地的革命戏剧工进行思考。例如,1939年2月26日,晋察冀边区召开"创作问题座谈会",邓拓作了题为《三民主义的现实主义与文艺创作诸问题》的报告。他认识到了戏剧宣传的重要性:"在我们晋察冀边区,戏剧曾经以最活跃的姿态,在文化教育与宣传工作方面起了很伟大的推动作用,得到了显著的收获。"同时他还注意到,边区戏剧与其他文艺活动一样,存在着"无组织、无计划、不正规、不平衡、游击主义、狭隘的功利主义思想"。因此,在此次报告中,邓拓认为抗战戏剧应当加强战斗性,内容需要大众化,针对根据地戏剧文艺实践活动中的具体问题,为抗战戏剧传播活动设定了具体要求,并明确了发展方向。邓拓还认为,随着边区抗战形势的日渐紧张,斗争也更为残酷,戏剧也应当充分体现当下勇敢顽强的战斗作风,所有演出的编导及演出人员都要有意识地拉近与观众的情感距离,创作与群众有血肉联系的戏剧内容,只有这样的戏剧才能受到赞赏与欢迎。另外,革命戏剧工作者还应该充分利用战时报道为素材,宣传胜利成果、塑造模范形象,演出技巧和形式内容上也更应突出战斗性,从而达到更为充分地教育群众、动员群众的目的。邓拓的这次发言,后来被整理并发表于《边区文艺》,这是晋察冀边区较早的讨论文艺理论问题的文章。

1939年7月7日,中华全国戏剧界抗敌协会晋察冀边区分会成立并发表宣言，分会将革命戏剧的传播工作视为宣传的武器，要以艺术力量摧毁敌人的阴谋与进攻，为边区进一步开疆辟土助力，并确定了抗战戏剧工作的总方针是要争取一切旧戏剧，共同为抗战建国事业服务。后来，孙犁也发表了对于戏剧传播性的见解，他认为戏剧具有其他文艺作品不可比及的影响力，它可以让目不识丁的普通百姓产生共鸣。他强调抗日戏剧的内容一定要有大情怀，将民族生存问题作为核心，不要将剧作口号化、虚假化。革命戏剧在形式上要用最质朴、鲜活的大众语言来演出"活的报告艺术"，从而"随时以趣味的方式，报告新的社会情形，政治消息，学术思想，军事行动"，演出也不要拘泥于演出场地的限制，为此，他提出了"活的轮转舞台"的概念，让剧团破除了传统观念，利用打禾场、街头、宽大房间作为演出聚集地。

其实，在抗日根据地戏剧发展初期，演出场地的拓展就已经受到戏剧工作者关注。1938年，早在孙犁提出"活的轮转舞台"的概念之前，新录、鲁萍就先后在《抗敌日报》副刊《海燕》上探讨"街头剧"问题。探讨利用街头剧便捷、短小的优势，及时地将胜利的消息、中华民族光明的前途报告给民众，让大家具备高度的政治觉悟，自觉、积极地参加革命。新录在《关于街头剧》一文中较为全面地分析了"街头剧"现状及发展，他谈道，街头剧就是要发挥"深入民间的有力作用"，来完成"不仅是宣传而且鼓动和组织"的任务。在《谈谈街头剧》一文中，鲁萍从历史角度梳理了街头剧与传统戏曲的关系，她认为二者有传承与变革的历史渊源，且均有深厚的民众审美与生活基础。同时，她结合当时的政治形式，提醒戏剧工作者树立民族革命保卫战的危急意识，认清"戏剧在艺术的领域里是最直接和最能启发与教育群众的一种表现形式"。

三、山西抗日根据地戏剧传播的主体

随着中国共产党领导的山西三大抗日根据地的建立，如何引导蓬勃兴起的戏剧团体进行政治宣传，广泛吸纳各界人士的加入，丰富传播形式及渠道，成为抗日战争初期戏剧工作面临的主要问题。

革命剧团和剧社的发展是革命戏剧迅猛发展的组织保证。山西抗日根据地革命戏剧迅猛发展的八年，同样也是革命剧团和剧社迅猛发展的八年。在抗日战争期间，以三大抗日根据地为主的山西各个根据地，相继成立了各种类型的革命剧团和剧社。这些革命剧团和剧社承担起了传播中国共产党的反对帝国主义、反对封建主义、坚决抗日实现民族解放等新民主主义文化和思想的重要工作，起到了唤醒山西抗日根据地民众的民族自觉、国家意识、反抗意识等方面的启蒙作用。据统计，自1937年12月隶属八路军晋察冀军区政治部的抗敌剧社成立起，在山西八年的抗战时间里，山西各个抗日根据地先后成立了数以千计的革命剧团和剧社。这些革命剧团和剧社主要分为学校及机关剧团、八路军各部队剧团、专业的戏剧团体、半专业性质的流动剧团、农村剧团等，据1938—1940年间的统计，仅晋察冀边区就有大型剧社（团）25个，村剧团1000多个。[1]在它们当中，抗大文工团、前哨剧团、大众剧社、战斗文艺社、七月剧社、八路军太行剧社等都具有非常大的影响。这些革命剧团和剧社虽然有着不同的隶属关系，规模上也千差万别，但它们都通过各类演剧活动，将中国共产党的抗日主张和新民主主义的革命思想有效地传播给了山西抗日根据地的广大军民。在这些类型各异的革命剧团和剧社中，成员根据身份的差异可以大体分为部队戏剧工作者、乡土文艺工作者、新文艺工作者三种。

（一）部队戏剧工作者

抗日战争爆发后，中央军委进行了部队改编，同时也确立了原有宣传队的新名称，山西抗日根据地有火星剧社、战士剧社、战斗剧社、先锋剧社等。1937年，丁玲、吴奚如率领的延安第十八集团军西北战地服务团，东渡黄河进入山西，开始为山西根据地部队剧团的建立和发展提供有力的支持。1938年5月7日，抗日流动话剧团和陵川民族革命学校儿童宣传

---

[1] 王剑青，冯建男．晋察冀文艺史[M]．北京：中国文联出版公司，1989，第327页。

队合编，由中共中央北方局军委书记朱瑞代表八路军总部将其命名为"太行山剧团"，全称为"国民革命军第十八集团军太行山剧团"，被编入八路军建制。在创建之初，太行山剧团约有 30 位演员，大多数演员并不会演戏，于是晋察冀区委举办了为期一个半月的艺术培训班。培训结束后，太行山剧团开始了历时 3 个月的大规模巡回演出，演出遍及襄垣、武乡、辽县、榆社等几十个县域。太行山剧团的演出非常活跃，演出的剧目有《巩固抗日根据地》《逃难者》《保卫抗日根据地》《玩具店》《红巾》《三江好》《八百壮士》《张家店》《打鬼子去》《和尚岭》《流寇队长》《国际歌舞》《农村曲》等，尤其是洪荒根据当时战争形势和作战任务创作的三幕话剧《保卫抗日根据地》，该话剧的剧情对于粉碎敌人的谣言、抗击日军"扫荡"效果显著，极大地激发起了根据地群众的抗日热情和必胜信心，受到群众广泛好评。

在晋东南抗日根据地，除了太行山剧团，以部队文艺工作者为主力的剧团还有火星剧团、前线剧团、先锋剧团、怒吼剧团、决死一纵队的政先队、决死三纵队的前哨剧团，以及各县各部队的"战旗""野战""光明""大众""瞄准""孩子"等剧团，上演的剧目有《日寇罪行》《（日寇）穷途末路》《平型关大捷》《阳明堡大捷》《忻口大战》《保卫南京和大武汉》等。1939 年初，晋西南地区党委从八路军 115 师、区党委机关和隰县牺盟会等机关，选调了 30 余人成立了 115 师留守处宣传队。7 月 1 日，在隰县郑家岭村，区党委以留守处宣传队为班底成立了"七月剧社"，陆续演出了《生产舞》《查路条》《站不稳》《死里逃生》《边区自卫军》等剧目。10 月上旬，丁玲率领的西北战地服务团途经隰县，与"七月剧社"进行了文艺交流，并指导排演了《流亡三部曲》等节目。随着抗日战争形势的不断严峻，"七月剧社"成为战斗在晋西南地区的一支文艺活力军。

最值得一提的是我军成立较早、影响较大的一支部队戏剧团体——战斗剧社，它的全称为八路军 120 师战斗平剧社，成立于 1926 年。战斗剧社的前身曾是红二方面军政治部的宣传队，后来在红四方面军火线剧社的帮助下扩编为战斗剧社,并随120师东渡黄河到达晋北抗日前线。战斗剧社在发展的过程中,在文艺队伍不断壮大的同时,还积极选拔培养山西抗日根据地刚刚参军的小八路从事革命戏剧传播工作,这些小八路的年龄一般集中在12～17岁之间,最初也都只能参演几分钟的小活报剧,但到了1939年春,随着战斗剧社从冀中转移到晋察冀边区灵寿县一带,对他们进行三四个月的整训后,这些小演员普遍在政治、文化、业务等方面都有了很大提高,已有了独立演出独幕话剧《活埋》的能力。随着根据地革命戏剧工作的不断开展,革命戏剧工作的成果也日渐丰富,例如,1939年6月在边区戏剧座谈会上,抗敌剧社、西战团、120师战斗剧社集体创作演出了大型话剧《丰收》,该剧内容反映的是边区军民合作、粉碎敌人进攻、武装保卫麦收的斗争,并将之充分地展现在了舞台之上。1939年底抗敌剧社创作演出的《我们的乡村》《两年间》(均为刘肖芜编剧)和西战团演出的《模范公民》(集体创作,田野等执笔)则把根据地建设和抗日武装斗争结合起来,反映了抗日根据地民众在中国共产党领导下焕发出的崭新面貌。

这些由部队建制的剧团无疑是革命戏剧传播工作的主力,它们的活动集演出、宣传、战斗为一体,对推进山西抗日根据地的戏剧发展、文化建设、思想统一发挥了不可替代的重要作用。

(二) 乡土文艺工作者

从地理位置上看,山西抗日根据地大都是"山峡十九转""翻看千仞壁"[1]的山区。这样的地理条件虽然为中国共产党领导的敌后抗日游击战争提供了较为理想的自然条件,但也正是由于特殊地理条件造成的交通闭塞,使当地民众难以及时了解外部世界的情况,形成了相对保守的文化传统。越是在交通闭塞的根据地山区,地方传统戏曲越是承载和传播地方文化的最重要载体。当新兴的革命戏剧突然间出现在山西抗日根据地民众

---

[1] 陈毅. 陈毅诗词选集[M]. 北京:人民文学出版社,1977,第68页。

面前时，自然就会出现很多文化上的碰撞。例如，1937年，当120师的"战斗剧社"以新兴话剧的演出形式进行抗日宣传时，就没有马上获得当地老百姓的普遍认可，"他们说这不叫戏，既无锣鼓乐器，又不唱不舞，没看头也没听头"。[1] 当地的老百姓更为喜欢和欣赏的是千百年来就流传在当地的各类传统曲目，如《刘全进瓜》《韩湘子渡妻》《高文举夜宿花亭》等。同时，由于思想认识、政治觉悟、情感认同、文化差异等方面存在的问题，外来的部队文艺工作者们也普遍缺乏主动与当地乡土艺人建立有机互动和联系的热情，这就使得新旧两种戏剧各自忙碌着自己的演出活动，"晋剧班子仍按照老路线'赶台口'，乡土艺人仍按照他们的老规矩活动"。[2] 这些外来的不适应性问题无疑会对抗日战争初期革命戏剧演出的发展及宣传工作的进行造成不利影响。

不可否认的是，乡土艺人有着"外来的"部队文艺工作者们难以相比的优势，他们的表演技艺娴熟，更为接地气，秉承山西当地的历史传统，依托千百年来逐渐形成的丰富多彩的地方剧种，同所在地区的人民群众的社会生活高度融合。但在这些天然的优势之外，也存在着许多难以克服的固有的陋习，如封建迷信、抽喝嫖赌、腐化堕落等旧意识、旧观念派生出的思想问题。抗战初期，某些乡土艺人上演的一些小花戏的传统节目中，依然存在着许多淫词滥调，和一些显示低级趣味的动作。随着中国共产党领导的山西抗战的逐步发展，经过文艺工作者对这些乡土艺人的积极引导和培养，这些根植于山西当地的乡土艺人在思想认识、政治觉悟、文化水平等方面普遍都出现了巨大的提升，逐步完成了由传统的乡土艺人到乡土文艺工作者身份的根本性转变。而这种转变带来的效果就是，他们编演的剧目较之前更为注重教育性、政治性、文化性，艺术及业务水准大大提高，普遍做到了娱乐性与中国共产党的思想和政治主张的有机结合。

---

[1] 山西省文学艺术工作者联合会编.山西文艺史料（第二辑）[M].太原：山西人民出版社，1959，第3页。
[2] 山西省文学艺术工作者联合会编.山西文艺史料（第二辑）[M].太原：山西人民出版社，1959，第4页。

第五章 戏剧传播：走进大众，开辟斗争新阵地

与之相对应的是，中国共产党山西各个根据地的各级党组织也时刻关注着这些乡土艺人变身乡土文艺工作者的过程，紧紧抓住了这些乡土文艺工作者能够更有效地利用地方传统戏曲面向民众、深入民众的特点来宣传革命思想，积极动员各地乡土文艺工作者，组织起各种类型的乡村剧团、剧社，并通过乡村剧社的演剧活动来教育和动员根据地的民众。例如晋东南抗日根据地为了加强宣传、团结群众、抗击敌军，在1938年2月15日，于襄垣县第四区牺牲同盟会中，在中央四区区委和抗日政府的支持下，整合了当地的艺人和小戏班，成立了襄垣县第四区抗日农村剧团，并于翌年更名为襄垣县抗日农村剧团。日本侵略军疯狂扫荡，广大群众同仇敌忾，中共沁源城关党总支为了能够更好地激发群众的抗敌热情，决定成立一个城关镇业余剧团。1939年冬，在党总支成员胡奋之、任芸芝、朱秀芝等同志的支持下，30多位山西传统戏曲的业余爱好者组织成立沁源绿茵剧团，他们都是务农的当地村民，农闲季节总是自发地聚集在一起，自唱自演、自娱自乐。在剧团建立后，除在农闲和年节开展一些演剧活动外，他们还充分利用中国共产党倡导的农村"冬学"这个平台，在学习间歇演唱革命的山西梆子选段，来宣传先进分子模范事迹和党的政策。在太行山抗日根据地，乡土戏剧活动的群众基础深厚，当地民众不仅喜欢看戏，而且也乐于唱戏，乡镇也经常举办一些自娱自乐的戏剧活动。另外，八路军总部也设置于此，特殊性军事政治地位与深厚的历史人文基础让太行山抗日根据地的革命戏剧活动的发展强劲而充满活力。例如仅武乡县就有一百多个乡土剧团，它们不仅经常排演一些地方小戏，还对一些传统戏曲剧目进行了改编或创新，如《王贵和李香香》《兄妹开荒》《夫妻识字》《地雷大王王来法》《窑洞保卫战》《李来成家庭》《入党》《赵亨德大闹正太路》《流氓》《人间地狱》《万象楼》《逼上梁山》《韩玉娘》《河神娶妻》《三打祝家庄》《邺宫图》等。在中国共产党领导的山西抗战中，山西抗日根据地的乡土文艺工作，将中国共产党的革命思想、政治主张以当地群众更容易接受的方式，有效地融入了当地群众的思想和社会生活之中，完美地完成了中国共产党赋予的紧密联系群众、提高阶级觉悟、建设根据地新文化的工作总目标。

(三) 新文艺工作者

1937年"七七"事变爆发后，中华民族同仇敌忾、共同抗敌，有更多的仁人志士加入抗日队伍，他们不仅奔赴前线，还有一些同志投身于敌后的戏剧工作，这一时期出现了推动戏曲改革的"新文艺工作者"。"所谓'新文艺工作者'，是一个概称，不仅包括直接从事文艺工作的人员，还有其他工作岗位上的人员乃至一些热心的社会人士。如果说得确切些，进入戏曲队伍的新文艺工作者，既有别于一贯从事戏曲艺术的职业艺人，又有别于不断从艺术院校或学馆中培养、分配到戏曲队伍中来的新人。"[1] 抗日战争爆发后，山西抗日根据地纷纷建立了各种类型的剧团，其中有以知识分子以及部队士兵为主的军队剧团，也有当地爱好戏剧的群众组成的业余剧团，从此，以戏剧为主的文艺运动逐渐兴起。

战斗剧社作为一支隶属于120师部的山西根据地的著名剧社，其最初成员都是经历过长征的红军和陕北红军的文艺骨干。1938年到1939年，随着革命戏剧工作的进一步发展，战斗剧社的成员结构也开始发生很大的变化，许多新加入抗日队伍的青年知识分子和专家被编入剧团。例如，1938年，鲁艺毕业生成荫、莫耶等，以及临汾八路军学兵队的十名青年学生先后加入战斗剧社，剧社的成员由60多人增至百余人，这使战斗剧社的创作能力、演员阵容、演出实力以及演出效果得到了明显的提升。这些新兴的文艺工作者艺术专业能力突出，在深入部队收集素材过程中，善于用艺术手段进行加工，从而创作并编演了大量更具现实斗争性和艺术表现力的优秀戏剧作品。例如，《丰收》《八百壮士》《水灾》《人命贩子》《黄河三部曲》等表现根据地斗争和生活的剧目，普遍得到了根据地军民的热烈欢迎。另外，战斗剧社为了贯彻贺龙师长的讲话精神还成立了流动性的"游击剧团"，他们不仅深入敌占区进行演出，而且还创造出了"闪电般"的演剧方式，即将寻找素材、编写剧本、完成表演一气呵成，然后迅速撤离。在这种特殊情况下，为了解决演员不足的问题，"游击剧团"吸纳了一些

---

[1] 《当代中国戏曲》丛书编辑部. 当代中国戏曲[M]. 北京：当代中国出版社，1994，第681页。

与剧团同行的、毫无演出经验的武装班战士充当临时演员,他们将演出、宣传与侦察、警戒、通信联络等任务结合完成,成了抗日根据地戏剧传播的特殊亮点。

随着山西抗日根据地不断发展,对敌斗争的形式不断变化,根据地的革命戏剧工作得到了进一步的发展,革命戏剧队伍的新鲜血液不断成长壮大。这一时期,这些新文艺工作者活跃在山西抗日根据地各个主要剧团,有火星剧团、太行山剧团、先锋剧团、鲁艺实验剧团、新人剧团、生力剧团、武乡儿童剧团、屯留前进剧团、政先剧团、开路先锋剧团、前哨剧团、长城剧团、新中剧团、修武巡回剧团、民族革命实验剧团、雷电剧团、陵川剧团、前锋剧团、平定剧团、解放剧团、襄垣剧团、怒涛剧团、怒吼剧团、大众剧团、潞城剧团等,他们的加入使得这些剧团的发展呈现出了前所未有的新面貌:戏剧作品的创作更为丰富多彩,演出规模逐渐增大,表演形式也更为多样,艺术水平较之前也有了很大的提高。他们的革命艺术工作无疑极大地丰富了山西抗日根据地军民的社会文化生活,也更为有效地完成了中国共产党赋予的政治任务。

四、山西抗日根据地戏剧传播形式与内容的变化

(一)从固定到流动的演出形式

通常情况下的戏剧演出活动是需要一定的配套服务设施的,这样才能为戏剧演出活动提供一个理想的演出环境。对于山西这个拥有丰厚人文历史传统的地区、一个中国传统戏剧的发祥地而言,为社会大众喜闻乐见的传统戏剧演出活动提供一个优良的演出环境——戏台——自然就会成果各个地方的"刚需"。同时,由于山西自古以来传统戏曲活动的繁荣,遍布各地的戏台自然也将山西的传统戏曲活动以一种特定的方式固定在了一定的场域范围之内,而这些固定戏台本身也成了传统戏剧活动的一种文化符号。这些遍布山西各地、不计其数的固定戏台不但是各个地区文化活动和经济实力的象征,对于一些在民间流动的戏剧社团、戏班而言,

还往往发挥着"戏剧驿站"的作用，即那些戏剧社团、戏班演剧活动的工作地和下次演剧活动的目的地。随着山西抗战的爆发和中国共产党领导的三大抗日根据地的建立，这些遍布根据地各处的乡村戏台自然就成了中国共产党领导的文艺工作者开展戏剧演出活动的重要场所，自然也会为像七月剧社、战斗剧社、抗敌剧社这样的文艺战斗团体发挥"革命戏剧驿站"的积极作用。

自古以来中国人就有爱热闹怕冷清的社会性格。这就使得在中国的传统社会中，对于一些重大典礼如赶集、庙会、婚丧嫁娶、寿诞而言，观摩典礼及前来捧场的人数的多少，以及由此带来的典礼的规模及热烈程度，成为典礼成功与否的重要指标。由于传统戏曲深得民众的喜爱，演剧往往能够形成人头攒动的热烈场面。在典礼现场搭建戏台邀请戏班进行连续多场、多日的演出，并以此召集临近的民众来聚拢"人气"，就成了这些典礼最重要的部分之一，同时也成就了"搭台唱戏"这一独特的中国戏曲传统。这些临时搭建的戏台自然也会成为中国传统戏曲传播的一个重要场域。根据地每逢赶集、庙会、节日、庆典等都会有民众看大戏，由此带来的大量民众聚集，为革命戏剧团体进行革命戏剧演出活动并传播革命思想提供了理想的契机。

其实，早在中国工农红军南方土地革命战争时期，"搭台唱戏"这一文艺宣传活动就得到了红军高级干部的大力支持和各级干部战士的喜爱。由于革命戏剧活动的特殊性和抗战形式的不断变化，在山西抗战的过程中，中国共产党领导的根据地文艺工作者在革命戏剧的传播过程中更是将"搭台唱戏"的灵活性充分发挥，以各种方式演绎得丰富多彩。在山西抗日根据地，各革命戏剧团体往往根据现实环境就地取材，因地制宜地搭建起所需的临时戏剧舞台进行演剧活动。这其中就有能够进行大戏创作演出的规模较大的戏剧舞台，例如，1940 年，在晋察冀边区第一届艺术节上，由于根据地能够提供较大的场地与相对长的安全演出时间，于是就搭建起了临时性的大型戏剧舞台，其间，华北联大文工团、抗敌剧社、西北战地服务团联合演出了高尔基同名小说改编的大型话剧《母亲》，抗敌剧社演出了《溪涧与洪流》等多部剧作。

同时，由于山西抗日根据地自然环境的艰苦和经济条件的限制，随着山西抗战的进行，现实的环境对革命戏剧工作提出了新的要求。很多时候由于现实环境并不能为戏剧演出提供足够的场地来搭建舞台和剧场，于是"没有剧场、没有灯光、舞台，一切都在旷野里，在河滩上、高坎上、山坡、梯田……栽上几根杆子，围上几块布条，或几张桌子就是演出场地"。[1]在这种情况下，不受演出场地限制的活报剧、街头剧、民间小戏等灵活的演出形式就显得更符合根据地革命演剧的实际情况。因此，中共晋察冀边区党委审时度势地提出了"应大量发展小型活动，演小戏及进行其他各种艺术小形式（如说书、洋片、歌咏、快板、壁画、街头诗等）的活动"[2]的革命戏剧发展意见。

1939年3月1日至8日，在晋察冀抗日根据地开展的抗战建国宣传周中，"应用街头剧、活报、舞台剧、朗诵诗、街头诗、木刻、漫画、音乐、小册子以及其他形式，与大众会合起来"[3]已经成为指导性原则。1939年9月1日，《抗敌报》副刊发表的《边区戏剧运动的总方向》一文中也述及了"在戏剧座谈会上讨论确定了'以话剧为主流，并发展街头剧、活报、新型歌剧'"[4]的相关戏剧演出方针。

在这些短小精悍的节目中，"街头剧是一种反映时事新闻的短小活泼的戏剧样式，具有很强的政治性、鼓动性、时效性、通俗性。街头剧又称广场剧，是一种不受舞台和剧场条件限制，适合于街头、广场演出的戏剧形式。特点是演出方式灵活，剧本短小精悍，能够及时反映生活中的重大事件，以言传身教的方式对普通人们的生活进行警醒和启发"。[5]

---

[1] 晋察冀革命文化史料征集协作组编.晋察冀革命文化艺术大事记[M].石家庄：花山文艺出版社，1998，第23页。
[2] 刘增杰等.中国解放区文学史[M].郑州：河南大学出版社，1988，第258页。
[3] 晋察冀革命文化史料征集协作组编.晋察冀革命文化艺术大事记[M].石家庄：花山文艺出版社，1998，第28页。
[4] 边区戏剧运动的总方向[N].抗敌报，1939-9-1(副刊)。
[5] 朴星潼.当代运动与艺术潮流（世界戏剧简述卷）[M].长春：吉林出版集团有限责任公司，2015，第17页。

在抗战爆发之前，活报剧、街头剧就已经出现在全国各地的大小城市之中，并以其内容及时和表演生动的特点获得了民众普遍认可，其演出活动呈现出逐浪高涨之势。但由于地理文化等方面的相对封闭性，活报剧、街头剧这类演剧活动在山西抗日根据地出现了发展相对滞后的情况。随着中国共产党领导的革命戏剧工作者将活报剧、街头剧的引入，并同当地民间小戏、相声剧、快板剧等传统戏曲有机结合，这种短小、简洁、灵活多样的街头戏剧表演形式才获得了根据地民众的喜爱，山西抗日根据地的街头戏剧也随之掀起了热潮，演出活动日渐繁盛。

在抗战初期，山西抗日根据地的战斗剧社、抗敌剧社、铁血剧社、前锋剧社、太行山剧社、冲锋剧社、新世纪剧社、绿茵剧团和抗敌演剧队第二、七队等，都演出了各种形式的小型剧目。1937年至1939年间，西北战地服务团从延安出发，来到山西抗日根据地进行革命文化宣传活动，曾演出了著名街头剧《放下你的鞭子》等。在1938年至1939年间的晋察冀边区，凌子枫编创了边区第一批话剧，包括《人间地狱》《打击侵略者》等，崔嵬编创了边区的第一个活报剧《参加八路军》，刘佳编创了边区的第一个小歌剧《在这土地上》。1939年1月上旬，在中共北方分局召开的晋察冀边区第二次党代表大会上，西北战地服务团演出了活报剧《光荣之死》《人间地狱》《侵略者末日》《一致》等。1939年7月，抗敌演剧二队在晋东南农村演了《放下你的鞭子》，这部剧是抗日战争的经典街头剧，它讲述了日军占领东北后，一对父女无家可归、以卖艺为生的悲惨经历，剧中的父女二人向观众诉说日军罪行，点燃了大家的抗日情绪，"打倒日本帝国主义"的呼喊声此起彼伏。

秧歌是最受山西抗日根据地群众喜爱的戏曲剧种之一，自然也是戏剧运动的重点，因为它形式有趣、节奏感强、简单易学，所表之事均为与群众生活贴近的，或者流传已久的通俗故事。另外，当地百姓农闲时，经常自发组织一些秧歌活动，群众参与性强、分布范围广。晋绥抗日根据地的临南二区招贤镇周边有五十多个秧歌班子，而且在离石、碛口一带，每村都有一个秧歌队，形成了"职业剧团主要的活动是秧歌剧，业余剧团的主要活动也是秧歌剧,机关、学校、部队、工厂、农村,到处是秧歌剧"的传播局面。正因如此,在抗战时期,山西抗日根据地的戏剧工作者便利用秧歌易传播、受欢迎的优势,将贴近群众、利于宣传、生动有趣的故事创编成秧歌,让其迅速走进群众、广泛流行,起到有效的宣传作用。

当时的绿茵剧团曾编演了秧歌剧《山沟生活》《抢粮》《回头看》《选好的》《出城》《春耕》,七月剧社有祁太秧歌《闹对了》《吃亏上当》《谁是好人》,罗家坡村剧团有《订农户生产计划》《改造二流子》《妇女纺织》《劳武结合》等,晋中平川文工团编演了《老百姓的心思》《保管粮》《新苦伶仃》《骂汉奸》等秧歌剧,黑峪口秧歌队排演了《上冬学》《看英雄》《夫妻英雄》《好庄稼》等,还有其他业余剧社的《两家亲》《以毒攻毒》《刘巧儿》《闹嘴舌》《谁是好人》《交城山》《端阳节》《顽固大失败》《吃招诗》《大挑菜》《送樱桃》《唤小姨》《张公子回家》等秧歌剧。晋绥抗日根据地的孙谦有丰富的秧歌剧创作经验,他和卢梦、西戎、常攻等人合写的《王德锁减租》及个人创作的秧歌剧本《闹对了》分别获得"七七七"文艺奖金活动的甲等奖和丙等奖。尤其是《闹对了》深受观众的喜爱,它与《王德锁减租》也引起了戏剧专业人士的深度关注,戏剧理论批评家发表了数篇文章对其进行评论。另外,"七七七"文艺奖金活动中获奖的秧歌剧还有《大家好》《三个女婿拜年》《提意见》等。1944年10月,山西抗日根据地的戏剧工作者根据《晋绥民歌》中收录的祁太秧歌40余首,与当地的小花戏艺人们吸收了秧歌、民歌曲调、舞蹈技艺,编写了一大批反映根据地生活和抗日战争事件的新剧目,如《练舞》《四季忙》《回娘家》《小放牛》《新告状》《上冬学》《收复左权城》《打炮台》等。

抗日初期,为了创作短小精悍、演出便捷、可以及时宣传的剧目,山西抗日根据地的戏剧工作者引进了汉口、上海等地流行的街头剧。田野同志曾回忆说,1938年8月,他们到了一个有二三百户人的小镇,临时决定要演一出街头剧,于是快速地商定了主题、情节、结构、人物,演了一出关于动员群众支持抗战、积极交公粮的戏,获得了很好的效果。

后来，随着抗日宣传政治攻势的展开，戏剧要走进群众，深入敌人的据点、碉堡、岗楼附近，地理空间已经不能再局限于街头了，因而产生了一种适合农村演出的新形式——田庄剧。

最早提出田庄剧演出的是著名表演艺术家凌子风，提出于1942年的"政治攻势"时期。凌子风说："（田庄剧）就是在田边、村庄、路口、打麦场、老百姓院子里都可以演，都是用实景，真门、真房子，用真实环境来演。既省掉了搭台子，也不需要幕布、布景，还可以打破观众与舞台的隔离，犹如身临其境，有一种真实感。对于这种演出形式，不仅可以在根据地演出，更适合在接近敌占区的边沿一带演出。导演可以突破舞台的限制，在更广的范围里发挥，田庄剧的艺术真实感也比舞台上更强。"这种新的形式极大地扩展了戏剧演出的"舞台"，戏剧场域的流动性加强，传播范围扩大，政治宣传的效果更显著。为了推进晋察冀抗日根据地的农村戏剧运动，凌子风曾将田庄剧作为乡村艺术干部培训的重要课程。乡村艺术干部培训共举办了四期，其中第三期的地点选在了繁峙县五台山西台山脚下，凌子风因地制宜地利用这里的环境，针对村口、村里、院里不同的场地，分别编演适合的演出情节。这样的培训，迅速壮大了抗日根据地的宣传队伍，戏剧传播者能就地取材，创作出将自己身边事演给自己身边人看的作品，这样的作品充满了生活气息，更容易引起观众的情感共鸣。

凌子风和战友创作的田庄剧有《石头》《慰劳》《枪毙王家祥》《身在曹营心在汉》《哈娜寇》《支应》《自首以后》，其中影响较大的是《石头》《慰劳》《哈娜寇》。田庄剧《自首以后》（方冰编）曾获得晋察冀边区政治攻势戏剧奖。1944年5月，周巍峙率领西战团返回延安后，他们演出了田庄剧《把眼光放远些》《粮食》等，这些剧目对延安的观众产生了一定的冲击，他们被剧中真实的农村生活战斗情节所感染，周扬、萧三、林默涵等人对此剧进行了褒奖，并将评论发表于《解放日报》。田庄剧的素材都是老百姓亲身经历、亲听亲见的事实，反映的都是当下最真实的生活。戏剧工作者利用流动、随机的演出场域，在瓦解敌人、争取团结、鼓舞斗志方面，发挥了效果显著的政治传播作用。

实践证明，这样短小、及时、分散而又灵活的演出形式，非常适合在山西抗日根据地的农村进行革命文化的传播，尤其是在农闲时间，快板、活报剧、小歌剧、街头剧等戏剧演出颇受根据地群众的欢迎。而且，由于根据地戏剧社演出经费紧张，演出物资和设备极度匮乏，许多演剧用品需要自己制作或借用，一些"游击剧团"还要随演随走，这些短小精悍的戏剧节目，既节省经费又易于演出，是根据地现实物质条件和及时进行战时演剧传播的要求的完美结合，并且由于没有了舞台的限制，更为接近观众，反而能够更好地达到与观众情感相融的效果。所以这一形式的演出很快就被话剧、传统戏曲接受并大量运用，在很大程度上替代了剧场演出，山西抗日根据地的革命戏剧演出也随之焕然一新。

（二）戏剧传播内容的变化

山西抗日根据地革命戏剧传播内容上的变化总体上可以划分为两个大的阶段：一是中国共产党领导的革命武装力量开辟山西抗日根据地，部队文艺工作者随之挺进山西进行革命的戏剧传播工作，同期，山西抗日根据地的乡土艺人依然沿着自身传统的戏剧演出路径而发展的阶段；二是中国共产党领导的部队文艺工作者与山西抗日根据地的乡土文艺工作者相结合，在毛泽东主席"延安文艺座谈会"精神的指引下，协同开展革命戏剧传播活动的阶段。

我们知道，山西抗日根据地的民众自古以来就有着每逢节庆都要听大戏的风俗，尽管一年半载才能听两三天，或者偶尔也有"道情""二人台"进村演出，已俨然成为山西农村必不可少的庆典活动。这些剧目中，不乏代代相传的经典大戏，然而也有为数不少传播迷信、品位低俗的内容。抗日战争爆发后，艺术的时代性、民族性、战斗性的现实主义内容被召唤，戏剧作为群众基础最广泛的艺术形式，不仅能作用于知识分子、城市民众，也能深入文化程度低的农村群众，因此，如何利用好戏剧这一宣传手段，成为文艺界关注的问题。1937年8月，毛泽东就注意到这一点，在同丁玲的谈话中他强调:"新瓶新酒、旧瓶新酒都可以,只要对抗战有利。"[1]1939年4月,毛泽东参加了陕甘宁边区工人代表大会晚会并观看地方戏,他说:"你看老百姓来得这么多,老生人穿着新衣服,女青年擦粉戴花的,男女老少把剧场拥挤得满满的,群众非常欢迎这种形式。群众喜欢的形式,我们应该搞。就是内容太旧了。""如果加进抗日的内容,就成了革命戏了。"[2]对此,当时文艺理论界的学者们也是有共性认识的。他们提出应当用传统的民族艺术来解决现实民族解放斗争问题,解决好民族形式与政治需求的关系,并有一个形象的提法——"旧瓶装新酒"。

在根据地初创期,晋东南边区就成立了一系列民间戏剧研究与改良的研究机构,如民间戏剧研究会、民众文化研究会、旧剧改良委员会等。沁源绿茵剧团排演了许多应时应景的秧歌戏,利用传统的文化形式宣传抗日民主的新内容,既对传统文化进行继承和改良,又推动新文化运动的开展。襄垣农村剧团本身就建立于旧戏班子的基础上,经过从管理形式、人员思想等多方面的改造,以新型革命文化团体的面貌演出传统戏曲,彭德怀称他们为"抗日农村剧团的模范"并题词以资鼓励。1939年,沁源城关镇长胡凤之成立了农民夜校,宣讲革命政策,翌年,他又组织了一批秧歌爱好者,素颜表演、不分行当、即兴演唱,他们演唱的内容都套用现成曲调,老百姓耳熟能详,朗朗上口,特别容易产生共鸣。除了山西根据地本地剧团,1937年9月20日,西北战地剧团来到山西根据地,也采用了"旧瓶新酒""新瓶新酒"的方式,利用演讲、街头剧、活报剧以及民歌、曲艺等民间艺术形式边行军边宣传演出,还深入学校、剧团、战时工作团、军队和伤兵医院教唱歌曲和演出。[3]

山西抗日根据地戏剧传播面临的一个最重要的问题是"剧本荒",主要情况表现为:一是原有剧本的问题,其数量有限,而且原有剧本的内容不能适应山西抗战发展的新形势;二是新剧本的问题,其创作数量不足,

---

[1] 盛巽昌. 毛泽东与戏曲文化[M]. 南宁:广西人民出版社,1998,第5页。
[2] 艾克恩. 延安文艺运动纪盛[M]. 北京:文化艺术出版社,1987,第129页。
[3] 亦文,齐荣晋. 山西革命根据地文艺运动史稿[M]. 太原:山西人民出版社,1989,第129页。

而且新剧本在内容上的适应性不足，这其中最关键的就是剧本创作人员的创作思想和创作能力问题。对此，山西各个抗日根据地相继举办了一系列创作竞赛、展演和艺术节活动，来激励各个革命戏剧团体提高新剧本的数量与质量以及对原有剧本的改编。以晋察冀边区为例，1939年至1940年，戏剧剧本创作进入高产阶段，个人创作超过10部的包括胡苏（17部）、王炎（12部）、刘潇芜（11部），团体创作最多的为西战团（16部），本地剧团创作最多的为联大文艺学院及联大文工团（9部）。

为了加强文艺工作者的团结意识、政治意识、战斗意识，推进边区新民主主义事业和群众文艺运动，提高自身表演艺术水平，1940年至1942年期间，在全国美协边区分会、全国音协边区分会、全国文协边区分会、边区剧协等文艺组织的推动下，晋察冀边区举办了三届艺术节，固定在每年的11月7日。艺术节汇集了来自各根据地的近30个大话剧团和1000余个村剧团进行文艺会演和竞赛。艺术节和竞赛都要求各村剧团、连队剧团、学校剧团和大剧团积极参与，创造模范村剧团，组织村剧团视察队，成立剧作研究会，领导街头剧运动，出版大众戏剧及各种戏剧研究材料等。在1939年至1942年期间，仅晋察冀边区上演的话剧达278部之多，"在'鲁迅文艺奖''军民誓约运动征文''政治攻势文艺奖'评奖活动中，话剧作品有35部获奖"[1]。抗日根据地的戏剧演出空前活跃，涉及内容日益广泛。有反映边区军民重建家园、坚决抗敌的，有以民间曲艺形式宣传《双十纲领》的，有表现根据地大生产场面的，有真实讲述伪军投诚八路军的，有反映农村妇女机智掩护八路军的，有歌颂前线战士奋勇杀敌的，有赞扬新婚之夜动员丈夫参军的，等等。另外，这个时期也开始了"大戏"和歌剧的演出，如《母亲》《婚事》《日出》《雷雨》《巡按》《钢铁与泥土》《当兵去》《不死的老人》等。这类活动的开展对于提升剧目演出质量、进一步统一思想、加强戏剧传播效果产生了积极影响。1942年，日军发动了"三

---

[1] 晋察冀革命文化史料征集协作组编.晋察冀革命文化艺术发展史[M].北京：中国戏剧出版社，2007，第122页。

次治安强化运动",为了进一步团结抗敌,晋察冀边区文联协同鲁迅文艺奖金委员会共同举办了"军民誓约运动征文"。在"军民誓约运动征文"期间,戏剧类参赛作品约60部。1942年4月,晋冀鲁豫边区设立了文化奖金,主要针对通俗文学剧本、演员、农村剧团及改良的旧剧班设定奖金,总额为15000元。

经过党中央一系列文艺方针政策的实施,山西抗日根据地的戏剧在内容上反映根据地抗日斗争与生活的剧目迅速增多,山西抗日根据地的革命戏剧事业进入了蓬勃发展的阶段。贴近当地军民自身生活的内容越来越多地被搬上舞台。由于戏剧演出活动本身就为根据地民众所追捧,加之剧本内容均来自根据地民众的日常生活和国难家仇,往往能够引起当地民众强烈共鸣,因而极大地强化了革命政治思想的传播效果。

山西抗日根据地戏剧传播面临的另一个最重要的问题是"大戏"。"所谓'大戏',乃是外国名剧和一部分并非反映当时当地具体情况和政治任务的戏,而这些戏,又都是技术上有定评、水准相当高的东西。"[1] 根据地"大戏"的演出最早开始于延安。1939年12月,毛泽东与著名戏剧家张庚谈到,可以在根据地上演一些国统区作家的作品。在毛泽东的提议下,延安剧协、工余剧人协会召集演技好的演员排练《日出》。"1940年1月初工余剧人协会正式公演曹禺的四幕话剧《日出》,八天内观众近万人,毛泽东等领导同志对原作者曹禺先生备予赞扬。"[2] 随后,其他根据地也揭开"大戏"演出的序幕。1940年到1942年,先后有20多部中外名著被各个剧团搬上舞台。

1940年10月,在11月7日晋察冀军区成立三周年暨首届边区艺术节即将召开之际,由西战团、联大文艺学院、联大文工团、抗敌剧社联合排演的七幕话剧《母亲》(高尔基)上演,此剧的演出受到了极大好评与关注。演出结束,军区司令员聂荣臻同志非常高兴,曾有报道这样描述:

---

[1] 张庚. 论边区戏剧运动和戏剧的技术教育[N]. 解放日报,1942-9-11。
[2] 李准,丁振海. 毛泽东文艺思想全书[M]. 吉林人民出版社,1992,第2017页。

第五章 戏剧传播：走进大众，开辟斗争新阵地

"他用英雄的笑来赞美《母亲》戏剧，来夸耀在他所创造的战斗土地上的《母亲》的演出者们。可不是吗？后来他还和那高个子（饰泥水匠者）谈：'你大概和外国流氓混过一个时期，你的神气十足。'"[1]聂荣臻司令员还向剧组人员讲到，我们的战争是全面的，不能把武装和文化对立，战斗虽然胜利，如果在文化上放松，也不会得到最后的胜利。[2]自1940年开始，山西抗日根据地先后上演了《雷雨》《钦差大臣》《求婚》《警惕》《复活》《日出》《婚事》《带枪的人》《大雷雨》《钟表匠和医生》《佳偶天成》《巡按》《三打祝家庄》《廉颇蔺相如》《同志，你走错了路》等中外名剧。当时，这些戏剧受到热烈欢迎，甚至有些"群众喜欢看大戏，看广场戏不过瘾"[3]。"在这种多'困难'的'情势'下，又只能够获得很短排练的时间，而《母亲》的第一次演出，却得到了一些成绩和好评……《母亲》在观众的热烈的要求下，现在又一次上演了。"[4]

1941年，话剧《母亲》第二次演出之后，沙可夫同志作出如下评价："苏联无产阶级最伟大的文豪，世界新文化的巨人，高尔基的杰作《母亲》改编成为剧本并于去年十月革命二十三周年与军区成立二周年纪念节日作第一次公演，现在为了庆祝边区政府成立二周年再作第二次公演，这不仅在晋察冀边区，就在全中国说起来也是一件在抗日文化运动的开展上空前的有莫大意义的事件。"[5]

在兴县孟门镇上演《逼上梁山》时，观众说高俅就是蒋介石，他之陷害林冲，正如蒋介石陷害忠良一般（老百姓今天评说的忠良当然是指有功于国的人）。而对薛霸这个特务爪牙，很多观众都说："该杀！"[6]群

---

[1] 一田. 聂司令员和艺术工作者们的谈话——一九四〇年十一月十日在军区司令部[J]. 晋察冀艺术，1941(5).
[2] 一田. 聂司令员和艺术工作者们的谈话——一九四〇年十一月十日在军区司令部[J]. 晋察冀艺术，1941(5).
[3] 肖秦. 关于戏剧工作的几点意见[N]. 抗敌日报，1946-5-13。
[4] 崔嵬. 迎接困难和克服困难[N]. 晋察冀日报，1941-1-22。
[5] 沙可夫. 向高尔基学习-祝《母亲》二次公演[N]. 晋察冀日报，1941-1-22(4)。
[6] 山西省文学艺术工作者联合会编. 山西文艺史料（第二辑）[M]. 太原：山西人民出版社，1959，第99页。

众在观看"大戏"后,提高了对阶级斗争右倾主义的警惕,进行了自我思想改造,加强了干部之间的团结……但是,也有一些群众不能接受"大戏",尤其是话剧,认为其过高的、纯粹的艺术性而脱离现实生活,观众因不能理解内容而减弱兴趣,只能欣赏一些外在形式。"好!屋子很新很漂亮,衣裳还很新,可是说的是啥故事?"[1]

但是,"大戏"的内容也存在着与山西抗日根据地民众的现实生活脱节、政治宣传作用欠佳等一些问题。山西抗日根据地关于演"大戏"的问题,主要有两方面的观点,一部分人认为演"大戏"是对根据地戏剧专业水平的提升,但同时也要注意革命宣传任务;另一部分人则认为"大戏"的演出过于艺术化,已经影响了政治宣传攻势。聂荣臻司令员一直很关注"大戏",并持有明确的态度:"我常常想到今天边区的文化和艺术水准很不齐,我们一方面是艺术大众化,同时也更使艺术水准提高。如果只谈大众化,则对提高的艺术就不能接受,譬如演外国戏,群众是看不懂的,但不能因此就不演……,外国戏只有艺术水准较高的人来看,特别是艺术工作者要有更高的艺术追求,同时我们要更努力于创作更多的反映现实的东西,使广大人民都能了解,这样才能把自己负担的任务担起来。"[2]

沙可夫同志看完《母亲》的公演后,曾说:"《母亲》演出我们看到了,也可以说是学到了,俄国沙皇时代专制黑暗的社会如何可憎可恨而必然趋于崩溃;俄国无产阶级与一切被压迫人民如果觉悟起来斗争——这对于边区的广大观众是一件很大的革命教育。"[3] 另外,沙可夫还在《回顾1941年,展望1942年边区文艺》中说:"不错,'演大戏'本身并没有什么坏处,相反的,只有好处,因为从中外名剧的演出中不仅可以在剧作演技等上面提高边区的戏剧工作者,而且也提高了观众鉴赏与其他方面的水准。那么为什么在这里会成为问题而被提出呢?这是因为'大戏'不通俗,不能普及,如果个别剧团老是'演大戏',或大家都 '演大戏',甚至有些剧

---

[1] 戈红.演大戏和开展农村戏剧运动[N].新华日报(华北版),1941-8-7。
[2] 赵冠琪记录.聂司令员在第二届艺术节大会上的演讲[J].晋察冀艺术,1941-7-16(20)。
[3] 沙可夫,向高尔基学习——祝《母亲》二次公演[N].晋察冀日报,1941-1-22(4)。

团或剧人非演大戏不过瘾，那么这势必大大影响边区戏剧大众化的工作，使戏剧活动限止于狭小的圈子里，而脱离了广大群众。这样的'演大戏'的倾向当然是不可容许的，过去一年间边区戏剧的这种倾向虽并不严重，但不可否认或多或少是有一些的。"[1]对此，聂荣臻、沙可夫、丁里、胡苏、牧虹、韩塞、王久晨、田间、汪洋、崔嵬等根据地军事领导和文艺工作者都发表过相关看法。

当时，晋察冀根据地的著名戏剧人进行了"大戏"演出讨论，参与者包括丁里、牧虹、张金辉、韩塞、王久晨、田间、汪洋、崔嵬、郭耕等，他们认为，"大戏"公演不是边区戏剧运动的最终目的，应无可置疑地站在群众戏剧运动之基础之上，向古典名著学习其伟大优秀的成果，为了边区戏剧运动的开展，提高质的要求。[2]同时，在此伏彼起的大的公演热潮里，不能无视中国传统戏剧形式在戏剧的民族形式中的地位，也应去研究利用传统形式。[3]1943年4月24日，中共北岳区党委召开了文艺工作会议，会上批评了"文艺至上"的倾向。

对于如何解决党对文艺工作的指导问题，以及既要鼓励创造精神产品，避免只突出艺术的工具性，又要发挥其宣传党的政策、团结教育人民的职能，引发了山西抗日根据地有关"大戏"的旷日长久的讨论，直至抗日战争结束仍有针对"大戏"演出的思考和文论。1942年2月，在延安文艺座谈会召开前夕的延安青年艺术剧院开学典礼上，就进行了演"大戏"问题的讨论。"领导者强调今后戏剧发展的方向为：现实主义的表现手法，时代风格，中国特征的技巧，新民主主义的内容，要反映现实的、民族的、时代的东西，不再排演大剧。"[4]5月，在延安文艺座谈会上，毛泽东发表了《在延安文艺座谈会上的讲话》（简称"《讲话》"），对"五四"以来中国新文化运动的经验和教训进行了总结，对延安和各抗

---

[1] 刘运辉，谭宁佑. 沙可夫诗文选[M]. 北京：文化艺术出版社，1990，第91页.
[2] 胡苏执笔.《母亲》《婚事》《日出》——三大名剧演出之后[N]. 晋察冀日报，1941-2-6.
[3] 胡苏执笔.《母亲》《婚事》《日出》——三大名剧演出之后[N]. 晋察冀日报，1941-2-6.
[4] 刘增杰等. 中国解放区文学史[M]. 郑州：河南大学出版社，1988，第82页.

日根据地文艺界存在的问题,提出了中国共产党解决这一系列问题的理论和政策。"为什么人的问题,是一个根本的问题,原则的问题。""我们知识分子出身的文艺工作者,要使自己的作品为群众所欢迎,就得把自己的思想感情来一个变化,来一番改造。没有这个变化,没有这个改造,什么事情都是做不好的,都是格格不入的。""这个根本问题不解决,其他许多问题也就不易解决。"《讲话》明确指出了文艺为人民大众、首先为工农兵服务的方向;同时,根据文学艺术的规律和特点,提出了"作为观念形态的文艺作品,都是一定的社会生活在人类头脑中的反映的产物"的著名论断。《讲话》还对文艺创作提出了典型性原则,即"文学作品中反映出来的生活都可以而且应该比普通的实际生活更高,更强烈,更有集中性,更典型,更理想,因此就更带普遍性。革命的文艺,应该根据实际生活创造出各式各样的人物来,帮助群众推动历史的发展"。《讲话》进一步指出文艺"如何为群众"的问题,指出必须通过典型形象体现出党性原则,更有效地发挥文艺的特定的战斗功能。只有把生活中的矛盾和斗争典型化了的文艺作品,才能通过艺术的方式,使人民群众惊醒起来,推动人民群众走向团结和斗争,去改造自己的环境。党中央对于党领导的文艺工作的这些指导性原则和纲领的提出,无疑对山西抗日根据地革命戏剧工作的进一步发展指明了方向和路径。

五、山西抗日根据地戏剧传播的社会及现实意义

在山西的抗战历程中,中国共产党领导的山西抗日根据地的新剧和传统戏曲实践,有效地完成了中国共产党赋予的政治思想传播的重要任务,完成了戏剧理论、指导思想、戏剧文学创作、戏剧演出实践等方面的民族化、革命化、现代化的转变,将中华民族伟大的抗敌斗争中的典型事件、重要政策、革命理想等投射于革命戏剧中,并在形成革命思想宣传与艺术形式革新的工作上结出了丰硕的成果。这些成果对于改造社会大众愚昧落后的思想、打击投降主义思想和悲观主义情绪、提高革命热情、

保卫中华文化、宣传抗战起到了不可估量的作用。

从中国共产党领导的革命文艺工作革命发展过程中我们可以看到，文艺工作是推进思想政治工作开展的重要利器，而争取农民队伍是宣传建设的重要工作。抗日战争时期，山西的戏剧工作者在中共中央领导下，利用戏剧艺术教育动员根据地群众，他们与八路军团结一致、奋勇抗敌，取得了抗日战争的伟大胜利。

山西抗日根据地戏剧宣传是特定时期的有效传播手段，它以反映时事的传播内容、新旧融合的传播方式、灵活多变的传播渠道、推陈出新的传播手段，将抗战时期的政策、任务源源不断地传递给群众，反击了日本帝国主义的奴性文化侵略，为中国共产党争取了强大后援，夯实了革命基础，在中国抗日宣传史上镌刻下伟大的篇章。

山西抗日根据地戏剧传播经过长期探索为中国共产党的群众宣传工作积累了丰富宝贵的经验。这其中包括如何培养并争取广大受众，如何进行戏剧内容和演出形式上的创新，如何使戏剧宣传活动更贴近大众、贴近生活等。中国共产党就是通过山西抗日根据地戏剧传播等文化传播方式，将新民主主义的思想和中国共产党的方针、政策以及政治主张，有效地传递给了山西抗日根据地的广大军民，使得山西抗日根据地的社会风气和文化面貌焕然一新，开创了各个抗日根据地边区政府新民主主义社会建设的新风貌。同时这种戏剧传播活动也应当被看作是中国共产党文化软实力建设的重要手段之一。中国共产党人就是通过饱含革命精神的革命戏剧传播等文化传播手段，有效地开展了中国共产党及所领导的八路军、新四军的对内文化软实力建设，以及针对山西抗日根据地及抗日根据地之外的广大民众和全国乃至世界范围内的对外软实力建设。中国共产党的方针与政策同灵活多样的文艺宣传相结合，至此真正成为中国共产党文化软实力建设的重要手段。

山西抗日根据地戏剧传播运动持续地开展，有效地将党性和人民性完美地结合在了一起，为中国共产党的政策宣传提供了不可替代的便捷性、及时性、有效性，让中国共产党牢牢把握了当地群众资源与社会资源。山西抗日根据地戏剧传播运动使得山西戏剧本身以及中国戏剧发生了翻天覆地的变化，使得之后的戏剧活动及戏剧创作者认识到了贴近群众、贴近生活的重要性，使他们在心中形成了戏剧演出所需要的艺术鲜活、教育群众、政治宣传的政治觉悟，将反映阶级斗争、生产斗争的新内容自觉地融入戏剧的创作与演出之中。

2014年10月15日，习近平总书记在文艺工作座谈会上讲道："文艺工作者要想有成就，就必须自觉与人民同呼吸、共命运、心连心，欢乐着人民的欢乐，忧患着人民的忧患，做人民的孺子牛。这是唯一正确的道路，也是作家艺术家最大的幸福。"[1]

在实现中华民族伟大复兴的当下，山西抗日根据地戏剧传播所积累的丰富社会实践经验，无疑能够对当前文艺工作者多方面全方位地推进戏剧工作、让戏剧工作者与群众对话、倾听群众的声音提供启示，使其用生活的积淀书写出属于人民群众自己的故事，从而满足人民群众日益增长的精神文化需求。历史经验可以激励新时代的戏剧工作者的创作热情，催生出更多更好的时代作品，使戏剧内容具有民族精神，实现凝心聚力的效果。

---

[1] 习近平．习近平在文艺座谈会上的讲话[N]．人民日报，2014-10-15。

第六章
美术传播：范式嬗变，宣传革命新武器

美术是对采用造型手段塑造视觉形象的众多艺术类型的统称。[1]作为一门视觉艺术，美术的审美不仅体现在造型性和视觉性上，更体现在其瞬间性和永恒性。莱辛认为："最能产生效果的只能是可以让想象自由活动的那一顷刻了，我们愈看下去，就一定在它里面愈能想象出更多的东西来。"[2]

在抗战中，美术特殊的审美特征发挥了独特的作用。它记录了真实发生在战场和根据地的动人场景，通过艺术处理后，引发观众的情感共鸣，由此成为宣传党的方针、宣扬抗战精神的有力武器。同时，我们可以看到，山西抗日根据地的美术传媒实践反过来也深刻影响和塑造了美术艺术的发展道路。贴近人民大众的审美需求、创作具有中国特色的美术作品逐步成为根据地美术工作者的毕生追求，进而影响到中国美术的发展趋势。当下，探析山西抗日根据地美术作品与传播实践的互动过程，无疑将会引发对艺术与社会关系的更多思考。

本章将聚焦山西抗日根据地的美术传播实践，结合历史背景，深入研究美术传播体系的构建，同时以极具代表性的新兴木刻和鲁艺木刻工作团为中心，分析美术传播的内容及其范式嬗变，进而探讨美术传播的特点和历史作用。

---

[1] 彭吉象．艺术学概论[M]．北京：高等教育出版社，2019，第163页．
[2] [德]莱辛著，朱光潜译．拉奥孔[M]．北京：人民文学出版社，1979，第18页—第19页．

一、山西抗日根据地美术传播的历史语境

（一）抗战初期严峻的对敌宣传斗争形式

抗战初期，敌我双方的宣传斗争形势相当严峻，凡是日军侵略所到达的地区，他们同时进行疯狂的文化侵略，通过新闻出版物、传单、宣传画、小册子，以及绘制大幅墙画、贴标语、演剧等方式进行奴化宣传。而八路军开辟根据地的广大山区则地处偏僻、交通不便、经济贫困，近百分之九十的民众是文盲；由于千百年来小农经济思想作祟，他们一向秉持着"自扫门前雪，不管别人瓦上霜，事不关己，高高挂起"的信念过日子。除宗教伪宗教外，这里"从来未有过正当的组织，基本上是一盘散沙。日本侵略的炮火还没有打到他们那里，因此他们也就根本不知道抗日是怎么一回事"[1]。这些地区的抗日宣传鼓动工作异常复杂困难。

1937年12月，侵华日军炮制了一整套所谓的"大东亚共荣"理论，为其侵略战争找借口，企图从思想上奴化中国人民，在军事侵略的同时大搞文化侵略。侵华日军华北方面军为了恢复占领区的治安状况，发布了"军占领地区治安维持实施要领"，并由特务机关、宣抚班等负责扶植地方行政机关和民众团体。[2]在占领区，除了压制抗日武装，他们还"加强统辖各种宣传机关，使之有重点地进行活动，号召民众主动协作，以期改善治安状况。宣抚班等负责扶植地方行政机关和民族团体"。[3]作为进行战争宣传的主要部门，日军的"宣抚班"专事对当地民众的奴化宣传，进行所谓"安抚"工作，例如：刺探根据地情报、在占领区派发慰问品、书写标语、散发传单，利用中国传统民间庙会与年画等进行欺骗民众的

---

[1] 刘谷. 晋察冀革命文化艺术发展史[M]. 北京：中国戏剧出版社，2007，第5页。
[2] 日本防卫厅战史室编，天津市政协编译组译. 华北治安战[M]. 天津：天津人民出版社，1982，第66页。
[3] 宣抚班隶属于特务部长，被派遣至各军及方面军直辖兵团的管区之内。报纸、广播、传单、讲演等有关治安工作的宣传，在方面军管辖之下，由兵团各部队指派负责人，进行贯彻始终的坚强有效的宣传。日本防卫厅战史室编，天津市政协编译组译. 华北治安战[M]. 天津：天津人民出版社，1982，第71页。

奴化宣传，鼓吹"中日亲善"等。

日军对山西抗日根据地进行了多次"强化治安运动"，其中强调，建立"东亚新秩序"是华北治安战的目标，在日军为开展宣传战而编写的《治安强化运动宣传要领目次》中提出，着力向全体中国民众"宣传全目标之意义，俾其理解，而能积极迈进大东亚之建设"；要求对学生青年"纯正思想，应使其理解大东亚之现状"，对妇女"应使其理解大东亚及中国之新建设现状，俾其养成革新生活之观念"，对农民"诱发其自卫心，而强化其自卫力，使其对共匪之厌恶心理益加深刻"，对根据地民众"使其对共匪发生疑惑，以粉碎抗战意识"。在具体宣传手段方面以"口头以及视觉宣传，应以平易为主，切忌难解字句"，深入"各道县巡回宣传"张贴标语及进行宣传品的散发；标语传单的宣传"应印制适当之解说标语，其张贴地点应慎重选定"，对传单的内容文稿要求"简明扼要，切勿死藏于书橱内"；采用各种手段将宣传品投送至根据地内，利用"各种手段，将宣传品流入匪区"；同时采用"壁报、宣传书之宣传"，利用演剧及演艺进行宣传。宣传机构应进行下乡"讲演会、辩论会、恳谈会、座谈会等，并由游说队员等实施巡回讲演"；利用民间庙会和集市进行宣抚宣传，庙会与集市"因其传播力伟大有效"；利用印制商品的包装品和包装纸进行宣传，"应印制封入用，张贴用，包装用等之宣传品，以便商品普遍利用"；利用展览会进行宣传；利用投递和邮件宣传；利用祭孔和进香大会宣传；利用展览会、宣传塔、制作巨幅标语、民间牌坊、漫画、标语和布幕宣传。对大众先灌输知识，再进行宣传，直接宣传与口头宣传结合。按照不同职业固有的心理与传播力进行宣传，对宣传要因地制宜并使用富有创造性的手段，"宜视各地特性采取富有创造工夫之新式宣传方法计划实施之，宜常常测定其反响及其效果"。对宣传效果进行测定，讨论宣传质量，"宣传事项应吻合宣传对象，一切宣传，务须预定效果实施之"。[1]

---

[1] 谢嘉. 日本侵略华北罪行档案10——文化侵略[M]. 石家庄：河北人民出版社，2005，第19页，第31页。

面对敌人凶猛的宣传攻势，1937年11月，周恩来在山西临汾的群众大会上讲话指出："华北若再不开放民运，军队就无法补充，作战将无人援助，民众武装无法建立，强悍者将受到日寇的屠杀，懦弱者将变成为日本的顺民，狡猾者将变成为汉奸，而奸商劣绅将首先悬挂日旗担任维持。"因此，在严峻的挑战下，选择什么样的方式进行鼓动宣传，如何进行宣传，是文化工作者所要考虑的首要任务。

（二）根据地建立初期的文化宣传工作

面对敌人猖獗的文化宣传进攻，中国共产党直面困难，开展了坚决的反击。自1937年9月八路军东渡黄河进入山西后，一大批文艺骨干就随军开展工作，他们之前大多是土地革命时期成立的红军政治宣传队队员，政治素质高，富有宣传工作的经验，是抗日救亡动员和宣传的先锋队；此外，在山西的文艺战士还包括抗战爆发后奔赴延安的艺术家和在延安培训的文艺工作者，他们中的美术工作者是美术传播的主要力量。抗战初期，在山西活动的抗日宣传队伍大致分为三种："一种是在党的山西地方组织和牺盟会、战动会领导下的文艺队伍；一种是从延安由八路军部队带领进入山西的文艺队伍；第三种则是从大后方来的文艺队伍和文艺工作者。这三支队伍紧密团结，互相学习。他们在抗战宣传中各有特点，为山西革命根据地带进了丰富多样的文艺活动形式，成为敌后根据地文艺运动的拓荒队，奠定了根据地文化建设的基础。"[1]值得说明的是，根据地初创时期，我党的宣传工作还没有形成完整的体系，各个部门也没有形成完整的对敌政治宣传体制，宣传鼓动是多头进行，尚处于动员民众参加抗战的初始阶段，此时的美术工作主要是在八路军最早成立的军区、军分区剧社、报社等宣传部门中展开。尽管如此，各部门的文艺宣传目标是一致的——提高民族意识，发扬民主精神；巩固扩大抗日民族统一战线；传播科学理论，揭穿日军汉奸阴谋。[2]

---

[1] 亦文，齐荣晋．山西革命根据地文艺运动史稿[M]．太原：山西人民出版社，1989，第46页。
[2] 民族总动员委员会．战地总动员[M]．太原：山西人民出版社，1986，第526页。

特殊的社会背景呼唤新的美术传播形态，主要表现在5个方面：一是农村的，是以广大农民为对象，创作他们能看懂、能共鸣的艺术作品；二是战争动员的，美术宣传围绕战争展开，要动员全体人民参加到抗日民族解放斗争中来，表现广大民众的抗日热情和抗战意志；三是统一战线的，宣传党的抗日统一战线的政策主张，团结一切可以团结的力量加入统一战线中来；四是反抗敌人奴化宣传的，反击日军的"思想战"、宣传战，有力地打击敌人；五是走向新民主主义的道路的，美术工作者应该是新民主主义文化的宣传者和号召者，美术作品是宣传科学、民主、自由的，美术传播的任务是宣传党的政策、建立抗日民主政权的生力军。

在中国共产党的直接领导下，在一批批文艺工作者的艰辛实践下，美术在山西抗日根据地以新的传播形态走向广大民众，展现了强大的精神影响力，同时也重塑了其表现形式，形成了真正意义上的具备民族性、大众性、政治性的宣传武器。

二、山西抗日根据地美术传播组织的构建

山西抗日根据地的美术传播有着较强的组织性，广大美术工作者在边区文协或文联的领导下，深入敌后，广泛开展美术创作和宣传，对唤醒民众抗战意识、宣扬党的大政方针、反抗敌伪奴化宣传起到了积极的作用，而这也形成了根据地美术传播的必要路径。

（一）根据地美术传播体系的初步构建

抗战初期，活跃在山西抗日根据地的美术工作者是全民总动员的先锋力量之一。1938年9月，在太行山由共产党人创办了"第一支响箭"——《文化哨》；1938年10月，在晋西北战动总会的宣传队成为这里早期的一支宣传劲旅；同一时期，牺盟会和党领导下的大众剧社活跃于晋东北五台山地区。

与此同时，在党中央的号召下，大批延安干部深入敌人后方，前往对敌斗争的最前线开展抗日宣传工作。在山西抗日根据地，大批文化干部、

文艺团体和美术工作者对当地的文化启蒙和文化建设起到了重要作用。来到山西各抗日根据地的美术队伍共由三部分组成：一是由中共中央派到各个根据地的美术工作者，他们多为延安鲁艺培养的美术人才，由于受到了专业的政治教育和职业培养，这部分工作者政治觉悟高、文化素养高、艺术水平高，在宣传实践中逐渐成为敌后根据地美术运动的脊梁，是新民主主义文化传播的中坚力量；二是全国各地的美术学生及海外返回祖国的美术家，其中的很多人是新文化运动的骨干，是中国美术界中具有影响力的佼佼者；三是在根据地成长起来的美术工作者，他们同样是美术宣传工作的骨干力量。"这三支队伍紧密团结，互相学习。他们在抗日宣传中，各有特点，为山西抗日根据地带进了丰富多样的文艺活动形式，成为敌后根据地文艺运动的拓荒者，奠定了根据地文化建设的基础。"[1]

除以上提及的文艺干部，亦有一些团体前往山西抗日根据地进行文艺宣传。例如，于1937年8月12日成立的西北战地服务团（简称西战团）。西战团是最早开赴敌后根据地进行宣传的文艺团体之一，是在党中央和毛泽东同志的关心下筹建的。成立之初，毛泽东曾对丁玲讲道，"宣传上要做到群众喜闻乐见，要大众化。现在很多人谈旧瓶新酒，我看新瓶新酒、旧瓶新酒都可以，只要对抗战有利"。西战团组建时的成员共23人，丁玲为主任，吴奚如为副主任，书画队由张发负责，漫画家李劫夫也是美术宣传的骨干。1937年9月至1938年7月，西战团开赴山西进行抗战宣传。1938年11月20日，由周巍峙带队的西战团第二次奔赴山西，主要活动在晋察冀边区进行抗战宣传，美术家徐灵为美术组负责人。1939年10月，西战团由北方局直接领导，成为晋察冀军区最大的文化工作团，并充实了许多美术工作者，如徐灵、古塞、李劫夫、李又人、吴坚、屠炜克、郑国强、郝汝慧、陈如等。再如，于1938年冬成立的鲁艺木刻工作团。鲁艺木刻工作团到达晋东南抗日根据地开展木刻运动，同时带来了全国的木刻作品进行巡回展览，并编辑出版《敌后方木刻》画刊，创作了许多优秀的

---

[1] 亦文，齐荣晋．山西革命根据地文艺运动史稿[M]．太原：山西人民出版社，1989，第46页。

木刻作品，大大推动了晋冀鲁豫边区以至整个山西的木刻运动的开展。

在多方的共同努力下，至1939年，山西抗日根据地的民众动员和文艺宣传方面取得了很大成绩。然而，"在纷纭的后面却是有着许多混乱和空洞，各文化团体组织多而不健全，有的徒有虚名，互相缺乏联系与配合，表现出组织和工作是无计划的散漫自由。同时，未能与全国文化界取得紧密联系，关门主义和宗派主义现象在一些团体中大量存在。根据地的巩固发展和根据地方兴未艾的文艺运动，迫切地需要文艺队伍的团结和统一"，[1]这样的问题很快引起了根据地的高度重视，自1940年起，根据地文艺团体和领导组织相继建立起来，在党的统一领导下有计划地开展工作，美术传播工作缺乏计划与统一的现象已被逐步克服。

（二）各抗日根据地美术传播体系的形成

1938年至1940年间，随着山西各抗日根据地的不断巩固和发展，边区政府开始重视文艺团体的建设问题，一批责权分明、战斗力强的文艺组织、文艺协会相继组建。

1. 晋察冀边区美术传播体系的建立

1938年春，晋察冀边区建立了临时的文艺机构——晋察冀边区文艺工作者救亡协会（简称文协），负责人为洪水。晋察冀抗日根据地的美术传播活动是从建立边区之初就开始的，美术传播工作一直统筹在边区文协的领导之下。

1939年2月15日，边区文协召开临时代表大会，到会的同志一致同意将晋察冀边区文艺工作者救亡协会更名为晋察冀边区文化界抗日救国会（简称文救会）。大会选举叶正萱（铁流剧社）、李宗美（边区政府导报社）、邵子楠（西北战地服务团）、周明（抗敌报社）、陶宗侃（抗敌剧社）、鲁萍（海燕社）、百冠亭（平山教联）、张维、邱映溪、谷荣章、邓拓为执行委员，叶正萱、邵子楠、李宗美、周明、陶宗侃为常务委员，

---

[1] 亦文，齐荣晋. 山西革命根据地文艺运动史稿[M]. 太原：山西人民出版社，1989，第70页.

刘平为主任，叶正萱为副主任。1939年3月3日，《抗敌报》刊登了《边区文救会召集文艺作家座谈会》的文章，其中介绍了会议召开的主要内容，聂荣臻、彭真均出席座谈会。

1939年3月3日，中华全国美术界抗敌协会晋察冀分会（简称美协）成立。美协也是晋察冀边区成立最早的专业协会。大会选举张维、李劫夫、凌风、唐炎、郑红羽等五人为执委，张维为主席，并成立木刻、漫画、标语三个组。李劫夫为木刻组组长，徐灵为漫画组组长，钟蛟蟠为标语组组长，隶属于边区文救会，后改为由边区文联领导。

1940年7月25日，中华全国文艺界抗敌协会晋察冀边区分会（简称边区文协）成立。大会代表50余人，成仿吾、沙可夫作了报告，通过提案21条。大会讨论了建立鲁迅研究会、建立文艺流通图书馆、设立鲁迅文艺奖金等议题，选举成仿吾、沙可夫、邓拓、丘岗、田间、刘肖芜、周而复、邵子楠、刘平、韦明、魏巍、罗立斌、王林、叶正萱、河洛、何干之、康濯等为执行委员，并推选沙可夫、田间、魏巍、河洛、康濯等5人为常务委员，沙可夫为主任。[1]1940年10月10日，召开了第一次代表大会，改选领导机构：成仿吾、沙可夫、周巍峙、田间等21人当选执行委员，组成执委会。大会推选周巍峙为主任，叶正萱为副主任，冯宿海为政治部长，康濯为宣传部部长，黄鹏为秘书长。决定文、音、美、剧各协会皆驻会办公，并筹备出版《文艺报》。大会通过了《边区文救会工作纲领》，确定文救会今后应当更加广泛地团结边区一切文艺工作者，为共同建设新民主主义文化而奋斗，[2]进一步普及文化，深入到每一个村庄和连队之中去、巩固和扩大抗日民族统一战线，开展学术研究与艺术创作工作。

2. 晋冀鲁豫边区美术传播体系的建立

晋冀鲁豫边区的美术传播是与根据地的创建同步发展起来的，边区

---

[1] 晋察冀革命文化史料征集协作组．晋察冀革命文化艺术大事记[M]．石家庄：花山文艺出版社，1998，第60页．
[2] 刘谷．晋察冀革命文化艺术发展史[M]．北京：中国戏剧出版社，2007，第26页—第27页．

的美术传播工作一直在边区文联的领导之下。

1939年1月1日,在晋东南沁县召开拥蒋大会时,参加此次大会的文艺工作者就提出了建立边区统一的文艺领导机构的提议。并且,总部已经开始了宣传动员工作及美术工作各方面的准备。

3月27日,由杨献珍、王兴让、陈启熙、邹雅、杨角等二十余人筹备成立了中华全国美术界抗敌协会太行山分会(简称"美协分会")。3月27日,《新华日报》(华北版)的报道《美术界组抗敌协会》称:"中华美术界抗敌协会太行山区分会之发起,发起人杨献珍、王兴让、邹雅、陈启熙、杨角等二十余人,选杨角等人为筹备委员,近已发出书面号召,将于四月间正式成立。"

1941年5月1日,由晋东南美协分会编辑出版的《新美术》创刊,共出版3期,后并入《华北画刊》。

5月4日至6日,在沁县南河村,晋东南文化教育界救国总会成立。晋冀豫边区文化教育界各党派团体均派代表参加。大会通过了文救总会的宣言和纲领,选举李伯钊、高沐鸿、王玉堂、史纪言、郝汀、张柏园、新华日报社、太行文化教育出版社、民族革命通讯社、胜利报社、剧协分会、青年记者分会等为执行委员,选举马君图、薄一波、戎子和、杨献珍、刘济苏、李墨卿、吴松涛为名誉委员,聘任陈默君、王博习、陈树仁组织协理,由陈默君、蒋弼编辑《文化动员》刊物,李伯钊致闭幕词。

11月28日,中华全国文艺界抗敌协会晋东南分会(简称文协分会),在武乡的下北漳村召开成立大会。大会由叶以群代表全国文协说明对晋东南文协分会的希望。李伯钊报告了晋东南文艺运动现状及今后工作方向,讨论大会宣言提案及分会章程,与会者一致通过决议,以大会名义发电:蒋委员长、阎司令长官及坚持敌后抗战的朱副司令长官及彭副总司令致崇高敬礼。晋东南文协分会是全国文协在敌后建立的第一个分会组织。到会的晋东南文艺工作者有李伯钊、刘白羽、荒煤、洪荒、伊林及全国文协代表叶以群等四十余人。大会主席孙泱说明了文协分会成立意义后,会议选举李伯钊、何云、孙泱、刘白羽、王玉堂、荒煤、蒋弼、张齐山、洪荒等十四人为理事，推动今后分会的工作。第一次理事会议中，与会者推选李伯钊负责组织，蒋弼负责出版，孙泱负责理论研究，王玉堂负责总务，洪荒为常务理事，将分别在太南、太岳、太北、冀西等地区开展文艺通讯员运动，并出版文艺刊物。

《新华日报》（华北版）报道了以笔杆抗战打击投降妥协危机的《敌后文艺堡垒》，朱副总司令长官亲临致训。他表示今后必能有组织地推动敌后文艺运动，同时他希望文艺工作者以笔杆抗战打击投降妥协的危机，揭露敌军、汉奸的阴谋，为保卫中国文化而战。

晋冀鲁豫边区鲁艺学校，从各个部队和群众中间选拔和培养了许多新的美术工作者，充实到部队和地方的各个宣传部门，成为边区美术传播工作的基本力量。对美术新生力量的培养，几乎是各个根据地美术工作者的要务，他们凡发现有爱好美术的战士，总是热心培养，积极辅导。

3. 晋绥边区美术传播体系的建立

晋绥边区的美术传播是与晋绥抗日根据地的创建同步发展起来的。晋绥美术传播工作在边区文联的领导之下展开。

1940年2月26日，晋西北、晋西南的两个区党委合并组成中共晋西区党委，同时成立晋西北军政委员会，统一领导晋绥边区的党政军民的各项工作。在晋西北党政军政权建设的同时，中国共产党晋西区党委就开始领导根据地的文化建设工作，成立了统一的抗日爱国文化领导组织。由康永和、亚马筹备成立晋西区文联，按照区党委的要求在晋西北开展新文化运动。晋绥边区的文艺领导机构受边区党政军机关领导。

1940年3月1日，根据地正式成立了以张稼夫、赵林、杜心源、常芝青、陶剑心、石夫、赵力克、余蔚中、李青宇等人为主的晋西文联筹备委员会，亚马为主席。对当时部队以及地方的群众团体，宣传部门、报社、文工团、剧社做了调查。3月24日，文联筹备会召开会议，讨论晋西文化工作的任务、文化工作的重心、文化工作与军政民各部门之间工作配合的问题。会议通过了文联筹备会工作纲领，并发起成立晋西文化界宪政运动促进会。晋西各地的文化机构一致"愿为统一文化工作步调，建立文化战线，配合总的政治军事战线巩固与广大晋西抗日民主游击根据地之伟大任务服务"。晋西文教界积极筹备建立专门的文救协会。

5月4日，晋西文化教育界抗日联合会（简称晋西文联）在兴县城关正式成立。晋绥边区党政军领导贺龙、关向英、续范亭、林枫、南汉宸、甘泗淇、张稼夫出席成立大会。晋西各地到会的共一百余人。晋西的党政军、地方文艺团体、新闻出版、干部学校、民革中学、中心区宣传部、兴县政府及各民革室均派出代表参加。陕甘宁边区的文协代表肖三，鲁艺代表胡考，新华通讯社郁文等三人前来参加会议并表示祝贺。会议期间举行了座谈会，讨论文学、艺术、新闻、出版工作方面的问题。会议同时决定成立各文艺专项协会。大会选举出以贺龙为首的理事会，选举亚马为文联主席。大会期间，各专业协会成立。

中华全国美术界抗敌协会晋西分会（简称美协分会）同时成立，美协分会负责人为张仲纯、李少言。

自此，山西各抗日根据地边区文联成为整个边区文艺工作的领导机构，边区的美术传播工作统一了起来。

（三）根据地美术组织构建的重要意义

山西抗日根据地美术组织的广泛建立是美术宣传工作走向成熟的重要标志之一，同时也意味着美术传播实践走向规模化、正规化。组织构建过程中，既包含了为适应战时宣传需要、抵抗敌伪宣传进攻的必然性，又体现了根据地军民因地制宜、发挥主观能动性的革命智慧。

抗日根据地的美术组织是美术传播实践的重要路径，它的形成与发展对于根据地美术艺术及其传播有着重要的意义。第一，美术组织的广泛建立将奋战在前线的美术工作者统一在了党的领导之下。通过各协会组织，党的方针政策、文艺工作的指导思想可有效传递给每一位美术工作者，使他们在美术创作及美术传播的过程中将政治性和艺术性有效结合，从而创作出符合抗战需要的艺术作品。与此同时，团队性的艺术创作也显著提高了美术作品的质量，一大批抗日根据地民众能看懂、喜欢看、看后有感悟的作品应运而生。

第二，美术组织为文艺工作者提供了相互交流、相互学习的平台。抗战初期，美术工作者受地域限制，仅能在当地开展工作，无论是创作取材，还是对民间艺术的学习，都仅限于其所在地。美术组织的成立则适时地解决了这一问题，各根据地的工作者依托组织前往不同地区进行交流取材，了解不同地区的风土人情、民间美术创作风格以及发生在前线的动人事迹，这些都成为他们的创作源泉。此外，通过会议的形式，来自不同根据地的美术工作者开展了作品创作方面的交流，贴合抗战实际、更贴近百姓的艺术作品由此诞生。

第三，美术组织成为根据地培养美术人才的重要场域。曹振峰是晋察冀抗日根据地培养出的杰出人民画家，从 1938 年起，他就在晋察冀军分区工作，主编《战士画报》，为晋察冀美术传播做出了杰出贡献。在回忆起他的从艺道路时，他谈道，1939 年春季，徐灵同李劫夫、凌子风、吴坚、屠炜克等，在易县北娄山村举办了美术作品联展，展品有宣传画、漫画、连环画、木刻等多种。当时，作为新兵的曹振峰竟"花了四五天时间到展览会场上去临摹学习"，并说"我的绘画基础便是在这次展览会的学习中打下的"。从曹振峰的经历可以看到，有组织性的美术活动为热爱美术艺术的根据地军民提供了学习的窗口，许多新的题材得以被充分挖掘。一大批基层美术人才被发现，形成了抗战美术传播的中坚力量。

三、山西抗日根据地美术的传播方式及内容——以新兴木刻为中心

版画是指通过制版和印刷而产生的艺术作品，是美术的一个重要门类。抗战时期，新兴木刻版画可视为根据地美术艺术的典型代表。首先，根据地物资贫乏的状况将木刻艺术推向了美术传播的最前线。江丰在回忆延安时期的木刻运动曾谈道："被国民党反动派和日本侵略军层层封锁的

延安，就是绘画用品如颜料、画布、画纸、画笔等物也很难输入，同时价钱又贵。只有宜于刻木刻的梨木板和枣木板可以就地取材，木刻刀和印木刻用的纸张，甚至黑色油墨延安都能自制。这都是促使木刻艺术发展的有利因素。因此木刻在延安就成了最大、最有吸引力的'远行及众'的画种……鲁艺美术系实际上成了'木刻系'，木刻成了学员的必修课。"山西抗日根据地的状况亦是如此，木刻简便、快捷、可复制的艺术特征被充分挖掘，成为美术工作者首选的表现方式。[1] 其次，木刻艺术在山西抗日根据地的传播实践中，其艺术表现手法、取材方式、创作目的等发生了重大转变。在紧密联系群众的过程中，美术工作者大量学习山西的民间传统，形成中国风格和中国气派艺术形式，而这也是根据地木刻被称为"新兴木刻"的原因。

基于以上缘由，本节将以山西抗日根据地的新兴木刻为中心，以此探寻根据地美术传播的方式及内容。

（一）美术轻骑队——鲁艺木刻工作团在山西

木刻作为一种新的艺术表现形式，在 20 世纪 30 年代由鲁迅先生在国内培育起来，全面抗战前，木刻艺术在山西较为少见，传播力较低。正是由于鲁艺木刻工作团在山西抗日根据地的一系列活动，才使这种艺术形式在山西生根发芽，进而形成极具特色的艺术风格。可以说，作为美术轻骑队的鲁艺木刻工作团，在根据地美术传播中起到了至关重要的作用。

1. 鲁艺木刻工作团的形成过程

鲁艺木刻工作团是一支以团队形式奔赴抗日前线开展木刻运动的美术轻骑队。

1938 年 4 月 28 日，毛泽东主席对鲁艺师生发表讲话，他号召鲁艺的师生应该走出鲁艺的"小观园"，到前方的"大观园"去。"你们是青年艺术工作者，现在的大千世界都是属于你们的，都是你们活动的园地。

---

[1] 李桦，李树声，马克. 中国新兴版画运动五十年[M]. 沈阳：辽宁美术出版社，1982，第 321 页。

你们的艺术作品要有充实的内容，便要到实际生活中去汲取养料。你们不能终身在这里学习，不久就要奔赴各地，到实际斗争中去。"[1]在延安召开中共中央六届六中全会期间，贺龙到鲁艺做了演讲，呼吁鲁艺的师生响应毛主席的号召，到敌人后方去，到抗日根据地去做扩大根据地的工作，把敌人的后方变为前方，拿起文艺的武器为抗战服务。在党中央的号召下，部分鲁艺的师生奔赴抗战前线，包括美术系的王文秋、陈正熙在内的21人前往晋绥边区，而鲁艺美术系第二期的学生古达等则前往晋东南八路军总部。

党的方针政策的指引、战友们的英勇向前，使美术家胡一川更加坚定了奔赴前线的决心，他在日记里写道："要创作大众艺术，也只有接近大众，和老百姓真正地打成一片才有可能啊！把木刻带到大众中间去，我们希望在西北角上能够出现一支木刻轻骑队，驰骋到各个角落，各个阶层里，使木刻变成抗战的刀枪和争取抗战的最后胜利、建立独立自由的新中国的指路牌。"1938年9月，胡一川提出要组建木刻轻骑队到前线去，同年11月，鲁艺决定以木刻研究班的胡一川、罗工柳、彦涵、华山为基础成立木刻工作团，在北方局的李大章的带领下，渡过黄河，越过敌人的封锁线，翻过绵山到太行山敌后抗日民主根据地去开展木刻宣传工作。[2]

1938年11月，鲁艺木刻工作团渡过黄河来到山西。木刻工作团的行装中带着"参加全国第三届木刻展览会的200多幅作品。由江丰全部带到了延安。现在木刻工作团又背着这些作品，渡过黄河，翻过吕梁山、天平架和太行山，先后在八路军120师、115师、129师、山西决死二纵队的驻地，以及太岳地区和山西长治等地开办展览会，向抗日将士和农民群众展示这些来自全国各地的木刻作品，宣传抗日救亡"。[3]自此，美术轻骑队拉开了在山西的工作序幕。

---

[1] 毛泽东选集（第二卷）[M]. 北京：人民出版社，1991，第124页。
[2] 胡一川. 回忆鲁艺木刻工作团在敌后[J]. 美术，1961(4)。
[3] 王元培. 延安鲁艺风云录[M]. 南宁：广西师范大学出版社，2004，第68页。

2. 关于民族化、大众化的思考

鲁艺木刻工作团较早认识到艺术应该为大众服务，只有民族化的创作才是木刻创作的唯一出路。其在山西抗日根据地进行的木刻创作实践，为今后广大抗日根据地的美术传播工作解决了认识上的困惑。

1939 年 1 月，鲁艺木刻工作团参加在沁县举办的拥蒋大会，在大会期间举办木刻展览会。此次展览的木刻作品，主要来自全国第三届木刻展览会，共 200 余幅。太行山区的民众第一次接触新兴木刻，由于审美取向的不同，对木刻这种新艺术形式有不同的反映。胡一川回忆道："革命干部看了说'很好'。但也有一部分农民群众看不懂，对于受外国影响较重的作品感到不亲切。大多数群众感到内容与敌后丰富的斗争距离很远，能激动人心和结合敌后斗争的，思想性较高而又易看懂的作品太少了。"[1]

对于此次木刻展览会的宣传效果，鲁艺木刻团的成员们并不满意，同时开始思考木刻艺术的创作风格、艺术表现力、宣传作用等问题。罗工柳谈道："（此次木刻展）是一次深入工农兵群众的展出，观众很多，反应很强烈，说明观众很需要木刻艺术，但对作品也有意见。意见集中起来主要是没啥名堂（指内容没有生活）不大好看（指形式欧化）。从群众的反应看，这次展览是不成功的。但群众的意见非常宝贵，给工作团思想上震动很大，给以后的工作启发也很大。那些作品的作者，当时大多还是没有和群众结合、没有生活的，所以他们的作品内容没啥名堂是事实。同时，那些作品都是用欧洲的木刻技法刻出来的，群众看不惯，说人是'满脸胡'。说不好看，不喜欢，也是可以理解的。"[2]

在前往太行根据地的路途中，像沁县这样的展览会已在沿途举办过多次，其宣传效果均不能让木刻工作团满意。胡一川曾这样描述展览会中参观民众的表现："老百姓没有看见过这样的木刻画，看过以后他们不会在批评本上批评，因为他们多半不认识字，而且没有这个习惯，你如果

---

[1] 胡一川 . 回忆鲁艺木刻工作团在敌后 [J]. 美术，1961(4)。
[2] 罗工柳 . 鲁艺木刻工作团在敌后方 [J]. 版画，1960(23)。

问他好不好,他们立即说:'很好!'如果你再问他懂不懂,他就会说:'啊呀!那就说不上了。'甚至摇摇头笑嘻嘻,好像很难为情似的跑开了。我们改变了方式,混在老百姓里。我们发觉有的老百姓一声不响的,对于画面并不十分注意去看,很快地就看过去跑走了,有的老百姓看得比较仔细,但他时常站在画前,皱着眉、歪着头、轻轻地咬着牙齿,把空气很急促地吸到肺里去,在他的齿缝间还发出一种丝丝的声音,有的老百姓对于一张木刻看了许多久之后,立即跑到其他的老乡面前,问:'那一张是不是人?'那被问的老乡立即跑过来看看标题,然后告诉他,那是汉奸。那位老乡再皱皱眉,轻轻地点头,表示他明白了,原来是这么一回事。有的老乡一边看画一边和老乡们议论着:'那黑脸孔不知道是中国人还是日本鬼子?'因为在他们的脑里,总觉得那有阴影的黑脸孔就一定不是好人,或者是倒霉的人。"[1]

由此,木刻工作团开始反思取法西欧艺术表现形式的中国新兴木刻,他们认为,中国的新兴木刻不是由中国过去的木刻慢慢发展下来的,而是受到西欧的新木刻影响重新创立的,多数艺术创作者是从艺术学校里出来的美术青年,他们不了解普通大众的审美需求,或多或少还沉醉在唯美的圈子里。所选的题材和刻出来的木刻时常是一些不关痛痒的作品。与此同时,木刻的传播实践让团员们认识到,想要达到满意的宣传效果,木刻创作要走向民族化和大众化。[2]彦涵因此提出,要坚实地反映时代,用种闲情雅致的笔是描写不出来的,画面应该明朗、有力、生动,应该发展木刻的特殊性,抓住中国民族的典型,创造出带有民族性的艺术来。只有在大时代的熔炉里,才能炼出伟大的艺术家来,艺术应该是有生命的东西。[3]

---

[1] 胡一川. 红色艺术现场胡一川日记(1937—1949)[M]. 长沙:湖南美术出版社,2010,第134页—第139页。

[2] 胡一川. 红色艺术现场胡一川日记(1937—1949)[M]. 长沙:湖南美术出版社,2010,第139页。

[3] 彦涵. 谈谈延安—太行山—延安的木刻活动[J]. 美术研究,1999(3)。

3. 直面战争的《敌后方木刻》画刊

1939年1月,《新华日报》(华北版)创刊。根据中共中央北方局的指示,为加强报纸的美术编辑工作,鲁艺木刻工作团开始为报纸进行木刻插图创作。在紧张工作的同时,木刻工作团创刊了《敌后方木刻》,而这也可视为工作团对民众化、大众化新兴木刻的探索。

《敌后方木刻》共出版了五期。画刊向敌后方的广大木刻工作者提出了战斗的任务,向广大读者提出了要求,共同开展敌后方木刻运动,一切为了抗战胜利而奋斗。《敌后方木刻》是在紧张的反"扫荡"斗争中创作的,它真实反映了当时敌后根据地军民面对战争的情形,用木刻的形式传播党的政策方针,反映出木刻在动员群众对敌斗争中的作用。《新华日报》(华北版)初期发行量10000份左右,《敌后方木刻》画刊随报发行,由于画刊图文并茂,易读易识,通过报纸媒介很快就深入到基层军民中,扩大了宣传效果,推动了根据地木刻运动的开展。

《敌后方木刻》画刊发表后,胡一川对一年来在根据地开展的木刻工作进行深刻总结,这不仅是对工作团关于木刻艺术走向民族化、大众化的思考,更成为新兴木刻发展的基本指导原则:

第一,要把狭小的圈子打破,使木刻变为大众的所有物,大批地吸收工农士兵来参加木刻集团,使他们不但可以欣享木刻,同时使他们有学习和创作木刻的机会。这样一来,可以使中国的木刻复兴运动更加广泛地开展,更加迅速地跑到大众化、民族化的道路上去。

第二,每一个木刻工作同志都是抗日的战士,只有参加目前民族解放斗争,对于中国目前现实生活熟悉的人,才能表现出中国目前的现实来。

第三,要不断地学习。过去有许多木刻工作同志忽略理论,不去研究社会的发展法则,不注意中国当时的中心问题,因此所选的题材和刻出来的木刻时常是一些不关痛痒的作品,社会现象太复杂了,假若什么都表现出来是不可能,而且也不需要什么都表现,因此对于主题的选择是非常重要的。只有抓到中国目前的中心问题,才能提高中国新兴木刻大众化和民众化的意义。

第四，有了好的内容，如果没有适当的形式把它传达出来，好的内容就无从表现。应该和中国目前的实际情形配合起来。如果忽略了这一点，虽然有好的内容和某一部分人看了是好的表现手法，而这种表现手法为中国目前绝对占大多数的大众所不容易了解和接受，那么我们说这样的作品在目前不能起很大的作用。如果只管个人的兴趣，一点也不关心大众的文化水准，考虑他们是否能够了解和接受，那么我们说他是或多或少底在阻碍新兴木刻的发展。

第五，要注意地方色彩。为了要反映出中国目前现实更加真切起见，我们要特别注意到中国的民族性地方色彩。不但要注意分别出中国人的眼神、鼻梁、表情、姿态与外国人不同，就是国内各种人物的特征和发展过程、某时某地的人情风俗、住所、服装、生活习惯，都要非常确实，而不能瞎描写。

第六，要虚心地去研究中国旧有山水、人物、年画里的章法和笔调，我们要发扬能代表中国民众性的好的方面。因此我们说，中国的新兴木刻的大众化、民族化不是单纯地使画面上的人物穿上龙袍，也不是强迫中国目前乡下的老百姓马上穿上西装，而是发扬能代表中国民族性好的方面的同时灵活地贯施科学的成分。

第七，要面向大众，拜老百姓做老师。在未刻画以前，对于某一桩事物不懂和不十分清楚时，应该随时随地去请教老百姓，把刻出的作品也要经常亲手交给各种文化水准不同的老百姓去看，注意他们的接受程度如何，脱离了群众的判断时常是不准确的。

第八，要多创作目前需要的木刻标语、木刻传单、单幅木刻和连环的木刻小册子。要大量地印刷，单靠手印是来不及了。要利用一切时机和方法多开展览会，广泛把这些作品散发到农村、队伍里、工厂区、街头巷尾每一个角落里去。收集各方面的意见，集体讨论和研究中国新兴木刻复兴运动过程中所发生的许多问题。当抗战转入到新阶段时，敌人的政治阴谋更加毒辣了，他利用一切的形式制出几百种的宣传品，用各种方法来散发。转回头来看我们的宣传品，那真正太可怜了，我们的物资条件虽然比较差，但我们也有许多优点——敌人所没有的真理、正义、群众。因此我们觉得不应该把木刻的问题当木刻工作者个别问题，而应该把它变为民族解放、生存斗争的武器问题，我们要大家来改正和使用这个武器，使它能配合目前抗战的需要，完成它在伟大的时代里应尽的任务。[1]

1940年秋，华北局决定派鲁艺木刻工作团深入到战场报道八路军在敌后抗战的真实情况，推动冀南根据地的木刻运动，用刻刀画笔来反映根据地军民抗日的精神面貌。木刻工作团由胡一川、罗工柳、刘韵波、邹雅、杨筠组成前线小组，大家背着背包，牵着一头小毛驴驮着印刷工具等，通过平汉路到冀南、冀西去进行木刻运动工作。"冀南敌后五个月中，他们穿上便衣，剃光头发化装成老百姓，进行独立活动。最初办木刻训练班，培养美术干部，以后由训练班转到办木刻工厂，开始再创作新年画，在非常紧张的战争环境里把木刻艺术传播到河北大平原，并在那里生了根。"[2]

木刻工作团于1941年重返太行山。6月，胡一川返回延安汇报工作，其余人员由罗工柳率领，组织木刻创作，部分人员留在报社工作，即刻插图又当记者。1942年前后，鲁艺木刻工作团大部分成员奉命调回延安。

4. 木刻作品的艺术革新

除繁忙紧张的工作外，木刻工作团还在这一时期学习参考山西当地的年画，积极进行作品创作，一批具有鲜明民族特色的新木刻版画应运而生，成为中国新兴木刻创作的先声。

套色木刻是木刻工作团在山西抗日根据地向民间艺术学习的成果，宣传画《坚持抗战，反对投降》，木刻年画《军民合作》《十大任务》等是其中杰出的代表。这些作品摒弃了大块阴影和绵密排列线条的表现方式，代之以民间年画中简单线条造型，结合色彩平涂，背景大块留白，突出表现人物和民众的情绪。这种民间年画的表现语言和手法，是大众审美的体现。据罗工柳回忆，胡一川那段时间的木刻，"每动一刀，都

---

[1] 胡一川. 红色艺术现场胡一川日记（1937—1949）[M]. 长沙：湖南美术出版社，2010，第139页－第142页。
[2] 亦文，齐荣晋. 山西革命根据地文艺运动史稿[M]. 太原：山西人民出版社，1989，第174页。

经过深思熟虑",刻画的"线条那样粗……其实不仅不快,而且刻得相当慢"。这种"相当慢"的"深思熟虑",正是刻制过程中的直觉把握,是艺术直觉与激情表现的直接对应,构成了他的木刻区别于许多同代版画家的最大特色。对胡一川来说,这既是木刻技法的提高,又是对以往新兴木刻的革新。

鲁艺木刻工作团先后转战于晋绥、晋冀豫、晋察冀抗日根据地,他们深入到部队中,到前线去,把木刻训练班办到了游击区,木刻工厂开在了战场的前方,直面敌人的宣传进攻,同时他们为前线部队和游击区培养了许多美术工作者。关于鲁艺木刻工作团的贡献,胡蛮谈道:"他们一方面为人们为兵士供给精神上的粮食,而且,另一方面研究政治和美术,并对青年进行着美术的教育工作,这正是鲁迅同志生前所讲到的'山野里的鹰隼',他们迅速地飞翔着向着伟大的艺术道路上迈进。"[1]鲁艺木刻工作团以木刻为武器进行抗战宣传,播撒下美术的种子,创作了大量的木刻作品,为中国新兴木刻走向大众化、民族化做了有益的尝试,为新中国木刻艺术的发展打下了坚实的基础。

(二)宣传抗战的第一声号角——新闻木刻

1939年至1942年期间,山西抗日根据地的美术工作者创作了大量反映党的方针政策的新闻木刻作品。这些新闻木刻与新闻社论共同发声,是传播抗战必胜的第一声号角。新闻木刻是在烽火连天的抗日战争氛围中产生的,是美术工作者冒着生命危险而创作的,为此一些年轻的美术工作者付出了宝贵的生命。这也是一份留给中国人民的艺术遗产,这些作品不但及时地传播了党的抗战政策与主张,动员和教育了广大根据地的军民,同时也是党的集体意志的延伸,是我党宣传战线上软实力的具体表现。

1. 木刻与社论传播相结合的创新性探索

抗战时期,木刻作为一种新颖的艺术形式,时常用来在期刊、报纸、

---

[1] 胡蛮.抗战以来的美术运动[J].中国文艺,1941.

海报上进行装饰。山西抗日根据地的新闻木刻则配合报纸的社论发表，以图像的形式对社论进行诠释与解读，采用易读、易识、易记的图像传播党的方针政策，在传播党的政策方针、动员根据地民众坚持抗战、揭露敌军的阴谋等方面起到了很好的示范作用。

　　山西抗日根据地的报纸非常重视社论工作。报纸所撰写的社论注重党的政策性与战时工作的指导性，在根据地各项工作中均起到关键的作用。特别是在根据地建立初期，报纸社论在提高广大民众的民族意识，动员民众加入民族解放斗争中、参加中国共产党领导的八路军，建立民主政权，建设根据地文化等方面指导意义重大。报纸的木刻配图则将社论所阐述的各项政策主张以通俗的图像展示出来，以艺术语言强化了社论的宣传和舆论效果，及时满足了广大军民了解政策方针的需要。木刻艺术就成为彼时根据地报纸中最为新颖的传播语言。新闻木刻被高度重视的另一个原因则在于特殊的历史环境。抗日根据地初创时期，所辖的太行山、吕梁山、五台山、恒山、燕山等山区教育水平较低，多数民众没有接受过正规教育。美术图像易于识别、通俗易懂、便于传播等特点被充分挖掘，成为各根据地报纸所选择的重要传播手段。"报纸使用木刻画的形式，并且形成制度，有的木刻画甚至成为社论表达的重点，形式活泼生动，将政治宣传和舆论引导以一种更为艺术的形式展现出来，宣传效果更为显著。"[1]

　　1937年末至1942年初，山西各抗日根据地所办报纸，如《抗敌报》《新华日报》（华北版）《太岳日报》《抗战日报》等，皆将木刻作为题图占据报头的显著位置。其中于1939年1月创刊的《新华日报》（华北版）在木刻使用方面最具代表性。《新华日报》（华北版）的编辑人员许多是延安所分配的，加之报社和八路军总部在一起工作，北方局领导对报纸十分重视，故该报纸从板面的排版印刷，到报头题图、插图、题花等各方面都很规范新颖。同时，报纸的美术编辑主要由鲁艺木刻工作团承担，是当时各根据地所办报纸力量最强的。该报纸的办报风格也被其他根据

---

[1] 吴星辰．浅谈《新华日报》华北版的战时舆论宣传策略[J]．采与编，2016(5)．

地的报社效仿。

2. 战火中成长的新闻木刻

抗战时期，在没有照相制版的条件下，木刻已经成为敌后抗日根据地开展美术工作的主要形式，在敌后根据地发行的报纸杂志上，无论是题图、插图，还是封面及文章插图，基本都以木刻为主。在当时创作条件极差的情况下，创作者必须在非常短的时间里在巴掌大的土梨木上进行创作构思，由于土梨木材质坚硬，且受材料所限，刻画起来并不容易。木刻工作者一方面要正确理解社论的内容，另一方面要通过木刻创作准确地表现出党的政策主张，木刻画面必须符合社论所阐述的内容，精准概括，这就要求木刻作品在顾及艺术化的同时，必须大众化、通俗化，容易被读者理解和接受。

罗工柳谈到鲁艺木刻工作团木刻创作工作时说："木刻和政治结合起来了，战斗性加强了，木刻作品的内容有了提高，在艺术形式上，对欧化作风有了改变。"[1]而且年轻美术工作者的政治素养不断提高，对政策的理解和抗战时局的认识在作品中也有体现。

1939年5月26日，《抗敌报》暨《晋察冀日报》开始采用木刻制作报纸题图，同时大量的插图、题花使得版面艺术水平有了显著提高。当时，邓拓为了报纸的工作，专门把从延安来的沃渣、陈九、阎素等人调入报社，以充实美术编辑工作，他们的加入使得报纸的版面设计水平有了极大的提升。这个时期，报纸刊发的许多美术作品是由徐灵等美术工作者以及华北联大培养的美术工作者创作的。《晋察冀日报》的木刻题图、插图、题花有了很大变化，水平很高，甚至可以和鲁艺木刻工作团在《新华日报》（华北版）的木刻相媲美。

《抗战日报》美术工作者主要有李少言、陈岳峰、刘蒙天、刘正挺、黄再刊、吕琳、黄薇、赵力克等人。这个时期报纸的木刻水平也很高。因

---

[1] 罗工柳. 鲁艺木刻工作团在敌后方[J]. 版画，1960(23)。

第六章 美术传播：范式嬗变，宣传革命新武器

日军对晋绥边区的"扫荡"，报社经常往返搬迁于山西兴县高家村和黄河西岸的陕西神木县前杨家沟村。《抗战日报》的办报条件也是比较差的，印刷材料设备的获取很困难，报纸印数受限。"为了出报，报社不得不派人冒着生命危险到敌占区的太原、天津等地采购。报社职工还因地制宜，土法上马，建起了三座手工造纸厂，以松烟、大麻油为原料建起了油墨厂，用绿豆粉代替云母粉，用石印药纸代替薄型纸。这样，除了铸字用的铅字以外，印报用的其他材料，根据地都能自己生产了。"[1]报社的文字编辑、印刷、排版等工作则是在老百姓的几孔窑洞里进行。每天的食物除了小米土豆就是黑豆籽籽饭，生活很苦。据当时办报同志的回忆："有人用的是什么笔——高粱秆绑了个蘸水笔尖。大家用的是什么纸——以莜麦秸、大麦秸和马兰草为原料的土纸。写字台在哪里——往往在农民的锅台上、自己的膝盖上和行李卷上。工作环境怎么样——头上敌机扔炸弹，屁股坐的是冷炕。大家吃的是什么，最困难时吃的是用来做饲料的煮黑豆。"[2]

除了艰苦的生活环境，美术工作者们还随时面临与敌军的战斗。《新华日报》（华北版）的驻地在山西沁县一带，敌人时常来扫荡，美术工作者们就一面和敌人周旋，一面坚持美术创作工作。胡一川在日记中记述了他们遭遇敌人时紧张的工作状况。有时，日军已经迫近报社驻地，他还要将木刻与社论文章拼版后印出一份样张，才和同志们一起撤离；最迫切时，他为社论刻好报头，刚送到排字房，就听说日军离报社所在地只有五里地，在急忙埋藏了机器后，被迫转移。

艰苦的环境并未磨灭美术战士们的革命意志，在危险的环境中，一幅幅紧扣社论主题、反对日伪侵略、宣扬党的方针政策的新闻木刻被创作出来，同报纸一道传递到抗战一线、传递到敌后方、传递到整个中国，而这也成为中国抗战史上不朽的丰碑。

---

[1] 山西省出版史志编纂委员会，内蒙古《晋绥边区出版史》编委会．晋绥边区出版史[M]．太原：山西人民出版社，1997，第39页。
[2] 山西省出版史志编纂委员会，内蒙古《晋绥边区出版史》编委会．晋绥边区出版史[M]．太原：山西人民出版社，1997，第149页。

（三）美术民族化的肇始——木刻新年画

新年画运动是产生在山西抗日根据地的一场视觉传播革命。美术工作者们基于为大众服务的思维，向民间学习，从民间艺术中汲取养分，对木刻艺术的民族化进行有益的尝试。通过改造旧有的艺术，以旧瓶换新酒的艺术语言，通过与民众社会生活紧密关联的新年画，在传播党的抗日主张、激发民众的抗日热情、抵抗敌伪宣传侵略等方面发挥了重要作用。与此同时，山西抗日根据地开展的新年画运动也是抗战文艺运动中的重要内容，是抗战文化中的一枚重要齿轮。

之所以称其为新年画，是因为它的艺术表现方式、取材内容与发源于西欧的木刻艺术及中国传统年画有着极大的不同。在艺术表现力上，木刻新年画摒弃了新兴木刻以光影为表现方法的"黑木刻"，首次创造了中国式的、以线条为主的"白木刻"，其也成为新中国木刻艺术发展的方向。在取材内容上，木刻新年画突破了旧年画的规范，其内容由才子佳人转变为工农兵大众，木刻艺术真正走上了为工农兵服务的道路。

新年画所进行的民族化尝试，对整个抗日边区的美术民族化产生了极大的影响。当延安的美术工作者们看到鲁艺木刻工作团从前方带回的木刻作品，大为震动，当时，力群、江丰等人盛赞这些作品是带着血与火的木刻，是中国木刻的有益尝试。胡蛮在《解放日报》撰文肯定了前方木刻的方向。

1. 残酷的斗争形式将新年画运动推向前线

抗战初期，日军针对抗日根据地进行残酷扫荡的同时，对民众采取文化侵略的手段。其宣传方式采用了一些新的花样，利用山西民间传统文化中的门神画、灶王爷、旧年历等形式，大肆宣扬奴化思想，妄图泯灭民族精神，瓦解民众的抗日意志，以期达到长期占领中国的目的。例如：1939年，晋西北敌伪政权组织为配合日军的"宣抚"政策，在旧历、年画上印上"遍撒和平种，晋北成乐土"等文字进行奴化宣传；华北沦陷区的敌伪分子也大量印制石印年画"灶王爷"，印上"强化治安"的口号，并强迫广大民众购买。

针对敌伪的奴化宣传,抗日根据地的美术工作者展开针锋相对的斗争,创作了一批反映抗战的年画,以反击敌伪的奴化宣传。他们利用旧历年关时节,深入乡村进行宣传,将新年画分发给民众。然而,初期美术工作者们仍然采用西方木刻的方法进行年画创作,"阴阳脸"的黑木刻与传统民间年画风格相差甚远,并没有引起广大民众的兴趣,他们看不懂,不理解,宣传效果不明显。

1940 年,朱德总司令与晋东南文协的文艺干部们举行座谈。座谈会期间展示了一张日军的宣传品"神判"——它利用中国民间传统形式的"判官图"来毒害沦陷区人们。到会的同志们都被这张反动的宣传品激起了强烈的愤怒,决心要给予反击。朱总司令指示文艺工作者,你们的笔杆子一定要发挥战斗作用,要求每一个美术工作者应该像战士一样,把手中的笔杆变为对敌斗争的有力武器,并鼓励大家"笔杆必须赶上枪杆"。[1]朱德总司令的讲话使美术工作者明确了当前与今后的工作目标和任务,由此,向当地艺术学习、创作大众化和民族化的作品逐渐成了美术工作者们的共识,木刻新年画营运而生。

2. 鲁艺木刻工作团对新年画运动的贡献

亲临座谈会的鲁艺木刻工作团总结座谈会精神,讨论以什么形式才能更好地结合民众。正逢旧历新年,大家的话题自然转向年画。每逢新年,家家户户挂年画、贴门神。在分析了民众对旧年图像的审美取向以后,团员们一致认为,年画是走向民族化和大众化最好的形式,故决定采用年画进行木刻创作。鲁艺木刻工作团的创作思路得到了上级组织北方局的高度肯定,于是工作团决定集中力量进行新年画创作,同时决定建立木刻工厂,扩大新年画的传播力和影响力。

然而,在根据地物资极端困难的情况下,批量的新年画制作遇到了

---

[1] 彦涵. 忆太行山抗日根据地的年画和木刻活动[J]. 美术,1957(3).

重重阻力。工作团在上级部门的帮助下，因陋就简，尽力推进各项工作的开展。胡一川回忆："我们一面进行新年画创作，一面筹办印年画的工作。这次的新年画，主要是表现敌后的斗争和生产。在形式上主要学习民间的年画，风格比较单纯明朗。为了解决印刷问题，我们从报社调来一个过去印过年画的装订工人。为了赶时间，我们用几块砖头来代替压纸用的钢板，用一块旧牌匾来代替印年画用的案板。经过多方面想办法，也逐渐解决了工具、颜料等问题……开办木刻工厂存在人员和印制设备缺乏问题。印刷年画所用的纸张根据地没有，是新华日报社的同志想办法从敌占区购买了一批。"[1] 在新年画印刷过程中，工作团则充分发挥了向群众学习的优良传统，一边学习一边探索，顺利完成了新年画的制作任务，一幅幅精美的木刻新年画传到根据地百姓手中。罗工柳回忆道："当我们刻新年画时，要刻许多字，特别是农历那一张，需要找一个刻字工人，在农村到哪里去找呢？没有办法，还是找群众商量，在群众帮助下，我们在东保村找到赵四，我们登门去访问他，他愉快地接受了我们的邀请。他是上了岁数的老师傅，刻一手好宋体字，是个理想的人才，工作团得到他很大帮助。以后他正式参加木刻工厂，成为木刻工厂的工人。搞水印套色木刻新年画，我们没有经验，而且时间很紧，只有个把月就要过春节了，没有准备，困难很多，但当时大家热情很高，劲头很大。新年画任务压得相当重。既要创作，还要动手印刷。套色水印木刻，我们没有见过，根本不会。后来到报馆工人中去寻访，发现工人赵思恭会这一行。我们把赵师傅请来，拜他为师。他设计案板，做棕刷。有了老师，又有了工具，但纸张颜料还没有。当时《新华日报》（华北版）是用麻纸印的，太行山只有麻纸，麻纸不能印水印木刻，要用有光纸，太行山没有，颜料更没有。报馆负责采购的同志愿意帮忙，他们跑到敌占区，终于把有光纸和颜料买来了。新年画开始印刷，我们当学徒，日夜奋战，终于按时把全部新年画任务完成了。"[2] 这批印好的年

---

[1] 胡一川. 回忆鲁艺木刻工作团在敌后[J]. 美术，1961(4).
[2] 罗工柳. 生活源泉与民族形式——谈延安木刻工作团的创作经验[J]. 美术研究，1980(2).

画共有 8 种，包括胡一川的《送子弹》《开荒》、陈铁耕的《抗日人民大团结》、罗工柳的《一面抗战，一面生产》、杨筠的《织布》、彦涵的《抗日军民》等。

在年画印制过程中，附近的窑工和农民以及路过赶集的农民被新鲜的艺术形式吸引，有的要求出钱购买，这使队员们意识到，木刻新年画的创作找到了正确的方向。在昼夜奋战下，木刻工作团共突击印出了一万多张水印套色新年画。大部分通过组织散发，余下一部分队员们决定拿到集市去尝试销售。农历腊月二十三小年那天，由胡一川和杨筠背着新年画，前往日军烧毁的襄垣西营集市摆摊销售，和卖旧年画的唱对台戏，还贴了几份新年画做广告。新年画由于形式很新颖，内容又都是老百姓喜欢的，色彩鲜艳、价钱又便宜，刚刚一会，赶集的人们都围了过来要，"当时向他们解释，'一毛钱八张，谁要谁买'。农民就不再要画，而去仔细寻味墙上的样张，过了一会就有人说，'又好看，又便宜'，连白纸都买不到。这样一来，不到三个钟头，带来的几千份新年画都卖光了，有的老百姓把墙上贴的年画也揭走了，木刻工作团的新年画轰动了西营镇。本来是想试试新年画的反响，没有想到群众的反映如此强烈。鲁艺木刻工作团出了名，周边的老百姓都知道八路军有个鲁艺木刻工作团印新年画"。[1]

工作团的同志为了引起民众的注意，还把新年画贴在附近村子里，每次都很快被村民揭走了。一次贴在总部王家峪的村子里，引起了总部首长的注意，北方局的杨尚昆和李大章同志当面夸赞工作团的年画工作搞得好，非常成功，是勇敢的尝试。陆定一在干部会议上对新年画工作给予了肯定。彭德怀副总司令散步时看到新年画后，捎话来，希望工作者们送几张给他。

1940 年 2 月 7 日，彭副总司令收到木刻工作团送来的新年画后，立刻回信，极大地鼓励了木刻工作团同志们创作新年画的信心。彦函回忆："木刻工作团在太行区的工作所以能够得到良好的反映，我认为这首先是

---

[1] 彦涵. 忆太行山抗日根据地的年画和木刻活动 [J]. 美术，1957(3)。

同志们在思想上明确了木刻应该首先反映对敌斗争和生产上的斗争，把木刻当成鼓舞敌后军民打击敌人的有力武器。第二，在创作过程中，经常听取群众的意见并注意研究当地人民的生活习惯。这批新年画，就是在以表现革命斗争为内容的前提下，汲取了民间旧年画中的有趣因素（如画面的热闹，色彩的鲜丽等）并尊重老百姓的欣赏习惯，而获得成就的。"[1]罗工柳谈道："艺术形式解决了，创作源泉解决了，群众看起来，内容有名堂了，找到群众喜闻乐见的年画形式，把形式和内容很好地结合起来，而且把外国的造型艺术技巧运用到这种形式里，把旧形式发展了。木刻团这些作品就是这样产生的。为了木刻民族化，在三十年代末、四十年代初，有不少同志在这方面做了努力，而且有了很好的成就。"[2]

此后，木刻工作团结合年画的传统表现方法，创作出许多新年画、新年历、新门神画。1940年，鲁艺木刻工厂成立后，从一年间的印刷统计资料中可以看到木刻工厂的工作成绩："大小30余种，印23000张。《十二项主张》：共五张一幅，挂图，四色套版，印10000张。《五月》画报：2种，三色套版，印3000张。民选标语：12种，三色套版，印42000张。《中共北方局十五项建设主张》挂图：五张一幅，三色套版，共印25000张。《刘二堂》连环画一本：18张一本，单色油墨版，先印1000本。《坚持华北抗战的八路军》：大画册，共30余页（包括八路军四年来主要战斗）。出版数目尚难统计。'号外'、'大会特刊'：共印4600份。年画《门神》《五谷丰登》《春耕大吉》《灶王爷》共印42000份。总计共创作套版木刻百余幅，已印套版、单色木刻共173000张。鲁迅艺术学院木刻工作团：一年之内，因去冀南推动帮助成立木刻工厂两个，无多创作，仅有卡片数种，新华报头插图很多，连环画正刻印中。全区共印约20万张（新华日报除外），创作800种。"[3]

这些新年画采用套色印刷，线条简练，单线平涂，色彩醒目，多表

---

[1] 彦涵. 忆太行山抗日根据地的年画和木刻活动 [J]. 美术，1957(3)。
[2] 罗工柳. 生活源泉与民族形式——谈延安木刻工作团的创作经验 [J]. 美术研究，1980(2)。
[3] 山西革命根据地 [Z]. 山西省档案馆馆藏资料。

现民主选举、参军光荣、促进农业生产、农村识字活动、英雄劳模表彰、领袖仪容和战争胜利的情形。新年画的艺术形式已经渗透到各个方面，已经成为敌后根据地农村各种文化艺术活动、传统节庆，政治活动（包括政权建设、村民选举）中的组成部分。可以说，新年画的图像形式在根据地俨然被当作一种新的、行之有效的传播手段。

3. 晋察冀边区关于木刻新年画的创新

除鲁艺木刻工作团的艰辛探索外，在同一时期，晋察冀边区也开始对木刻新年画进行有益的尝试，代表性人物包括徐灵、李劫夫、沃渣等。他们结合当地情况，克服材料技术条件差的困难，充分发挥自身木刻制作优势，利用传统年画浅显易懂的艺术表现方式，创作了一批紧扣抗战主题、艺术特色鲜明的木刻新年画。

在美术传播实践中，晋察冀根据地的美术工作者意识到，充分利用当地民众喜闻乐见的艺术形式，如年画、门神画等，剔除封建糟粕换之以抗战内容，将更有利于抗战思想的传播。徐灵对此回忆道："'年画'形式首先被我们采用是鉴于华北广大的地区，旧的年画已成为群众风俗习惯上不可缺少的精神食粮，这就给我们采用这一形式来创作新年画、进行政治宣传提供了有利的条件和群众基础。"[1]然而，由于当地美术工作者多以学习西洋画为主，虽然有研究和学习民族绘画的热情，但对民间艺术形式并不熟悉，也很难接触到中国古代优秀的美术作品。为克服这一问题，美术工作者们将关注点放到民间，在军事作战过程中，留心观察高山上的山神庙宇，村头的土地神祠，以及老乡家的门上、墙壁上的作品，从丰富的壁画、泥塑、门神、纸马、年画中汲取养分，以丰富新年画的创作形式。此外，与鲁艺木刻工作团相似，当地美术工作者同样遇到物资困难的情况，为此，他们利用当地木刻拼制版面、利用染布料做颜料，甚至利用钢制的擦枪工具自己打制刻刀。克服重重困难后，一幅幅富有激情、特色鲜

---

[1] 徐灵. 战斗的年画——回忆晋察冀抗日根据地的年画创作活动[J]. 美术，1957(3)。

明的新木刻开始在晋察冀抗日根据地广泛传播。

　　取材于民间门神画的《保卫家乡，保卫边区》极具代表性，此幅木刻门神画将当地文化传统和抗战主体完美结合。画面中，民间门神秦叔宝和尉迟恭形象被替换为英勇的八路军和民兵，他们手中握着一杆红缨枪，背着大砍刀，上面飘着大红飘带，构图富于装饰趣味，同时表现了根据地军民保卫家乡的爱国热忱。此外，徐灵创作的《天官赐福》《抗日光荣》《立功报喜》，李劫夫以鼓励春耕生产为主题的《努力春耕》皆受到了当地百姓的欢迎。这些年画通过边区政府及各县区政府散发到边区的大大小小的村庄里，老百姓把它们贴在树干上，屋子的柱子上，村庄要道的墙壁上，贴满了晋察冀边区。徐灵回忆："战斗频繁的边区环境，村落经常遭到战争的毁坏，所以我们利用各种办法将年画散发出去，并常常在反'扫荡'胜利之后，我们自己提着糨糊筒分头到各处，沿村张贴，有时还在经济较为富裕的地区印制些加工较多、纸张较好的年画，运到集市上打起锣鼓，一面宣传一面叫卖，以很低微的价格卖给群众，甚至还有供不应求的现象。如我们在平山县陈庄镇叫卖时，印了几天几夜的画，运到集市上被一抢而光，于是我们将自己制造的木刻印刷机，搬到集上，一面印刷、着色，一面卖，也还是供不应求。"[1]

　　晋察冀边区的美术工作者主要从属于军分区剧社、报纸和各宣传部门，除了完成本职工作，他们还利用业余时间积极进行木刻版画创作。此后，随着一大批高水平的美术家及具有相当创作经验的专业美术工作者陆续来到晋察冀，会同边区各剧社、报纸及各宣传部门的美术工作者，组成了一支实力强劲的美术工作队伍，迅速将边区美术活动推上了一个新的发展阶段，木刻新年画也得到了极大的发展。

　　综上，发生在山西抗日根据地的木刻新年画运动产生了深远的影响。一方面，根据地美术工作者求真务实、虚心求教的态度，使木刻版画这种新兴的艺术形式与山西风土人情完美结合，焕发了新的生命力，一大批当

---

[1] 徐灵. 战斗的年画——回忆晋察冀抗日根据地的年画创作活动[J]. 美术, 1957(3).

地百姓能看懂、喜欢看的新年画作品承载着抗日救亡、抵抗侵略者的思想，广泛流传，达到了思想宣传、动员民众的目的。另一方面，木刻新年画可被视为美术民族化的肇始，深刻影响了中国美术艺术之后的发展，进而形成具有中国气派的艺术风格。

四、山西抗日根据地美术传播的特点及作用

山西抗日根据地的美术传播主要围绕全面抗战这一历史任务，以木刻、新年画、连环画、漫画、壁画和布画等为传播载体，着力传播党的方针政策、讴歌战斗英雄、倡导新风尚、丰富群众的文化生活；同时，以美术为手段，对敌进行强大的政治攻势，以混搭的传播方式展开宣传战，在瓦解敌伪工作方面发挥了重要的作用。在传播实践中，根据地美术图像结合了民间艺术语言，质朴又不失艺术性，画面色彩明朗，线条简单生动，朴素的内容使广大民众能够看得懂并理解抗战宣传内容，形成了具有中国特质的艺术风格。

（一）根据地美术传播的鲜明特征

山西抗日根据地美术传播是在特定的历史条件下形成的，与我党在根据地的历史任务和特有的战争环境紧密相连，形成了自身的特点。

1. 紧密结合党的政策和任务开展美术传播

在全面抗战的不同时期，山西抗日根据地的美术工作者紧密联系当前的中心工作，以艺术形式将宣传抗日民族统一战线政策、团结广大民众抗日救国、宣传和鼓舞根据地广大群众参加伟大的抗日战争、根据地的民主政权建设、冬学扫盲运动等内容生动地展现，在为根据地广大军民提供丰富文化食粮的同时，及时宣传党的政策方针，有效提升和凝聚了山西抗日根据地的战斗力。

例如，1940年3月6日，中共中央发出《抗日根据地的政权问题》的指示，以反对日本帝国主义、保卫抗日人民、改善工农生活为出发点，

公布了村选举法。美术工作者积极配合村选工作,"在进行村选举的时候,到处贴满了花花绿绿的标语,上面写着'选举认真办事、不怕困难的前进分子作村长','选举代表群众利益的村长'……一类的语句。有的村庄还高搭彩牌坊"[1]。通过宣传画、标语等形式,将党的选举政策、选举法以标语木刻的形式深入宣传到每个村。徐灵创作了版画《我选王二禾》,1941 年刘韵波创作木刻《庄严的一票》,1944 年彦涵创作木刻《村选大会》……这些美术作品在根据地村选工作中产生了很大影响。通过宣传,广大根据地民众认识到,只有建立民主政权,只有跟着共产党走,才能得到民主幸福的生活。

再如,1943 年 3 月 21 日,《新华日报》发表社论《努力争取新文化运动的开展》,号召掀起一个真正的群众性的大众化的新文化运动。为了配合新文化运动开展,美术工作者创作了大量反映根据地变化的新年画、新兴木刻作品,包括阎肃创作的《王三群满门忠烈》《坚壁》《一个领袖》,沃渣创作的木刻《保卫边区》《到处是地雷》,徐灵创作的木刻《反正》。这些作品很大程度上反映出广大民众的思想的极大转变,他们对新文化产生了认同,更加拥护抗日政权。这些美术作品除了在报刊发表,还通过农村的街头壁画、流动的美术展览等方式进行传播。作品形式多样,有门神画、明信片等,真实地表现出根据地抗战的社会生活。

此外,徐灵的木刻《"打倒日本"升平舞》表现了根据地村民乡村娱乐活动的场景,反映出边区政府对根据地乡村文化娱乐活动的重视;赵在青创作了反映根据地群众生活的二十余幅木刻连环画《崔贵武的家》;刘韵波创作了三十余幅木刻连环画《回家》;毛宁在晋绥时期创作了反映根据地民众艺术家的《民间艺人》;张晓飞创作了反映根据地积极发展乡村教育活动的《识一千字》等。这些作品都紧密围绕彼时党的政策导向,浓墨重彩地表现了根据地民众喜爱新生活,文艺工作者纵情歌唱共产党好的亲切场面。美术宣传工作推动了根据地新文化运动的开展,起到了团结民众、鼓舞根据地军民的抗战信念的作用。

---

[1] 李公朴. 华北敌后——晋察冀[M]. 北京:生活·读书·新知三联书店,1979,第 91 页。

2."混搭式"的美术传播方式

抗战时期,山西抗日根据地时常遭到敌伪的破坏,持续不断的扫荡、经济上的封锁扼杀,使根据地处于物资极度匮乏的状态,敌后美术传播工作的开展异常困难。面对如此情况,美术工作者们充分发挥主观能动性,在根据地民众的协助下,利用现有的条件制作木刻宣传画、连环画、年画、传单、漫画、小册子和其他瓦解敌伪的宣传品,继而开创了具有"简单、快捷、方便"特点的美术传播方式。

抗日初期,美术传播工作面临着许多困难,美术工作者队伍人员不足,创作水平不高,大型的美术创作几乎没有可能。为此,他们向民众学习,自制美术创作所必需的纸张、颜料、画笔、刻刀等工具,在极端困难条件下进行美术创作,巴掌大的木刻版亦是他们的舞台;没有固定的创作环境,他们就利用一切可以利用的时间和空间,在战斗间隙、在行军途中、在部队修整的深夜……都留下了他们奋力创作的身影。此外,他们不拘一格,老乡家的墙壁、集市中的宣传栏都被充分挖掘使用,成为宣扬抗战精神、传播党的主张、瓦解敌人思想的重要平台。值得说明的是,美术工作者在党的领导下直面形势的紧迫和战争的残酷,他们没有空中楼阁式的幻想,始终以传播党的政策、宣传抗战为己任。身处敌后前线,每一个美术工作者都身先士卒,深入敌占区对敌展开政治攻势,针对敌伪的奴化宣传的"思想战"展开针锋相对的"宣传战",每一个村落、每一条街巷都是其对敌伪斗争的战场。美术工作者常随着部队转移,腰间挎着枪和手榴弹,随身携带着白灰桶、刻刀、板刷,这些都是他们的宣传武器。美术工作者表现出了不畏牺牲的英雄主义,经历了生与死的考验。

随着战争形势的好转,在党的领导下,根据地军事实力得以壮大,政权建设更加稳固。根据地不断成立的各类学校培养了大批的美术工作者,他们被分派到各个宣传机构;与此同时,根据地美术创作条件也开始好转,先后创立了造纸工厂、美术工厂、印刷工厂,得以大量印刷抗战宣传品。这一过程中,美术工作者还自己动手,创造出印制传单的"土印刷机",大量印制传单。美术传播向着多样化转变。此后,大量印制的传单、小册子、连环画、宣传画、漫画、布画、年画、新年历、明信片、慰问袋与书信等，构成了"混搭"的宣传战方式，展开对敌伪的宣传战。美术工作者还将百姓的墙壁作为开展"宣传战"的战场，通过书写标语、画墙壁画等方式，与敌军展开激烈的墙壁争夺战。这些都对敌伪产生了极大的威慑与反击作用。

3. 在传播实践中形成独特的美术创作范式

美术图像介入抗战的文化传播，是其本身特质所决定的，它具有难以替代的价值和地位。作为一种视觉艺术，美术可以给予观众最直接的视觉冲击，经过艺术处理后的图像可更加清晰地表达作者所要表现的思想内涵。美术图像传播的这个特质，恰恰符合抗日战争时期宣传战的需要，能够直观地反映根据地的形势，表现战争的进程，传播政治意图，非常适合战争的宣传需要；特别对于根据地文化程度较低的群众，容易识别的图像符号成为宣传抗战最有力的传播武器。

达到如上的宣传效果，并不是一蹴而就的，而是经过美术工作者在山西抗日根据地长期的美术传播实践后才逐渐形成的。抗战初期，美术工作者从大后方带来的美术作品，不为民众所认同，被戏称为"阴阳脸、满脸胡"。初期传播的不利局面使广大美术工作者意识到，要向群众学习，广泛汲取民间传统艺术的优点，没有故事的美术作品，不能唤起民众的共鸣。后来，美术工作者创造出新年画、连环画等，取得非常大的反响。1942年后，在延安文艺座谈会讲话精神的指引下，美术工作者更加坚定了从群众中来、到群众中去的创作原则，美术创作必须植根于人民群众。前线特有的战争环境中，美术创作不同于后方"亭子间"式的创作，没有艺术家个体的感情抒发。美术工作者首先作为战士在前线战斗，美术作品必须反映党的集体意志，必须符合战争宣传工作的需要、符合宣传战的实际需求，美术作品是投向敌军的匕首。这种前线才具有的战斗性、号召性成为山西根据地美术的特点之一，美术工作者得以开创以新木刻、连环画、新年画为代表的敌后根据地美术新范式。

（二）根据地美术传播的历史作用

探析山西抗日根据地美术传播的历史作用，无疑要从其传播路径上进行思考。首先，也是最直接的，根据地美术传播是面向当地军民的，美术工作者将抗战思想、党的政策方针融入美术画面中，让受众者身临其境感受战争的严酷和根据地的温暖，从而振奋其精神，坚定其信念。其次，根据地美术传播富有战斗性，是面向敌伪的，一些内涵深刻、引人深思的宣传画通过多种方式传播到沦陷区，起到了瓦解敌人的作用。最后，根据地美术传播走向了全中国，在国统区引起了巨大反响，甚至走向世界，八路军战士英勇抗战的图像成为世界反法西斯战争的一个缩影，从而树立了我党中流砥柱的形象。

1. 宣扬抗战精神、强化根据地建设的"冲锋号"

在特殊的历史背景下，诞生于战火中的山西抗日根据地美术艺术，是直接服务于战争需要的。在众多表现内容中，对战争场面的直接描绘是美术工作者的创作重点。诸如彦涵的《奇袭日军阳明堡机场》、古达的《响堂铺伏击战》、艾炎的《大战平型关》、张宇平的《粉碎日军九路围攻》、范云的《彭总在关家垴指挥战斗》等一系列作品都直接描绘了战争的残酷，题材涉及练兵、参军、战前准备、攻城、出击、破碉堡、抢救伤员、伏击等。值得说明的是，在摄影摄像技术不发达的抗战时期，这些作品成为一般民众了解战争、了解八路军在敌后英勇抗战的重要路径，美术作品通过多渠道的传播，让民众在潜移默化中认识到是谁在坚定不移地抵抗外来侵略者，是谁在民族战争中起到中流砥柱的作用。

除战争题材的美术作品外，反映根据地建设情况的作品同样是美术工作者创作的重点。这类作品虽然没有表现硝烟弥漫的战场，但其传播意义同样重大。作品内容主要涉及动员民众参加选举、宣传减租减息、鼓励民众生产自救、推行根据地新文化运动的开展、开展乡村识字教育、表彰英雄劳模等方面。以胡一川为主创作的连续套色木刻《十大任务》、彦涵的《建立抗日民主政权》、刘韵波的《庄严的一票》、徐灵的《我选王二禾》等作品,以根据地政权建设为主题,反映出根据地民众当家作主的实况;赵再青的《快上学去》《识字》、杨筠的《到民革室去》《小先生》等直接反映了根据地教育事业蓬勃发展的景象;邹雅的《支援群众打场》、黄再刊的《收获》等则是反映根据地大生产的情景;胡一川的《破坏交通》《模范班》、陈均的《平山战斗中的军民》《热爱子弟兵》、范云的《村救护站》等反映的是军民一心、共同作战的主题;黄再刊的《为子弟兵扫雪清路》、杨筠的《满缸水运动》、彦涵的《亲人》、郭钧的《兽医》则是以军民鱼水情为主题而创作的作品;而阎肃、屠炜克、油飞虹、唐炎等创作的《参加八路军保卫家乡》《妻子送郎上前线,母亲送子打东洋》《广泛开展游击战争》《放下锄头拿起枪》《把烂铁送到兵工厂》则生动描绘了根据地民众支援前线的景象。

以上这些内容丰富、题材多样、艺术表现力出众的美术作品不仅真实记录了根据地建设情况,更将党的政策主张、所要宣扬的内容转化为通俗易懂、可识别的画面,在当时产生了积极的作用。其一,这些作品让根据地民众认识到团结一心、坚持抗战的重要性。这些作品通过生动形象的构图,将党的各项主张传播到每个民众的内心,让他们意识到只有跟着共产党走才能获得民主幸福的生活。其二,这些作品产生了积极的劝导作用。美术作品暗示了正确的生活方式,民众在观摩过程中明确了什么是对的、什么是正向的,从而改变行为,进而积极参加学习、生产、支援抗战等工作。

2. 打击敌人、瓦解敌人的"纸炸弹"

针对日军的五次"治安强化运动"和所谓"思想战",山西抗日根据地的美术工作者展开针锋相对的宣传斗争。他们根据宣传攻势的需要,实时创作了许多瓦解敌伪的宣传品,以传单、慰问袋等形式通过各种方式投送到敌伪的据点,对敌军施加了巨大的心理压力,消解了敌人的战斗力。将对敌宣传的美术作品称为"纸炸弹",是对作品威力的准确描述,其爆炸力不是体现在物理层面的,而是对敌人精神的准确打击。

最具代表性的是彦涵的木刻年画《身在曹营心在汉》。1942年,为

第六章 美术传播：范式嬗变，宣传革命新武器

配合根据地发动对敌伪的政治宣传攻势，彦涵在村落寺庙中看到关公夜读《春秋》的彩塑后得到了启发，创作了具有山西民间年画特色的《身在曹营心在汉》。该作品由两部分组成，上部分为关羽夜读《春秋》的场景，关平、周仓站立在两边，同时写有"身在曹营心在汉"红字；画面下侧由四幅连环故事画组成，讲述了关羽身陷曹操营中，不受金钱美女诱惑，毅然闯关斩将返回汉营的过程，并附有"关公兵败暂留曹营，但他身在曹营心在汉，时时想乘机杀敌返回汉营。曹操上马赠金，下马赠银，三日小宴，五日大宴，美女陪侍都打不动关公忠义心肠""关公终于脱离了曹营，过五关，斩六将，兄弟相会在古城"的故事介绍。在山西，关羽是忠义的化身，为大众所崇拜，武圣庙遍布各处的大小村落中，这幅作品即以此来映射敌伪军的处境，所起到的作用可想而知。该作品在刻印后，由武工队在夜间带到敌占区散发，有的撒在敌人碉堡周围，有的分发到敌占区的村子里，有的还和其他宣传品一起绑在箭头上，用弓射入敌人的碉堡里。[1]"纸炸弹"的威力由此开始体现，一个伪军官见到《身在曹营心在汉》这幅画后说道："我要这样做"；[2] 有个伪军小队长前来投诚，见到八路军后，连忙掏出《身在曹营心在汉》的画，指着画上的关羽说道"大丈夫当如是也"；有敌占区的"维持会"会长见到这幅木刻画传单后也说"总不能忘记咱是中国人"……可见这幅木刻画对瓦解敌伪军、孤立敌人起到的巨大作用。

另一个典型案例则来自徐灵的木刻作品《日兵之家》。《日兵之家》直接针对日军战士，该作品描绘了一位善良的日军母亲跪在室内，望着凄然而卧的媳妇、孙儿默默祈祷，好似在祈祷儿子的平安，抑或是诅咒日本军国主义者发动的非正义战争。该作品被制成明信片装入散发给侵华日军的"慰问袋"中。部分日本士兵看到此作品后想到了远在家乡的父母和妻儿，有的士兵甚至偷偷将其寄回家乡，以表达他们思乡厌战的心情。不仅是《日兵之家》，由美术工作者创作的很多木刻作品在日军中引起了

---

[1] 白炎. 彦涵传[M]. 长春：吉林美术出版社，1993，第 92 页.
[2] 彦涵. 忆太行山抗日根据地的年画和木刻活动[J]. 美术，1957(3).

很大的反响："在华日本反战同盟的同志（系被俘虏后觉悟的日兵）说：'被驱使的日兵，由于日本左翼美术活动，对木刻怀有神秘和尊敬的感觉……，'在太平洋战争爆发期间，日兵思家厌战，我军大量印发对敌木刻宣传品，日本士兵争着传看。"[1] 由此说明，美术作品的对敌传播在瓦解敌军、消磨敌军士气方面起到了相当大的作用。

3. 树立中国共产党英勇形象的"摄影机"

山西抗日根据地的木刻作品不仅在当地广泛传播，也在国内各地引起反响。1942年，解放区木刻首次在重庆展出，其中就有不少来自山西抗日根据地的作品。此次展览震动了大后方，文化界震撼于木刻所表现的战斗性和大众性，茅盾、徐悲鸿等著文表扬。国统区的木刻界对根据地木刻的发展尤为关注，1943年重庆中国木刻研究会曾致书延安木刻界，表示敬佩与鼓励。根据地的木刻作品甚至影响到国外，许多外国记者到延安时，拍摄了各种艺术活动的照片，并求取木刻原作带到海外去；英国、美国许多报纸杂志都登载过根据地的木刻作品，美国《生活》杂志曾出版过延安木刻选集。

在这样的传播声势下，诞生于战火的根据地美术被进一步赋予了新的意义。一方面，这些美术作品展现了美术工作者高超的艺术水平，让全世界领略了富有中国气派的艺术；另一方面，也是更重要的，画面中描绘的战斗实况、根据地建设情况、民众风貌等使外界对中国共产党领导的敌后抗战有了新的认知，打破了国民党顽固派炮制的所谓共产党"游而不击"的谎言，树立了我党中流砥柱的抗战形象。

---

[1] 王学辉. 世纪回望——山西百年美术文献[M]. 太原：山西人民出版社，2018。

第七章
影像传播：真实再现，承载抗战新风貌

影像作为历史记忆的媒介，以特有的语言方式展开对历史的记录和叙述。与传统文字记录历史相比，影像对历史内容的记录往往能保留更多的历史细节，同时可以更清晰地表达蕴藏其中的情感因素，在成就更为整体性的历史记忆的同时，又具有一定的视觉政治特征。

在抗战时期的历史语境中，相较于其他艺术形式，以影像为载体的传播方式无疑是最直接也是最直观的。在表现方式上，影像清晰定格了事件发生的瞬间，准确而真实记录了当时的情况；而对于接受者，传播受众仅凭观看即可回到"现场"，领略作品想要表达的思想。相较于高能的传播效力，影像的利用则有较高的门槛，一方面影像艺术的发展需要有特定设备和技术的支撑，另一方面也需要专业的人才，这对于物资极度贫乏的山西抗日根据地而言无疑具有较大的困难。在中国共产党的坚强领导下，在根据地军民的不断探索下，影像艺术在山西抗日根据地落地生根，逐步成为我党文化宣传的利器。

本章将聚焦山西抗日根据地的影像传播，从影像发展背景出发，着重探讨山西抗日根据地影像传播的摇篮——《晋冀察画报》的发展及传播，同时解析"延安电影团"在山西抗日根据地的活动情况，以此还原影像艺术在山西的传播实践历程，探究其历史意义。

一、山西抗日根据地影像传播前史

（一）西方摄影技术的传入和发展

1839 年，法国人达盖尔发明了采用镀银铜板曝光后用水银蒸汽固定影像的银版摄影术。至 19 世纪 40 年代，这一新潮的技术就已开始在中国沿海开放口岸传播，彼时技术的传播主体主要为外国人，包括国外传教士、官员、来华商人等群体，他们一方面从事摄影实践，另一方面也参与摄影著作的编写，为西方摄影技术及相关光学和化学知识传播的主要力量。[1]1844 年，中国科学家邹伯奇制作了自己的照相机，并拍摄了照片，其著作《摄影之器具》和部分手稿散页，被国内学者视为中国最早的关于照相机的发明和摄影的方法的记录。[2]

早期的摄影是人们娱乐和赚钱的工具。摄影术传入中国之后，应用最广泛的是在照相馆，例如：上海早期的照相馆"苏三典""宝记"，北京最早的照相馆"丰泰照相馆"等。这些照相馆多为皇亲国戚和达官贵人拍摄写真，亦有一些专门拍摄和推销妓女照片，从而牟取暴利。

到 20 世纪二三十年代，中国摄影也已有了较大的发展，全国大多数城市都开设了照相馆，特别沿海地区、商业文化发达的城市，甚至有规模较大的照相馆。据 1936 年的统计，北平照相馆业的从业人数为 439 人，其中"大北照相馆"有职工 60 多人，是北平人数最多的一家。此时，照相馆的主业还是人物肖像摄影，但也拍摄日常生活的照片，内容包括婚丧嫁娶、别离欢聚、就业升迁、生活娱乐等，还有各行各业、机关团体举行典礼集会时的合影留念。在当时一些重要的会议中，合影留念是必要的程序。此外，有些照相馆也为报纸、杂志、画报提供题材多样的照片，如上海汇山、中华、宝记，北平的同生、真光，南京的美利生、中华，武汉的显真楼，太原的开明照相馆等都向报刊提供过新闻照片，题材涉

---

[1] 陈申，谢建国. 中国影像史（第二卷）[M]. 北京：中国摄影出版社，2014，第 242 页—第 249 页。
[2] 申亚雪. 晚清灵石杨氏家族学术活动研究[D]. 山西大学，2019。

及风景、名胜古迹、戏剧电影以及自然灾害等。

就在这一时期,由国人编写或译著的摄影技术书籍,以及各种题材的摄影集、画报广泛流行,一些摄影爱好者通过自学逐步掌握摄影技术,在北京、上海、广州等地,部分摄影爱好者结成业余摄影团体,其中较有影响的有"北京光社""中华摄影光社""黑白影社"等,这些团队为摄影技术的传播和发展做出了不少贡献。与此同时,国人的摄影观念也悄然发生了变化,有人提出摄影不应该只是上层阶级消遣娱乐的工具,摄影家应当更多地关注生活在底层的劳动人民。此时的中国社会思潮涌动,各种政治力量进行博弈,左翼文化阵营在社会上为底层劳动人民振臂高呼,国内一些进步摄影家正是受到左翼文化思潮的影响,在讨论研究摄影创作理论和方向时,将"民族革命战争的大众文学"和"国防文学"作为摄影创作的基本观点。

1933年,在上海创刊的《晨风》摄影杂志更是不断地在报纸上"号召希望同志们多写点关于中国摄影意识的论文",《晨风》刊登了大量为摄影观念破旧立新的文章。例如铁华的《摄影的题材》一文则直接指出,摄影不是一种消遣品,"艺术是时代的反映""艺术是社会的产物"。

1937年是中国摄影观念转向的关键一年,全面抗战爆发后,摄影成为民族救亡的武器,摄影的目的从追求艺术的表达转向为国家民族发声,一批爱国的摄影师开始告别艺术摄影,转入聚焦现实的纪实摄影。在全民抗战的严峻形势下,"摄影与救亡"成为新的时代主题,摄影从高雅艺术殿堂走向了战场,走进百姓的生活。许多有识之士纷纷组建摄影机构,专门负责战争时期新闻图片的拍摄。国民党也成立了国际宣传摄影科,负责摄影宣传工作,在揭露日军在中国的暴行、宣传中国的抗战救亡意志等方面做出贡献。

(二)土地革命时期中国共产党的影像实践

中国共产党历来非常重视宣传工作,早在国共合作时期,中国共产党的领导人对图像及影像在宣传中的作用就已经有了准确的认识。1926

年，毛泽东在中国国民党第二次全国代表大会上的《宣传报告》讲话中提出，图画影像相对文字来说，具有先天的传播优势"中国人不识文字者占百分之九十以上。全国民众只能有一部分接受本党的文字宣传，图画宣传乃至特别重要"。[1]1925年10月，国民革命军二次东征时，任当时总政治部主任的周恩来亲自拟定《战争政治宣传大纲》，要求加强图片宣传工作，大纲指出：宣传队应携带照相机，沿途拍摄战争情形及兵民欢聚等照片，或以之赠送各界代表。[2]这些都是中共领导人对图像及摄影工作重要性的最早指示。1929年6月25日，中共六届二中全会通过的《宣传工作决议案》中提出，应特别注意对一般群众中的宣传工作，强调要结合一般工农群众的兴趣进行编印画报画册及通俗小册子的工作。党报须用图画及照片介绍国际及国内政治及工农斗争情形。[3]这说明中国共产党已经正确地认识到中国一般工农群众文化水平低下的现状，并有的放矢地提出针对性的工作方案，在当时人民群众的文化程度普遍低下的中国，平民化的图画和影像无疑是政治宣传与形象塑造的最有效的传播方式。

土地革命时期，中国工农红军队伍中就已有一些摄影记录活动。但受条件所限，这些活动基本处于自发的零散的状态，往往是个人留影之余偶尔为之，还没有形成记录历史的明确意识，更未成为自觉的组织行为，彼时军队中还没有专职新闻摄影师。保留下来的部分珍贵摄影作品，如《红军攻克漳州》《缴获敌军用飞机》等照片，都是部队领导人如叶剑英、陈毅、聂荣臻、罗瑞卿、陈赓等一边指挥部队行军作战，一边进行摄影实践活动而拍摄成的，这是我党摄影事业诞生前的摄影活动。

我党第一位兼职摄影师苏静回忆道，长征时期条件极为艰苦困难，在战斗中缴获了敌人的照相机，才有了自己的摄影。当时胶片缺乏，即便有了胶片，也没有条件冲洗。长征路上部队经过多次减轻装备之后，把不必要的东西都丢弃了，到达陕西后他才买到一批胶卷，开始拍照。他曾拍

---

[1] 蒋齐生，舒宗侨，顾棣. 中国摄影史[M]. 北京：中国摄影出版社，1998，第324页。
[2] 蒋齐生，舒宗侨，顾棣. 中国摄影史[M]. 北京：中国摄影出版社，1998，第324页。
[3] 中央档案馆. 中共中央文件选集（第五册）[M]. 北京：中共中央党校出版社，1983，第265页。

过宫河镇运动会、东渡黄河等照片，还有《朱德在红军机枪训练班讲话》《红小鬼歌舞会》《改编东渡出师抗日》等作品，这些极为珍贵的红军时期的照片后来都发表在《晋察冀画报》第四期的《红军时代生活》专栏。另一位曾在长征途中拍摄过照片的是耿飚将军，他拍摄的照片内容有战场风光、战俘、战利品等，也经常为战友拍照，可惜这些照片大都不知所终。此外，全面抗战之前，邓发、童小鹏、叶挺、张爱萍等将军也都是摄影爱好者，他们也拍摄了不少照片，为中国共产党的军史、革命史保留了不可多得的珍贵视觉资料。

抗战前夕，到达陕北访问的个别作家和外国记者，拍摄了大量记录军民活动和地方风貌的摄影作品，同样是不可多得的宝贵资料。最早来到陕北的美国记者埃德加·斯诺拍摄了大量红军领导人和红军生活的照片，其中就有名噪一时的《毛主席在陕北》。这些照片后来刊登在美国的《生活画报》和《时代周刊》上，也被用于斯诺所著的《红星照耀中国》，在当时产生了极大的国际影响。艾格尼丝·史沫特莱、尼姆·威尔斯等作家记者也先后来到陕北，他们拍摄的照片和所写的文章为支援和宣传中国革命同样产生了积极的影响与作用。外国作家和记者的摄影活动记录了中国共产党在抗战前期的革命活动。

综上，我党早期开展的影像实践活动并未形成完整的体系，可视为业余爱好的自发行为。虽然我党早已认识到图像传播在宣传中的重要作用，但受客观因素所限，规模性的摄影活动并不具备条件，也未形成专门的摄影机构。

（三）全面抗战爆发后中国共产党的影像实践

全面抗战爆发后，中国国民革命军第八路军奔赴抗日前线，相继开辟了晋察冀、晋冀鲁豫、晋绥抗日根据地，我党的影像实践活动迎来了新的发展契机。1937年9月25日，八路军115师在晋北平型关歼灭日军1000余人，摧毁敌人汽车100余辆，这是八路军开赴抗日前线所取得的第一个重大胜利。时任115师侦查科科长的苏静即利用自己从国外带回来的相机，拍摄了平型关战役中的许多重要场面。与此同时，在太原"全民通讯社"担任摄影记者的沙飞，在听到平型关大捷的消息后，立即奔赴前线，对115师进行摄影采访，拍摄了在战争中缴获的日军枪支弹药以及在平型关一带活动的照片。苏静、沙飞所进行的摄影活动，是根据地摄影事业的开端。

随着抗日战争形势的发展，山西抗日根据地的沙飞、石少华、吴印咸、郑景康、罗光达、徐肖冰、高帆等开始进行摄影实践活动，建立摄影组织和机构，培养训练摄影干部，创办摄影画报画刊，举办摄影展览，开辟了抗日根据地的摄影工作。山西抗日根据地的摄影进入了历史的新阶段。

1. 晋察冀抗日根据地的摄影实践

晋察冀抗日根据地较早开展有组织性的摄影活动，同时在摄影队伍建设、摄影出版事业、摄影成果整理与保存、摄影展览等方面取得了巨大的成绩，是山西抗日根据地摄影事业发展的杰出代表。晋察冀根据地摄影事业的创立与发展，与沙飞、罗光达两位红色摄影家的辛勤努力是分不开的。

沙飞，原名司徒传，广东开平人。青年时期，沙飞开始学习摄影技术，加入上海黑白影社；后受左翼思潮影响，其摄影兴趣也转向底层社会，拍摄了不少反映劳动人民艰苦生活的作品，逐渐成为全国知名的左翼摄影师。抗日战争爆发后，沙飞北上奔赴华北抗日前线，他以太原全民通讯社记者身份到五台山前线八路军总部采访，其后，在平型关、插箭岭、浮图峪等地拍摄了八路军战斗的照片。在这一过程中，八路军不畏强敌、英勇抗战的精神深深打动了沙飞，在多次会见聂荣臻司令员后，他决定加入八路军，成为我党第一位专职摄影记者，随后担任军区政治部编辑科科长兼《抗敌报》编辑部副主任。此后一年间，沙飞单枪匹马转战晋察冀各地，拍摄了大量根据地初创时期的军民生活照片，题材涉及晋察冀边区行政委员会成立、聂荣臻与白求恩大夫会面、根据地群众欢迎伪军反正、白求恩的工作与生活、四分区部队生活及妇女儿童活动等，作品包括《八路军战斗在古长城》《挺进敌后》《沙原铁骑》《聂荣臻在前线指挥秋季反围攻》《活跃在青纱帐里的游击健儿》《白求恩在手术中》等。

1938年12月，中共中央北方分局书记彭真由延安来到晋察冀，并带来几十名专业干部，其中懂得摄影的罗光达调入军区成为沙飞的助手。次年1月，沙飞、罗光达将两年来拍摄的部分作品洗印出来，在军区驻地举办了名为"华北敌后抗日根据地——晋察冀摄影展览"的摄影展，这是根据地历史上第一个摄影展览。受条件限制，此次展览就地取材，将洗印出的小照片贴在用白报纸裱好的马粪纸上，附上说明文字略加装饰；同时考虑到各地的巡回展览，将马粪纸用针缝在长条白布上，展览时拉开，结束后折叠带走。粗糙简单的布展方式并未影响照片的传播效力，据罗光达回忆，此次展览引起了极大的轰动，前来观看的人熙熙攘攘，比赶庙会还要热闹，驻地官兵、附近村落的百姓皆前来观看，气氛之热烈，以至于不得不请警卫连来维持秩序；由于多数民众从未见过照片，他们观看照片的认真态度难以想象，有人好奇人像怎么会印在一张纸上，甚至有人会逐一去数照片上的战利品。

影像的特殊表现方式在此次展览中得到充分展示，展览产生了极好的宣传效果，受到了晋察冀军民的极大欢迎，也引起了晋察冀根据地领导人对摄影工作的重视。1939年2月，在聂荣臻司令员的直接关心和帮助下，晋察冀军区政治部新闻摄影科正式成立，沙飞任新闻摄影科科长，罗光达为摄影记者，这是我党历史上较早的成建制的新闻摄影机构。随后，为迅速开展工作，刘沛江、白连生、叶曼之、周郁文、杨国治等相继被调往新闻摄影科，自此形成了包括拍摄、暗室制作、后勤服务在内的较为完整的摄影机构。

新闻摄影科成立后，沙飞、罗光达等相继举办了两次摄影展览，对晋察冀摄影工作的进一步发展产生了极大的推动。在展览活动中，沙飞等人认识到，虽然摄影展览的效果直接而强烈，但影响范围有限，二人便萌生了创办摄影画报的想法，此后，我党历史上第一份反映抗日战争的画报——《晋察冀画报》问世。

2. 晋绥、晋冀鲁豫抗日根据地的摄影实践

在晋察冀根据地全面推进摄影工作的同时，晋绥、晋冀鲁豫根据地也根据当地的实情，适时开展了摄影实践。

在晋绥边区，摄影实践于1939年发端，当年夏季，重庆新华日报记者陆诒到120师采访，并向部队捐献了一台相机，这台珍贵的设备由军区政治部的蔡国铭使用。此后，铁冲、高全朴、伍耐辛等相继加入摄影队伍，根据地也成立了专门的摄影组织机构——军区摄影科。摄影科的成员们积极进行摄影实践活动，部队和边区一些重要活动被记录下来，这些珍贵的资料在新中国成立后移交给革命历史博物馆。此外，在晋绥军区从事摄影工作的还有李少言、刘长忠等。1939年李少言随华北联大文工团来到晋察冀，后又转至120师师部，在师部为贺龙、关向应做秘书工作，贺龙得知他学习摄影，便把缴获的蔡司相机赠予他，鼓励他从事摄影工作；1940年，李少言在晋绥军区拍摄了贺龙和关向应指挥作战的照片；1941年初，李少言调《晋绥日报》任美术科科长，其间他利用缴获的照相材料，拍摄了报社人员的日常工作、生产和学习，还拍摄了边区的劳模大会、文艺会演、军民联欢和土地改革的有关内容。刘长忠原在冀中军区摄影科工作，1942年秋，因部队编制改动，他随吕正操的部队来到晋绥边区，加入了军区摄影科。他与摄影科的其他工作人员开展了大量摄影采访活动，除留作资料外，还选出一部分照片放大成六寸，贴在旧报纸制作的硬板纸上，在部队中进行流动摄影展览。

晋冀鲁豫根据地的摄影工作由徐肖冰、高帆、熊雪夫等红色摄影家奠基。高帆于1938年9月由武汉奔赴延安，入抗大学习，毕业后被分配到129师政治部做宣传工作，到太行后不久，高帆用部队缴获的一台照相机开始了摄影实践活动。1941年夏，高帆与熊雪夫、梁坤生一起创办了《战场画报》。为克服当地无照相制版的问题，他们曾到晋察冀画报社参观学习，并将带去的几十幅摄影作品请画报社帮助制成铜版，随后将制作好的21幅照片刊登在《战场画报》上。这是《战场画报》首次刊载摄影作品，在当时产生了较大影响。此外，晋冀鲁豫根据地还十分重视摄影技术的

普及及人才培养工作。1940 年,延安电影团的徐肖冰同志到太行地区拍摄百团大战的新闻纪录影片期间,129 师政治部委托徐肖冰在河北涉县王堡村开办摄影训练班,共培训学员 11 人。1944 年底,太行一分区司令员秦基伟也曾邀请高帆为当地培训摄影干部,白丙寅等人接受培训后开始了当地的摄影工作。

斗争环境的艰险、物质条件的匮乏并未磨灭山西抗日根据地红色摄影家们的意志,在各根据地领导人的大力扶持下,他们克服重重困难,因地制宜地开始摄影实践,将发生在根据地的大小事件记录下来。这些摄影作品不仅在当时起到了动员宣传的积极作用,同时也为当代回望根据地发展历程提供了宝贵的视觉资料,是融合了血与火的宝贵历史财富。

二、山西抗日根据地影像传播的摇篮——《晋察冀画报》

全面抗战爆发后,聂荣臻奉命率领八路军 115 师进入华北,建立了晋察冀抗日根据地。该根据地位于恒山、五台山、燕山山脉的连接地带,是当时盘踞在东三省的日军入关必经之地,是全国抗战的最前沿。晋察冀根据地除了要在军事上牵制和抵御进犯华北的日军,同时也需抵御侵略者的奴化宣传。为此,根据地积极开展了政治、经济、文化建设,根据边区实际情况,有效地用报刊、广播、宣传画、展览、文艺演出等形式开展抗日宣传,建立了一套完整的宣传系统。在战争环境中,文艺工作者因地制宜、因陋就简地开展宣传工作,往往几个人、一块钢板、一台油印机就承担起了报纸或刊物的编纂发行。晋察冀根据地丰沃的文化土壤催生出《晋察冀画报》这朵灿烂美丽之花。

(一)宣传战线的壮举:《晋察冀画报》的创刊

对于当时处于极端艰苦的物质条件下坚持抗战的边区军民来说,《晋察冀画报》之所以能够诞生在晋察冀边区,既包含了红色摄影家的不懈努力和根据地领导的大力支持,又与根据地特殊的地理位置息息相关。曾参与筹建画报社工作的裴植认为,《晋察冀画报》的创立是因为有三个独特的条件：一是有如沙飞这样敬业的摄影师们一心要办成这件事；二是有聂荣臻司令员这样的积极支持者，他在极其困难的条件下，舍得动用资金物力来支持；三是地理优势，晋察冀根据地靠近平津，有印刷工人，购买器材设备相对方便。这几个条件其他解放区都不具备。

创立《晋察冀画报》的想法萌发于沙飞、罗光达等红色摄影家在晋察冀根据地的摄影实践。1939年初，沙飞和罗光达在晋察冀军区司令部所在地举办了敌后根据地第一个街头摄影展览，展览反映了1937年以来晋察冀抗日根据地的建立、发展和抗日战斗等方面的情况，具体内容包括青年参军、八路军作战、夺取胜利、缴获战利品、根据地建设等，所用照片皆由沙飞拍摄，约有200张。摄影展巨大的社会反响在根据地引起了震动，这使沙飞开始意识到，摄影这种艺术形式给当地百姓带来新奇感和巨大震撼是开展抗战宣传的重要武器，具有强大的宣传潜力。然而，举办摄影展览受到时间和空间的局限，其传播效力无法充分发挥。于是，筹办摄影画报的想法在沙飞心中萌生。

此时，晋察冀根据地已经创办了《抗敌画报》《推进画报》《联大画报》等多种画报，这类画报多为油印或石印，刊登内容以宣传画为主，实为美术画报。由此可见当时晋察冀根据地尚未具备创办摄影画报的必要条件，其主要面临两个关键性难题，一是需要大量的摄影器材，从而形成规模性的摄影队伍；二是要解决制版技术的限制，要依靠自身力量完成铜版制版。

严酷的战争环境并没有阻止晋察冀摄影画报的创立，反而激发了根据地军民的创造力。沙飞的想法很快得到了晋察冀军区司令员聂荣臻的大力支持，在聂荣臻司令员的直接指挥下，《晋察冀画报》开启了其艰难的创立过程。针对创立画报所必需的铜版制版技术，军区部门积极配合进行技术研发，当时的军工部提供了钢、锌、三酸和酒精，当时的卫生部供给各种药品和代用品，晋察冀日报社帮助铸造了一副新铅字并调拨部分铅印、排字、刻字人员。经过多次尝试和探索，1941年4月，晋察冀的照相制版试验在新闻摄影科顺利完成，解放区第一块铜版终于诞生。铜版一经试制成功，政治部副主任朱良才就在军区政工会议上自豪地将

第七章 影像传播：真实再现，承载抗战新风貌

之与"陕甘宁的广播"并举，称之为"铜版工作之完成，画报之出版社，是敌后出版事业的新阶段或新纪元"。[1]铜版照片试制成功是根据地出版史上的一个具有标志性意义的事件，直接促成了《晋察冀画报》的诞生，由此，出版一份晋察冀根据地自己的摄影画报已经被提上日程。

在铜版制版技术突破的同时，《晋察冀画报》报社的筹备工作也同期开展，1941年5月，朱良才召集沙飞、罗光达、裴植，明确指示筹备出版画报，并将军区印刷所划归画报社领导，筹备组正式成立。1942年1月，聂荣臻、朱良才及宣传部部长潘自力召集沙飞、章文龙、赵启贤、唐炎等人，研究《晋察冀画报》的编辑方针和创刊号的编辑计划，会议明确了两个目的：一是鼓舞斗志，建立信心，争取支持，达到抗战胜利的目的，二是给人民、历史留下真实的记录。[2]同年5月，晋察冀军区政治部晋察冀画报社正式成立，这是一支庞大的队伍，沙飞任主任，罗光达任副主任，赵烈任政治委员，画报社下设编校、出版、印刷、总务四股，全社共计一百多人。

为向全面抗战五周年献礼，画报社立刻紧锣密鼓地开展创刊号编辑制版。面对重重困难，画报社的工作人员积极开展工作：没有电流时，使用日光进行放大和制版；稿件翻译英文时，请求外国友人帮助修改校对；经济困难时，干轻活的一天吃两顿饭……创刊号所有稿件都经聂荣臻、朱良才、潘自力等军区领导反复审阅才得以发表。经过艰难的筹备，1942年7月7日，全面抗战爆发5周年纪念日，《晋察冀画报》创刊号正式出版。

值得说明的是，《晋察冀画报》的创立与聂荣臻司令员大力支持息息相关。战乱年代，购买各种印刷、摄影物品时，必须动用黄金等硬通货，为支持画报社发展，军区先后调拨数十两黄金赴平津等地采购摄影器材；画报社成立之时，正是根据地最困难的时期，但军区仍对从北平前来的几位高级技术人员以特别照顾，专门下拨小米等生活物资帮助技术人员渡过

---

[1] 司苏实.沙飞和他的战友们[M].北京：新华出版社，2012，第259页。
[2] 顾棣，方伟.中国解放区摄影史略[M].太原：山西人民出版社，1989，第197页。

难关。作为100多人的大机构，画报社若没有聂荣臻司令员的特别关注，是难以维持下去的。

（二）战火中前进：《晋察冀画报》的发展过程

《晋察冀画报》自1942年7月7日创刊至1948年5月被合并，共出版13期。其中1至10期出版于抗战时期，11期至13期出版于解放战争时期，本节将简要介绍《晋察冀画报》在抗日战争时期的出版，而这10期正是画报的精华所在。

1.《晋察冀画报》创刊号的主要内容

1942年7月7日，全面抗战爆发五周年纪念日，《晋察冀画报》创刊号正式出版。创刊号主要由沙飞编辑，章文龙、赵启贤等负责照片说明、文字和美术编辑工作。

创刊号共96页，包含162张照片，是13期画报使用照片最多的一期。照片内容涉及广泛，包括晋察冀的各地战斗、百团大战专页、黄土岭大战、大龙华战斗等；部队的军旅生活、游击战争、人民武装等；日伪暴行、血肉相连的军民关系、民众踊跃参军；抗日民主政权的建立、巩固与发展；聂荣臻营救日本小姑娘、优待俘虏、防抗同盟成立、边区生产及文化、教育、出版事业；外宾来访，白求恩的工作照片等。这些照片简洁直白、内容突出，侧重画面的气势，体现出一种集体主义美学。对于英雄人物的表现，初步出现模式化倾向，如《狼牙山五壮士的故事》中，采取半身、仰拍、严肃、目视前方、肩扛武器的拍摄方式来表现英雄的高大、坚毅的形象和必胜信念。在版式设计方面，采用编辑组照的方式形成叙事结构，如《血的控诉》中将不同作者拍摄的5张照片组成一个专题，在呈现日军残害百姓的暴行照片之后，用一张老百姓"走向祖国的怀抱"的照片做最后的终结，形成一个有分有合的叙事线索。所有图片专栏均配有文字说明，虽然缺乏基本的新闻要素，没有具体时间和人物介绍，但突出了情感性和鼓动性，由此可以看出最大的宣传效果是画报创办的根本目的。值得一提的是，画报的发刊词、图片说明甚至征稿启事均为中英文双语，这是根据地办刊史上的首次尝试，不仅显示了其办刊的水平，而更为重要的是昭示了其办刊的愿望，就是将画报的传播范围推向世界，让全世界人民见证中国共产党在敌后根据地艰苦卓绝的努力。遗憾的是，由于根据地条件艰苦，办刊时间紧促，中英文双语的说明也仅存在于画报的创刊号。

除以上提及的照片外，《晋察冀画报》的创刊号还包含报告文学、木刻、漫画等类型的文艺作品，内容覆盖晋察冀根据地自抗战以来的方方面面。

《晋察冀画报》创刊号出版这一天，画报社召开了隆重的庆祝大会，晋察冀军区领导朱良才、潘自力等出席了大会，并转达了聂荣臻司令员对全社同志们的祝贺，边区政府给画报社颁发了奖旗、奖状。在庆祝大会上，画报社全体同志高唱由章文龙作词、赵烈作曲的《晋察冀画报社社歌》。

2. 战火中《晋察冀画报》的艰难探索

创刊号出版不久，日军据点推进至距离画报社所在碾盘沟不远的地方，为保障印刷出版的安全，画报社转移到曹家庄。到达新的驻地以后，画报社的同志们一面进行画报的印刷出版工作，一面进行战备，找山洞挖山洞，组织战斗小组警戒。

在紧张的环境下，画报社开始了第二期《晋察冀画报》的编辑工作。在印刷出版过程中，出现了铜版紧缺的问题，大大影响了画报的正常出版。为此，在沙飞的倡议下，画报社成立了"自然科学研究会"，沙飞任理事长，成员有罗光达、何重生、刘博芳等人。成员们集思广益，自行研究出了以铅皮代替铜版的平版印刷法，从此画报改用铅皮制版印刷，保证了画报的正常发刊；与此同时，为了适应战争环境的需要，何重生研制出轻便印刷机，这种印刷机在出现敌情时不用拆卸即可搬运。为此，晋察冀边区政府还给"自然科学研究会"及个人颁发了奖状和奖金。1943年1月，《晋察冀画报》第二期于曹家庄出版，这期画报用了近一半的篇幅报道晋察冀边区第一届参议会的召开情况；画报还刊载了《强大的苏联红军》专题，这是《晋察冀画报》中仅有的两组国外报道之一。此外，画报还刊登了邓拓的文学作品《记边区第一届参议会》及康濯等人的散文和诗，徐灵、石坚等人的木刻和漫画。

4月19日深夜，就在画报社紧张筹备第三期画报时，其所在地突然发现敌情，沙飞、罗光达立即紧急动员全体同志坚壁清野，拆机器、装箱、搬运。次日晨，几百名日伪军闯进了村子，经过一番搜查后，离村北去。在这次战斗中，前来送稿的冀东军区的组织科长雷烨壮烈牺牲，张志、李明等四位同志负了轻伤。月末，《晋察冀画报》第三期正式出版。为纪念在战斗中牺牲的雷烨同志，这期画报开设雷烨作品专集，集中刊登了雷烨摄影作品48幅，几乎占据刊登的作品的三分之二。其他摄影作品则涉及妇女儿童、反"蚕食"斗争战绩、悼念柯棣华，另有《悼雷烨同志》的文章和丁里等人的木刻、漫画作品。恰逢晋察冀画报社成立一周年，在庆祝会上，军区委宣传部部长潘自力在讲话中高度评价了晋察冀画报社的出版工作，他说："晋察冀画报社上下总共只有一百多人，但它所起的作用，却等于一个战斗兵团！"

第四期画报是"八一"纪念特辑。本期画报首次刊登了毛泽东的标准像及传记，还刊登了朱德、周恩来等十位八路军将领的头像或半身像。画报共刊载了七组作品，分别为红军时代的生活、追念左权同志、晋察冀战斗成果、滹沱河之夏、边区第二届县议会、爆炸英雄李勇、狼牙山血火深仇。红军时代的摄影作品由聂荣臻提供，照片由苏静和美国著名记者埃德加·斯诺所摄；封面照片《红军帮助人民收割》的作者为聂荣臻；著名木刻家古元的名作《割草》及徐悲鸿的评论也发表在这一期上，这是画报仅有的一次评论性文字。

《晋察冀画报》第四期印刷工作刚刚完成，日军对北岳地区发动了秋季大"扫荡"。这次"扫荡"是1943年12次"扫荡"中规模最大、最残酷的一次，也是晋察冀画报社自建社以来所经历的最艰苦、最壮烈的时期。日军慑于《晋察冀画报》的宣传威力，在1943年秋季大"扫荡"时，就把晋察冀画报社作为重点攻击的军事目标之一。由于画报社的同志无法向外转移，就分散隐蔽在驻地附近的山里。历时3个月之久的北岳区秋季反"扫荡"临近结束时，日军又发动了一次猛攻，画报社同志在转移时，有9位同志牺牲、4位同志负伤、7位同志被俘，而为掩护其他同志突围的军区警卫连战士，几乎全部英勇战死，沙飞亦在这次战斗中负伤。

第七章 影像传播：真实再现，承载抗战新风貌

经过这次"扫荡"后，画报社损失很大，工作人员大大减少，但这并未影响新一期画报的出版。

1944年6月，《晋察冀画报》第五期出版。本期为"晋察冀边区北岳区反'扫荡'战役、战斗英雄、战斗模范大会专号"。摄影作品主要涉及反"扫荡"斗争、边区第一届群英大会等内容，共59幅。这期画报还刊登了首长讲话、人物传记等17篇文章。在1943年冬季"大扫荡"后画报社迅速出版新一期画报，实属不易。8月30日，画报第六期出版，刊载了17组摄影作品，内容丰富，主要报道了各地配合正面作战、克复城镇、摧毁堡垒的战斗情况，如林堡伏击战、打进杨村镇、夜袭新安城、攻入定襄城等；这期还选用了3组照片重点报道蓬勃开展大生产运动的情况，特别报道了日本人民解放联盟协议会成立及美军飞行员白格里欧的照片。此外还刊登了《白格里欧在画报社》等5篇文章。同年11月，《晋察冀画报》第七期出版，这期画报用大篇幅表现了晋察冀八路军的积极攻势，内容涉及解放五台"无人区"、解放定唐大洋镇、收复平山回舍区、攻克武强等，共33幅；同时，本期也集中展示了宣传战线上的斗争，10幅一组的照片表现了八路军发传单、喊话、演剧、贴标语等宣传活动；此外，还有边区人民拥护八路军、纪念"国庆节"、追悼邹韬奋、追悼马本斋、朝鲜反法西斯学生大会等专题报道。

进入1945年，随着对敌斗争的节节胜利，《晋察冀画报》的办报形式进一步好转。4月30日，第八期《晋察冀画报》出版，本期画报内容丰富，主题突出，发表照片105幅，仅次于创刊号。首页是两幅毛泽东主席接见美国朋友的照片，由美军观察组毕德坚少校拍摄；并报道了渤海之滨渔民生活以及五台山、恒山、妙峰山等地的操练、战斗情况；沙飞的《白求恩国际和平医院》10幅照片较全面地报道了晋察冀根据地的医疗卫生工作；"海外通讯"栏报道了美军、法军在二次世界大战中的战斗活动，照片由美国新闻处供稿，这是画报的第二组海外报道，预示着战争的胜利就要到来。同年12月，《晋察冀画报》第九、十两期合刊出版于抗战胜利之后，画报社此时已迁至张家口，发展至鼎盛时期。合刊本的内容可分

为三部分：展示春夏攻势到大反攻阶段的战果，足足使用了50多幅照片；察哈尔人民代表会议；张家口市群众斗争纪要，主要为控诉复仇、清算斗争。本期还刊登了多幅美术作品，包括王朝闻的知名作品毛泽东肖像，以及莫朴、彦涵、古元、夏风、马达等人的绘画和木刻。

进入解放战争时期，《晋察冀画报》于1947年10月出版第十一期（复刊号），时隔两个月又同时出版最后两期（第十二、十三期）。此后，随着晋察冀边区并入华北军区，《晋察冀画报》停刊。

（三）真实记录、情景再现：《晋察冀画报》的传播内容

在创刊号中，聂荣臻司令员的题词直接说明了《晋察冀画报》的办刊方针和主题："五年的抗战，晋察冀的人们究竟做了些什么？一切活生生的事实都集中在这小小的画刊里。它告诉了全国同胞，他们在敌后是如何坚决英勇地保卫着自己的祖国；同时也告诉了全世界的正义人士，他们在东方在如何在艰难困苦中抵抗着日本强盗！"在艰苦的条件下，画报社全体人员不惧牺牲，克服重重困难，将发生在晋察冀根据地的动人场景记录下来，传播到全国乃至世界的各个角落。

在抗战时期出版的10期《晋察冀画报》中，共刊登照片805幅，这些照片全面反映了晋察冀根据地的各个方面。从创作主题和传播内容上看，大致可分为战争、民主、生活三大类型。其中，部队的战斗活动则是画报的主体，10期画报中刊出有关八路军抗战的照片共有428幅，占全部照片的二分之一，直接表现战斗的照片达201幅，超过总数的四分之一；在反映根据地建设方面，共有照片近100幅；此外，画报还用三分之一的篇幅表现了根据地军民的日常生活，反映了边区人民对最终取得抗战胜利的信心。

1.《晋察冀画报》中对战争的描绘

《晋察冀画报》对抗战时期战争的可视化报道非常重视的，画报的战地摄影记者既是摄影师，又是战斗员，他们与八路军战士一起趴壕沟、上战场，在战斗中抢拍真实而又震撼的历史镜头。据统计，10期画报中

共有 20 余次战斗报道，从创刊号的百团大战，到血战狼牙山，到转战古长城内外、威震保满路、晋察冀军民南线大捷……在这类照片中，包含了对战争场面的直接呈现、对英雄人物的塑造、对军民团结共同抗战的歌颂、对战争胜利的描绘等。

《晋察冀画报》创刊号即刊了的百团大战的专页。从刊载的照片中可以看到，八路军被分为各个游击小组，他们破袭正太路，炸毁了正太路上的大石桥，伏击敌人的汽车，破坏了敌军进攻的要道，占领了晋冀交通枢纽，摧毁了敌人推行的所谓"以铁路为柱，公路为链，碉堡为锁"的"囚笼政策"，给敌军以沉重打击，增强了全民抗战的信心。战事照片也全方位地展现了人民子弟兵英勇顽强、不惧牺牲的精神和机智灵活的战术运用。画报第五期中的摄影作品《永远保卫晋察冀》极具象征意：天色微明，一名八路军哨兵屹立在高山之巅，他手端着装有刺刀的冲锋枪，挺胸站立，双脚分开，以一种保卫的姿态面向前方；大面积的天空中阴云翻滚，一片灰暗，但士兵挺拔的身姿和尖利的刺刀无惧这一切，而黑色的山峰后的一抹阳光正穿透黑暗，显示太阳将冉冉升起；哨兵以剪影呈现，这指向了千千万万无名的晋察冀子弟兵。这幅作品将八路军战士的形象与英勇、信心、胜利紧密联系，具有强烈的感染力。

对英雄人物的塑造同样是画报的主要内容。创刊号中的狼牙山五壮士葛振林、宋学义，第四期的爆炸英雄李勇，第五期的子弟兵母亲戎冠秀等，都是以专题报道的形式展现其英勇事迹。特别是第四期中的"爆炸英雄李勇"专题极具特点。本专题共使用照片 6 张，外加一张用以烘托气氛的底图，其中第一张照片为李勇的半身肖像照，照片中的李勇右肩背着长枪，左肩挎着地雷，头戴斗笠，身穿布衣，一身农民装束；他目光坚毅，直视前方，年轻的面孔带着几分成熟和坚定，显示了一个战斗英雄应有的英勇气概。这种表现英雄人物的拍摄手法常使用在《晋察冀画报》中，并在之后的实践创作中进一步发展成为成熟的创作套路。

抗战时期，八路军对敌作战得到了根据地民众的全力支持，他们配合正规军一起扒铁路、平壕沟、拆碉堡，人民武装成为重要的协助力量。

在创刊号中，以"群众游击队，神出鬼没！"为标题的专栏展现了人民战争的威力，而在第五期刊载的由石少华同志拍摄的"埋地雷"，更将人民的战争智慧充分展现。画面上四个民兵围成一圈，其中一个正挥动铁镐在路上刨坑，准备埋地雷；民兵们均为普通老百姓打扮，民兵身后不远处，一队八路军士兵肩扛长枪排成整齐的队列正走向远方，他们所处的位置表明了他们是人民的靠山和力量根源。这幅图片清楚地交代了正规军和民兵之间的相互依存、相互配合的密切关系，成为抗战时期游击战术的经典写照。它表明了中国人民在抗战中被激发出来的无穷无尽的智慧和创造力，也表明了这场正义之战得到了广大人民的支持，最终必将获得胜利。

此外，在每期画报中，都有关于战利品的报道。战利品五花八门，有机枪、步枪、子弹、无线电、战马、汽车、山炮等，战利品的持续报道起到了鼓舞人心的作用。此外，画报还关注对优待战俘的报道，在《晋察冀画报》第一期的"优待俘虏"专栏中有一幅名为《钓鱼》的照片（周郁文摄），画面中三名日本俘虏边钓鱼边自由交谈着什么，表情轻松愉快，全无拘束之感。照片精妙地传达出八路军对战俘的人道主义精神和战俘对八路军发自肺腑的感激之情。

值得一提的是，创刊号中一组名为"将军与幼儿"的照片展现了八路军领导者的广阔胸怀和人道主义精神。此组作品纪实性地描绘了四个图景：日本小女孩坐在箩筐中吃梨、聂荣臻和八路军战士喂小女孩吃饭、八路军请老乡送小女孩回去，以及聂总司令的亲笔信。四幅照片的文字说明非常简洁，却记叙了这样的故事：聂荣臻将军率部于百团大战攻破井陉矿之际，战士发现被敌人遗弃幼女一名，聂爱之，亲自哺养，后修书一纸，谆托村民送回故乡。此组照片有故事主体，有人物关系，有发展有结局，构成了一个以日本小姑娘为故事主线的叙事结构，讲述了一个具有传奇色彩的故事。照片有着深刻的意义，与日军烧杀妇孺的残忍暴行形成鲜明对比，突出了八路军的宽厚仁慈。40年后，《人民日报》以这组照片为主题，发表了姚远方的文章《日本小姑娘，你在哪里？》，从而揭开一段尘封的历史，演绎出一段中日友好的佳话。

2.《晋察冀画报》中对根据地建设的描绘

全面反映根据地各方面的建设情况不仅是《晋察冀画报》的重点表现内容，亦是其办刊宗旨所在。画报社员们深入群众中，将根据地政权建设、民众日常生产、文化教育开展、妇女儿童生活等方面生动地展现出来。

在表现政权建设方面，《晋察冀画报》创刊号中就记录了晋察冀边区阜平县的一次选举活动。图像展现了边区民主政治生活中女性的突出地位，有五张照片的主体是女性，有抱着孩子正在投票的妇女，有被选出来的第一任女组长，有与同村中男性一起开会讨论的妇女等。由此说明，根据地女性有效行使自己的参政权，积极地参加选举和竞选。画报第二期更以晋察冀边区第一届参议会为主题，共刊登相关照片31幅，内容涉及参议会开幕式、参议员检阅子弟兵、参议员参观阅览室、参议员球赛等内容。这组照片十分注重对会议庄严性的刻画，多采用俯拍和全景的拍摄手法。此外，画报第四期、第七期以及第九、十合刊上前后刊载了43张有关民主政治生活的照片，反映了有关民主生活的内容。

在表现民众日常生产方面，创刊号中的《生产进行曲——春耕秋种》即是其中代表。该栏目刊载了9幅作品，金黄的麦穗、丰收的谷堆、高高扬起的锄头，都昭示着边区农业的大丰收；照片还展示了边区的男女老幼在生产战线形成生产热潮，通过农业生产支援前线的热烈场景。第六期的《"组织起来"自己动手克服困难——边区大生产运动蓬勃开展》的报道，凸显了边区政府与对生产运动的重视；25幅摄影作品从"一面生产，一面战斗""沙河两岸滩地的集体生产""英雄人物在大生产中"三个方面全景报道了边区人民在"组织起来，自己动手，克服困难"的号召下，轰轰烈烈地开展的大生产运动；这组图片特别体现了八路军战士奋力扬起锄头开垦荒地的场景，以带动更多的人投入到大生产运动当中。

在文化教育方面，画板不止一次地刊载了相关内容的摄影作品，名为《岗哨教育》的作品反映了"冬学运动"的开展，照片上两位儿童穿着厚实的棉衣，一位手里拿着一个小黑板，正和两位农民交流，这是站岗的儿童团员，正在教路人识字。此外，从画报刊载的照片可以看出，当时的学校基础设施条件较差，大多数课程都在室外进行教学，被称为"露天课堂"，一大批军事干部和文艺干部从这样的"露天课堂"走出，成为抗战前线的骨干力量。

《晋察冀画报》也特别关注对边区妇女儿童的新生活的展现。画报注重刻画新型妇女的形象：妇女上识字班、挖地道、在会议上演讲等图片，都表明了这一时期的女性已开始摆脱旧文化的束缚，开始寻求独立自主的发展之路；画报中所塑造的新时代女性多是齐耳短发，穿着中山装，走向田间，走向战场。对儿童的报道与宣传，则将其作为根据地的希望。在画报第三期的《生产线上的妇女儿童》中，有一张"劳动人民的儿女"的照片依然十分显目，照片中两位小主人公站在庄稼地里，肩上扛着锄头，双手交叉搭在锄头上，俨然一副在行的庄稼人的模样。这张照片曾在多个主题影展中出现，坚定了观众对抗战胜利的信心。

除了对战争和根据地建设情况的直接反映，《晋察冀画报》还将国际援助作为其报道的重要内容。彼时边区成立了日本人在华反战同盟晋察冀支部、日本人民解放联盟晋察冀地区议会、华北朝鲜青年联合会晋察冀分会等国际援助组织，画报对其进行详细刻画，以争取更大范围的国际援助。此外，画报还成功展现了国际反法西斯战士诺尔曼·白求恩的光辉形象。为纪念这位国际主义战士，《晋察冀画报》创刊号特设专栏，刊载了白求恩在边区工作生活的一系列珍贵图片资料，其中以吴印咸拍摄的作品《白求恩大夫在前线》最为知名，成为几代中国人心中不可磨灭的记忆。毛泽东主席专门撰写《学习白求恩》一文，号召全中国人民学习他毫不利己，专门利人，对工作精益求精的共产主义精神。

（四）响彻世界的嘹亮号角：《晋察冀画报》的传播影响

通过多种渠道，《晋察冀画报》传播到了全国乃至世界反法西斯国家。无论在根据地、国统区、沦陷区还是在国外，画报中对根据地的真实记录使人震撼，产生了深远的影响。

在根据地内部，画报通常会下发到部队的连级单位及边区的县级单位。部队的指战员通常将画报作为珍贵的教材,组织战士在部队中宣讲,在战地让大家传阅,并将其作为重要文件交由专人保管。画报中所表扬的部队深受鼓舞,表示要更勇敢地多打胜仗,为人民立新功;没有上画报的部队,经常以"多打胜仗、争取上画报"作为战前动员的口号。在边区,画报同样受到高度重视,各级单位常把画报作为重要文件进行阅览讨论,甚至在一次群众集会上,干部拿着《晋察冀画报》讲完狼牙山五壮士的故事之后,当场就有两名青年报名参军。《晋察冀日报》曾发表《文化的鲜花》一文,详细介绍了《晋察冀画报》出版的经过,并对画报给予了很高的赞誉:这样的画报,在抗战中的中国实属罕见,尤其是诞生在这样艰苦残酷的敌后,诞生在这样荒僻狭窄的山沟里,不能不算是一件惊人的奇迹!

在国统区,《晋察冀画报》同样产生巨大的社会反响。重庆《新华日报》曾发表署名为文健的文章,其中这样描述画报的地位:这样华丽的画报竟然是在敌后那样艰苦的地方出版的吗? 当我们看到晋察冀画报的时候,不能不大吃一惊,叫我们珍惜,叫我们再三翻阅,不忍释手,对着那五彩套版的木造纸封面一再凝视……重庆的《国讯》杂志发表了穆欣的文章《钢铁是怎样炼成的——敌后报业散记》,文章对《晋察冀画报》评价道:《晋察冀画报》清晰而精致的图片,比之于战前在上海出版的最好的画报也不逊色,而活跃在其上的人民的姿态、丰富的敌后战争的内容,更非那些兴趣放在"大腿""曲线"上的消遣品所能及。

在沦陷区,《晋察冀画报》则起到了凝心聚力、瓦解敌军的作用。画报传到北平、天津、保定等城市,由党的地下工作人员在工人、学生当中秘密组织传阅,部分青年受到感召,奔赴根据地。《晋察冀画报》传送到日伪内部,起到了瓦解军心、宣传教育作用,有些厌战的日本士兵受到正义的感召,带上画报向八路军投诚,有些伪军看了画报之后受到教育,弃暗投明。正因此,日军在1943年的秋季大扫荡中将晋察冀画报社作为军事攻击目标之一。

《晋察冀画报》在世界反法西斯国家中也产生了一定影响。当时画报向外传送的国家和地区有苏联、美国、英国、菲律宾、印度、越南、新加坡等。到晋察冀边区访问参观或工作的外国客人，都前往画报社参观学习。因飞机被日军炮火击中、跳伞迫降至边区的美国第十四航空队中尉飞行员白格里欧，到晋察冀画报社进行了两天的参观访问，在观看了印刷工厂的设备之后，惊讶于画报社的日光下放大技术、用铅皮制版技术及平板轻便印刷机，他赞叹道："真是想不到的事情，要不是我亲眼看到，我是不会相信的。"白格里欧对画报高度评价道："从这些活生生的场面里，我已经看到晋察冀八路军和人民在怎样的艰苦中英勇地抵抗着日本法西斯，坚决保卫着自己祖国的领土。"

此外，《晋察冀画报》的出版极大地推动了晋察冀边区的摄影工作，画报也成为边区摄影工作者及业余摄影爱好者的核心平台，以此为中心形成了规模庞大的摄影网。在筹办和出版的过程中，报社还举办了多期摄影训练班，为当地培养了不少摄影人才。在《晋察冀画报》的带动和影响下，晋冀鲁豫、晋绥根据地也先后开展了摄影活动探索。

三、"延安电影团"在山西抗日根据地的拍摄活动

电影艺术是迄今为止唯一产生于现代科学技术基础之上的艺术。1895年12月28日晚，法国卢米埃尔兄弟在法国巴黎一家咖啡馆内，放映了他们拍摄的《水浇园丁》《火车进站》等短片，这一天被确定为电影诞生的日子。[1] 十年后的1905年，我国第一部电影《定军山》拍摄完成。辛亥革命后，我国电影界先辈张石川、郑正秋等开始经营电影公司，并自编剧本，拍摄了故事片《难夫难妻》《黑籍冤魂》等。

1921年至1931年这十年期间，中国电影逐渐繁荣，特别是一批从国外深造回国的知识分子受左翼思想的影响，力图在电影创作方面摆脱资产阶级影响，创作了一些反对封建、具有社会历史意义的电影作品，如洪深编导的《爱情与黄金》、欧阳予倩编导的《玉洁冰清》（1926）、《三

---

[1] 彭吉象. 艺术学概论[M]. 北京：高等教育出版社，2019，第160页。

年以后》（1926）、《天涯歌女》（1927）等。全面抗战爆发后，大批的进步知识分子和文艺工作者从国统区来到了抗日根据地，迅速地扩大了抗日根据地的队伍。正是在这样的背景下，1938年9月，"延安电影团"在延安正式成立，这标志着根据地的电影事业的诞生。

（一）"延安电影团"的成立与发展

1937年8月，日军大举进犯上海，一批进步电影从业人员纷纷离沪，希望以电影拍摄的方式为抗日做出贡献。其中，著名左翼电影人袁牧之、陈波儿（共产党员）、钱筱璋三人前往南京，寻找到八路军驻南京办事处负责人叶剑英，表达了他们希望赴陕北拍摄红军的意愿。经叶剑英介绍，三人前往八路军驻武汉办事处找到周恩来，周恩来在肯定了他们的意愿和设想后，派遣袁牧之赴香港购置必要的电影器材。在廖承志的帮助下，袁牧之从香港购买到16毫米的电影摄制机和三千米左右的16毫米胶片。与此同时，世界著名纪录片电影导演伊文思来到中国，欲拍摄纪录片《四万万人民》，并计划到延安拍摄八路军的镜头。但伊文思一行到达西安之后，却受到国民党当局的百般阻挠，无法进入延安，只好返回武汉拍摄了八路军驻武汉办事处的开会情景，以及林伯渠和周恩来等人的镜头。伊文思在得知袁牧之等人赴延安拍摄电影的计划后，将自己使用的电影器材及胶片赠送给了八路军办事处。

随后，袁牧之和吴印咸等人在周恩来的安排和指导下前往革命圣地延安。1938年9月，电影团在延安成立，谭政兼任团长，总政秘书长彭加伦和总政宣传部部长萧向荣先后具体领导电影团的工作。电影团成立之初的名称为"八路军总政治部电影团"，1942年5月，电影团整顿建制后改称"联政电影团"。为便于称呼，同时为强调电影团在特殊时期的意义和影响，一般称为"延安电影团"。

电影团成立之初，全团仅有六人，参加过长征的李肃担任指导员，袁牧之负责艺术指导，吴印咸和徐肖冰担任摄影，另外从抗大的学生中调来叶苍林和魏起。1939年后，相继调入吴本立、马似友、周从初、钱筱璋、程默等。电影团遵照党的指示,以革命的胆识和献身精神,在异常困难的条件下,迈出了党的电影事业的第一步。他们计划筹拍中国共产党的第一部纪录电影——《延安与八路军》。

(二)《延安与八路军》在山西抗日根据地的拍摄实践

《延安与八路军》由袁牧之担任艺术设计和编导工作,吴印咸主持摄影工作。对于该片的主题思想,袁牧之早有酝酿,但影片的具体内容和完整构思是在工作中逐步形成的。电影团在党的指示与帮助下,首先深入到延安的各个方面去体验生活,进行采访,调查研究。袁牧之等人大量阅读延安的相关资料,了解党在抗战时期的政策,采访党和军队的各级领导,熟悉延安及边区的情况;同时听取了八路军战士的前线事迹,还到抗大、鲁艺去听课;他们还会见了许多原本在上海和武汉就熟知的文化界老朋友。在此过程中,袁牧之等人看到一批批向往革命、坚决抗日的爱国志士通过重重封锁线奔赴延安,看到延安人民在自由地学习、自由地工作、自由地思想;这里的人纯朴善良、亲密无间,延安每天都充满了抗日的歌声,人们可以自由地宣传抗日,表达抗日的愿望与决心,呈现出自由、热烈的社会景象。在撰写大量采访手记、积累众多文学资料后,袁牧之新的创作灵感被激发,并马上投入了创作;与此同时,吴印咸和徐肖冰在延安城各处考察拍摄,拍摄了宝塔山和延安城全景的镜头。

经过不断的修改与讨论,《延安与八路军》的拍摄提纲最终成型,并得到了党中央的认同与批准。拍摄提纲共分四个部分:第一部分,表现抗日战争爆发后,全国各地的进步青年如何通过重重封锁来到延安革命圣地;第二部分,介绍延安的政治、经济、文化等各方面的情况,也包括中共中央的机关和领导,以及延安民众的工作和社会生活;第三部分,反映八路军的战斗生活及敌后抗日根据地的情况;第四部分,描写从全国各地奔赴延安的进步青年,怎样经过学习之后分赴前线各地参与前线斗争。

1. 早期在延安的拍摄实践

根据拍摄提纲,电影团首先在延安进行了两个月的拍摄工作。电影的第一组镜头意义深远,选取了中国共产党和国民党共同在黄帝陵前祭奠祖先的画面。中国共产党方面以毛泽东主席、朱德总司令的名义致祭,祭文由毛泽东撰写,委派林伯渠为代表在祭陵仪式上宣读;中国国民党方面以其中央执行委员会的名义致祭,代表是张群、顾祝同。毛泽东主席撰写的祭文实际上是代表中国共产党发布的号召全民族抗战的宣言书,表达的是全民为驱逐日军而血战到底的决心。电影选取这样一组镜头,就是要表明:《延安与八路军》这部电影,要把毛泽东和中国共产党"誓为抗日救亡之先驱"的决心传达给全国人民,并通过黄帝的史迹,唤起炎黄子孙的爱国情感,动员全国人民奋起抗战,誓死保卫祖国,捍卫中华民族的尊严。不言而喻,其意义极其深远。

电影团结束黄帝陵的拍摄后,继续按计划在延安和陕甘宁边区拍摄《延安与八路军》的素材,他们把延安的自然风貌、党中央领导同志的活动、活跃的民主政治、自力更生的经济建设以及蓬勃发展的文化教育、文学艺术活动等摄入镜头。这些镜头如实地记录了延安艰苦奋斗、朝气蓬勃的革命生活。经过几个月的努力,延安素材的拍摄工作顺利地完成。

1939年1月,就在电影团启程前往抗战前线时,毛泽东主席在自己的家里接见并宴请了电影团的同志们。当日,电影团的袁牧之、吴印咸、徐肖冰等按照约定的时间来到了杨家岭,袁牧之介绍了《延安与八路军》影片拍摄的进展与困难,听取了汇报后,毛泽东主席肯定了他们的工作意义,并指示他们克服困难、自力更生,把根据地的电影事业坚持做好。毛泽东在谈话中对革命形势的信心、对未来电影事业的乐观看法,使电影团的同志们深受教育和鼓舞,使他们看到了革命电影事业的光明前途。

2. 在山西抗日根据地的拍摄实践

1939年1月25日,带着毛泽东主席的嘱托与殷切期望,袁牧之率领电影团全体人员从延安出发,奔赴山西抗日根据地,继续拍摄《延安与八路军》前线部分的内容,由此开始了一年多的艰苦战地拍摄生活。

2月1日,电影团一行人从陕北东渡黄河天险,首先到达晋西北地区的晋绥抗日根据地。进入根据地后，电影团首先向军区领导就拍摄《延安与八路军》的内容进行汇报，贺龙、关向应及程子华等党政领导对电影拍摄大加赞赏，并给予指导和支持，贺龙指令为电影团配备马匹，以方便其行动。在为期一个月的拍摄周期中，电影团拍摄了贺龙、关向应在前线视察及120师358旅活动等镜头，随后在山西兴县、临县、岚县一带，拍摄了当地民众支援八路军作战的大量资料，还特地记录了晋西北地区民兵制造地雷、埋地雷的情况。

随后，电影团越过了雁北的崇山峻岭，穿过日军防守严密的同蒲路封锁线，进入了晋察冀边区。1939年4月，电影团一行首先来到晋察冀军区二军分区，该军分区下辖山西五台、忻县、崞县、代县、繁峙、应县、浑源、山阴等县，分区司令员兼政委赵尔陆等人接见了电影团全体人员，摄影队拍摄了抗大二分校的军事教育活动等资料。6月，电影团来到第四军分区，该军分区下辖平汉路新乐至石家庄以西、正太路石家庄至寿阳以北地区，在这里，电影团不仅拍摄了部队的活动，还记录了妇救会、儿童团、识字班及群众支援部队等素材。7月，电影团来到三军分区管辖的阜平，在这里拍摄了敌后的军工生产情况，内容涉及敌后兵工厂、机械所、被服厂的生产过程；此外还记录了群众支援前线、民兵活动等实况，其中妻子送郎参军、父母送子上战场的场面最为感人。10月，电影团来到一军分区司令部，该军区管辖着雁北、景南、平西及平汉路保定至北平以西的冀西地区，电影团在这一带工作时间较长，拍的资料较多，其中有日军在各处实行灭绝人性的"三光政策"的种种罪证。

电影团在晋察冀军区司令部时，聂荣臻司令员特别指示："白求恩大夫事迹突出，一定要很好地拍下来。"为此，电影团摄影队跟随白求恩从冀西转战冀中，前后将近两个月。与白求恩共同生活战斗的时光令负责拍摄的吴印咸终生难忘，白求恩崇高的国际主义精神、精益求精的医术、对八路军战士无比深厚的无产阶级感情、极端严肃认真负责的工作作风，令吴印咸敬佩不已。他用摄影机和照相机记录了白求恩工作的医院以及白求恩为伤员和群众治病、为部队培训急需的医务人员的场景，他拍摄的镜头成为中国电影史上极为珍贵的历史文献。

1939年12月,电影团在晋察冀根据地的拍摄工作告一段落。在袁牧之主持下,电影团摄影队在晋察冀军分区的驻地进行了小结。会上,电影团决定由袁牧之带着拍好的底片先回延安,以争取时间安排后期制片工作;同时决定,为争取时间,将电影团兵分两路:一组由吴印咸带马似友、魏起深入到根据地最艰苦的平西游击区拍摄,另一组则由李肃带领徐肖冰、吴本立到晋东南八路军总部进行拍摄。

1940年2月,李肃、徐肖冰、吴本立三人组成的摄影组通过敌人的重重封锁,来到了华北敌后抗日根据地的心脏——晋东南太行山区。电影团摄制组到达后就受到了朱德总司令、八路军野战军政治部主任傅钟、129师师长刘伯承和政委邓小平等的接见,领导们鼓励他们拍好八路军抗击敌人的画面,向国内外宣传八路军英勇形象。摄影组在八路军总部拍摄朱德总司令员、彭德怀副总司令员、罗瑞卿和左权将军以及129师师长刘伯承、政委邓小平等和指战员在前线的活动和战斗等素材。摄影组还坚持上前线进行实地拍摄。一次,影片中需要有一段表现敌后游击队活动的镜头,于是摄影师徐肖冰和通讯员在化装后,由井陉地区游击队护送到敌占区,在极度危险的情况下完成了拍摄任务。

1940年4月,电影团在前线的拍摄任务基本完成,在突破敌人重重封锁线后,摄影素材被送回了延安。

3. 电影《延安与八路军》的制作与遗失

电影团返回延安后,开始积极准备纪录片《延安与八路军》的后期制作工作。然而,受条件限制,延安并不具备影片洗印的技术条件,同时国统区不接受革命根据地和八路军的电影内容,电影后期制作陷于困境。袁牧之曾设想去香港制作,但因太平洋战争爆发,前往香港的交通已然中断。党中央在听取了袁牧之的汇报后,经商讨认为,鉴于交通运输与电影制作技术的考量,决定派遣袁牧之带着已经拍好的胶片去苏联完成后期制作;与此同时,袁牧之向党中央提出,为给电影《延安与八路军》

配乐,希望批准冼星海同志前往苏联参与影片的后期制作。1940年5月,袁牧之和冼星海启程前往莫斯科,并于当年11月到达。

到达莫斯科后,袁牧之首先通过"第三国际"的关系,将带去的全部底片送到有关部门去洗印。起初影片制作进展顺利,正当影片后期制作工作接近尾声、冼星海的音乐创作也完成的时候,令人意想不到的事件发生了,1941年6月22日,苏联卫国战争爆发,袁牧之和冼星海的工作被迫停止;而更为不幸的是,由于战时的混乱,在长期慌乱的撤退搬迁中,已基本制作好的《延安与八路军》底片不知去向。

《延安与八路军》是中国共产党历史上第一部影片,也是第一部反映延安和抗日根据地战斗生活的电影资料。电影内容丰富,详细记录了革命圣地——延安的风貌、中共中央领导的活动,革命的民主生活,陕北经济、文化事业的蓬勃发展;它还完整记录了中国共产党领导八路军和抗日根据地人民的对敌斗争,根据地民主政权的建设和经济生活,日本侵略者在中国犯下的种种罪行……这部未能完成的《延安与八路军》纪录片凝聚着全体电影人的心血,更凝聚着党对电影事业的关心、爱护和期望,其未能完成成为延安电影团永远的遗憾。但是,它开创了中国人民电影新闻纪录片的新历史,是新中国新闻纪录电影的坚实奠基。

四、山西抗日根据地影像传播的历史思考

随着科学技术的进步,影像这种艺术形式已经成为信息传播的基本方式之一,电影、电视、融媒体、短视频等领域无一例外的都以影像作为其发展基础。从表现方式上看,影像注重实景的再现和表现,从而给受众呈现出感性直观的形象;从传播效力上看,影像则在一定程度上打破了时间和空间的限制,将事件发生的瞬间记录下来,真实地呈现在传播受众面前,通过极大的信息量传输,使受众回到事发现场,这种传播效力是其他艺术形式难以比拟的。而在另一方面,影像的创作、传播及发展皆需要科学技术的支持,换言之,影像艺术的发展即是当代科技发展

的缩影。如今，我们可以随时拿出随身携带的智能手机，拍摄相关内容，发布在社交平台、短视频平台，或记录事件，或表达个人的情感。可以说，影像传播早已与现代生活融为一体。

回到山西抗日根据地的历史语境中，利用影像作为对内宣传和对敌斗争的武器，则堪称我党宣传历程中壮举。抗战初期，根据地处于物质贫乏的状态，对外要不断应对敌伪的侵扰，对内要大力发展生产、巩固根据地建设。依托山区建立的根据地缺乏开展影像实践所必需的照相机、摄影机、胶片等设备，甚至连洗印相片、制版等方面技术也不甚成熟，专业摄影人才同样缺乏，在这样的社会条件下，开展影像实践与传播无疑困难重重。然而，在党的直接关心下、在根据地领导人的支持下、在红色摄影家们不懈努力下，影像不仅在山西抗日根据地落地生根，更成了风格鲜明、内容丰富、传播力强大的宣传武器。在此过程中，党中央和各边区政府不止一次从紧张的经费中拿出大量黄金，购买摄影所必需的设备和材料，支持影像事业的发展。沙飞、罗光达、袁牧之、吴印咸、徐肖冰等一批杰出红色摄影家不惧牺牲，奋战在抗战前线，为实时记录战场场面，他们与八路军战士并肩作战，有时甚至深陷敌军围困，为更好地展现根据地风貌，他们深入群众，与民众共同劳动、共同生产。正是在多方面的合力下，才造就了我党宣传史上的奇迹。

以相机为武器、以杂志为阵地，影像传播在抗战时期发挥了重要作用。其一，最直接的作用是抗战影像唤醒了民族自信心、坚定了民众必胜的信念。例如，罗广达知名的摄影作品《太行山上》用仰视角度、逆光拍摄一位持枪的八路军战士屹立于太行山巅的身影，画面中的八路军哨兵手端装有刺刀的冲锋枪，挺胸站立、双脚分开，以一种保卫的姿态面向前方，表现出祖国领土保卫者的威严，传达着人民的抗战信念。再如，被称为人民战争思想实践"化石"的摄影作品《切断敌人供给线》，记录了民工破坏敌人铁路线的瞬间，它形象地展现了群众在人民战争中的伟大力量，是人民战争的形象化阐释。这些影像将战场的瞬间记录下来，承载了中华民族誓与日军奋战到底的英雄气概，通过传播鼓舞更多人走向前线。其二，抗战影像呈现了中国共产党在抗战中铁血奋战的中流砥柱的历史形象。例如，由徐肖冰拍摄的《彭德怀在前线》真实再现了彭德怀副总司令指挥黄崖洞保卫战的实况，画面中彭德怀足抵壕沿，背靠壕壁，手持望远镜，专注地观察着战斗进行的状况，照片将彭德怀指挥作战时镇定自若的神态淋漓尽致地展现了出来。再如，吴印咸作品《前线视察》记录了贺龙、周士第、关向应、甘泗淇在晋西北山头上观察敌情的情况，这幅照片将八路军抗日将领英姿勃发，斗志昂扬，克敌制胜于谈笑之中的风采表现得淋漓尽致，展现了抗日将领在前线的飒爽英姿，客观记录了八路军指战员铁血抗战的民族精神，通过传播获得了根据地民众以至全国人民的支持。其三，抗战影像推动了中国摄影的发展进程。在实践探索和传播中，抗战影像注重题材内容的丰富性，形成了大众化的艺术风格，同时影像以信息传播为基础，确保真实性，并注重对战斗性、民族性的宣扬，构建起特有的艺术范式，而这也为我国后续影像艺术的发展奠定了重要的基础。

　　一幅幅反映根据地建设发展的照片、一段段展现战争实景的影像，成为中国摄影史以至我党宣传史上的不朽丰碑。

结语
赓续百年：山西抗日根据地红色文化的新答卷

一、山西抗日根据地文化传播呈现"七新"样态，切实丰富了革命斗争的新路径

山西抗日根据地文化呈现出"七新"的特点：一新，新闻传播：救亡图存，开辟舆论新战场；二新，文学传播：以文化人，建构文化新秩序；三新，教育传播：启迪民智，培育革命新力量；四新，音乐传播：以音共鸣，激荡民族新旋律；五新，戏剧传播：走进大众，开辟斗争新阵地；六新，美术传播：范式嬗变，宣传革命新武器；七新，影像传播：真实再现，展示抗战新风貌。

新局势，新要求，新变化。这七个方面的新变化是在马克思列宁主义的科学指导下，经由中国共产党的领导，人民群众广泛参与，基于对优秀传统文化和先进文化的吸收、践行和创新之下逐步形成的一种符合社会发展、时代要求和人民群众实际期望的先进文化传播。

山西抗日根据地文化，首先从理论上学习和践行了马克思列宁主义，深刻领会和实践中国共产党的理论精神及其内涵。这是一种全方位、基础性、纲领性的理论储备，对于指导山西抗日根据地文化建设至关重要。因而，在山西抗日根据地文化建设中，理论建设事关全局，是重中之重。

山西抗日根据地的干部会把党中央的最新指示和要求通过不同的文化载体第一时间传达到人民群众中去，尽一切办法使其落地生根。在此过程中，文学、新闻、教育、美术、音乐、戏剧、影像等就成为理论传播的手段，通过发展和创新不同的形式，以大家喜闻乐见，易于理解的方式传递到千家万户。

通过小说、读报学习小组、春联、年画、版画、山西各地的戏剧，各级各类学校举办的学习班以及一些影像作品等多样的形式进行理论传播可以极大地调动广大干部和人民群众的积极性，获得大家的广泛参与。在山西抗日根据地文化传播过程中，众多的新的传播样态得以出现，体现了文化传播的积极性和创造性。这也从一个侧面证明了，在理论传播的过程中，不同的文化形态之间形成了一个良好的体系，相互支撑，相得益彰。

当然，我们也可以看到，在发展这些文化形态的过程中，山西抗日根据地在中国共产党的领导下紧密联系了中国优秀传统文化、山西抗日根据地的传统优秀文化，对于当地人民群众而言具有极强的适应性和融入感，对于革命工作具有深远而重大的现实意义。毕竟自己植根的土地及其上的既有文化形态是其日常生活的基础。况且这种已有文化往往具有极为优秀的品质，本身就值得学习和传承，因而新的文化建设需要基于这种文化样态进行建设，这样才会实现文化的传承与创新，而且，从根本上而言，人民群众更易于接受。

总之，山西抗日根据地文化传播以理论传播为宗旨，结合多种文化载体，构建了一个目的明确、路径多样的传播体系。在这个传播过程中，新的思想和文化样态在学习和传承既有优秀传统文化的基础上不断创新、生成。

二、深化与发展山西抗日根据地文化传播研究有利于深入理解中国共产党文化引领的旗帜作用

中国共产党人对于文化建设有着深刻的认识。这种认识不断发展，不断提升。抗战期间的文化引领是在科学、民主的基础之上，以服务军事为旨在。这是一种革命的文化形态。在这种文化形态之下，中国共产党开始构建文化，发展文化。

山西抗日根据地文化特质的产生首先在于它接受了中国共产党的文化引领，这是山西抗日根据地文化的重要底色。在这种文化引领之下，山西抗日根据地文化建设中的各方力量结合山西抗日根据地实际走入田间地头，了解百姓生活，用好文化政策，创新文化形式，服务人民，服务经济，服务军事。

中国共产党抗战时期的文化引领科学、民主，不断深化。1940年2月毛泽东同志在《新民主主义论》中指出：新民主主义的文化纲领是民族的、科学的、大众的。[1]毛泽东同志在论证民族的文化时写道："必须将马克思主义的普遍真理和中国革命的具体实践完全地恰当地统一起来，就是说，和民族的特点相结合，经过一定的民族形式，才有用处，决不能主观地公式地应用它。公式的马克思主义者，只是对于马克思主义和中国革命开玩笑，在中国革命队伍中是没有他们的位置的。中国文化应有自己的形式，这就是民族形式。民族的形式，新民主主义的内容——这就是我们今天的新文化。"[2]毛泽东同志的论述对于当时的文化建设指出了一条清晰、有力的发展路径。文化建设不能脱离根本，忘却自我。要坚定文化自信，要坚持民族特色，以民族特色为主要特征。

对于文化是科学的这一论断，毛泽东同志指出："中国现时的新文化也是从古代的旧文化发展而来，因此，我们必须尊重自己的历史，决不能隔断历史。但是这种尊重，是给历史以一定的科学的地位，是尊重

---

[1] 毛泽东选集（第二卷）[M]. 北京：人民出版社，1991，第70页—第709页。
[2] 毛泽东选集（第二卷）[M]. 北京：人民出版社，1991，第706页—第709页。

历史的辩证法的发展,而不是颂古非今,不是赞扬任何封建的毒素。"[1]文化有根有源,有来有去。要尊重事实,科学思考。要探本究源,对于不同时期的历史文化做出科学的判断,对于现有文化给予准确的定位。这种文化认知是科学的,长期的。

此外,毛泽东同志指出:"这种新民主主义的文化是大众的,因而是民主的。它应为全民族中百分之九十以上的工农劳苦民众服务,并逐渐成为他们的文化。"[2]文化传承和文化创新需要服务于时代的要求和社会实际,但是归根到底还是要服务于广大人民群众。这在共产党人的宗旨中讲得十分透彻和明了。如前备述,中国共产党在抗战时期的卓绝斗争终究是为了人民群众的幸福生活。就此,1942年毛泽东同志在《在延安文艺座谈会上的讲话》中做了极为深刻的分析。他提出:"我们的问题基本上是一个为群众的问题和一个如何为群众的问题。"[3]不同的群众有不同的问题,不同的群众有不同的需求,如何做好为人民群众服务成为文艺工作者需要面对和解决的一个实际问题。

1944年在《文化工作中的统一战线》中,毛泽东同志结合实际对于文化建设做了进一步论述。他指出:"我们的任务是联合一切可用的旧知识分子、旧艺人、旧医生,而帮助、感化和改造他们。为了改造,先要团结。只要我们做得恰当,他们是会欢迎我们的帮助的。"[4]团结为先,在新生态之下,不能完全割裂与旧有制度下的知识分子、艺人和医生等群体的联系,而是要在新文化的传播和影响下对其不断加以改造。这是中国共产党在抗战时期对于旧有体系中的文化人的一种基本的认识。这种新与旧的吸收和转化对于服务实际、服务战争,创新文化体系至关重要。

总之,山西抗日根据地文化的重要底色来源于中国共产党的引领,具有民族性、科学性、大众性的特征。这种文化坚持服务人民群众,坚持统一战线。

---

[1] 毛泽东选集(第二卷)[M]. 北京:人民出版社,1991,第707页—第708页。
[2] 毛泽东选集(第二卷)[M]. 北京:人民出版社,1991,第708页。
[3] 毛泽东选集(第二卷)[M]. 北京:人民出版社,1991,第853页。
[4] 毛泽东选集(第二卷)[M]. 北京:人民出版社,1991,第1012页。

三、深化与发展山西抗日根据地文化传播研究有利于深入理解中国共产党建党百年精神特质

习近平总书记在庆祝中国共产党成立100周年大会上的重要讲话提炼了中国共产党在百年奋斗历程中形成的伟大建党精神："坚持真理、坚守理想，践行初心、担当使命，不怕牺牲、英勇斗争，对党忠诚、不负人民。"[1]

山西抗日根据地在抗日战争的特殊时期形成了伟大的太行精神（吕梁精神）。他们是中国共产党精神谱系中重要的组成内容，是中国共产党红色文化的重要基因。通过文化传播这一路径展开对于这种精神特质的认识可以从一个侧面揭示中国共产党在百年奋斗历程中形成的伟大建党精神。

坚持真理、坚守理想。通过对抗日根据地文化传播研究，我们发现，抗日根据地的文化紧紧坚持的重中之重就是要在马克思列宁主义的指导下开展工作。这是中国共产党人怀揣着救亡图存的理想，探求真理的最终结果。对于马克思列宁主义的坚持是中国共产党人对于真理和理想的现实表现，也正是因为他们坚持真理和理想，才能带领中国人民一步一个脚印，实事求是地发展并取得今天的伟大成果。

践行初心、担当使命。在对抗日根据地文化传播的研究中，我们再次印证了中国共产党人的初心和使命，就是为中国人民谋幸福，为中华民族谋复兴。中国共产党人以人民群众的幸福生活作为自己的奋斗目标，以民族的安危作为己任。所有的理论建构、实践表现都对此做了细致的注脚。

不怕牺牲、英勇斗争。通过对山西抗日根据地文化发展的研究，我们深深地感受到了中国共产党人在与敌人的斗争中敢于牺牲、敢于斗争的革命精神。文化是革命理论和实践的重要载体，文化工作者们通过文学作品、歌曲、版画等不同的形式让我们听到和看到了太行山上、吕梁山上那些可歌可泣的英雄人物的丰功伟绩。在这些英雄中有刚刚从传统家庭

---

[1] 习近平在庆祝中国共产党成立100周年大会上的讲话[EB/OL].新华社.http://news.cyol.com/gb/articles/2021-07/01/content_n3vY3Iey9.html。

结构中获得解放的女性，有聪明、伶俐、能吃苦、能战斗的儿童团战士，也有十六七岁的年轻人……他们长久地存在于这些作品之中，让我们见识到了他们为了自己的家园、为了大家的幸福和民族的希望所做的一切。

对党忠诚、不负人民。山西抗日根据地文化传播中展现了中国共产党人对于党的忠诚。他们在优秀传统文化的滋养之下形成了明辨是非、向上向善的优秀品质。他们选择了中国共产党，就是因为在特殊时期中，他们在中国共产党的领导之中发现了希望。中国共产党以人民为中心，以服务人民为旨在的初心使得这些来自人民又服务于人民的共产党人安了心，坚决地跟党走。

由此，我们指出，深化与发展山西抗日根据地文化传播研究是深入理解中国共产党建党百年精神特质的重要路径。

四、深化与发展山西抗日根据地文化传播研究有利于深入理解和发展优秀传统文化和山西精神

文化的传承是文化生命得以延续的重要因素。诚如毛泽东同志所言，中国新文化是从古代的旧文化发展而来的，不能隔断历史，要尊重历史，给历史以一定的科学的地位。[1] 当然，山西抗日根据地文化也需要根植于优秀传统文化。

中国共产党的引领赋予了山西抗日根据地文化一种新的精神气质，使得其能够向上向善，敢于斗争。那么其所扎根的土地所蕴含的中国优秀传统文化和山西优秀传统文化则孕育了其自身的一种精神内核。这种精神内核在新的精神气质的引领和改造之下，不断焕发出新的生机，造就了品格，成就了风格，做出了实绩。山西抗日根据地文化切实做到了坚持马克思主义，坚持党的领导，以人民为中心，回应时代之需。

由此可见，对于山西抗日根据地文化的研究从一个维度让人们认识

---

[1] 毛泽东选集（第二卷）[M]. 北京：人民出版社，1991，第707页—第708页。

到优秀传统文化的力量之所在。这种优秀传统文化的传承使得干部和群众都能在既有的文化沃土上挥洒自己的血与汗，他们向上向善，为了幸福的生活，为了民族的存亡而不懈奋斗！

研究山西抗日根据地文化传播实际上也从一个侧面展现了山西红色文化，探寻了山西精神。如前备述，这种把共产党和人民群众紧紧相连、心心相系的红色文化就是山西抗日根据地文化的本质所在。在这种文化的影响之下，孕育出了伟大的太行精神（吕梁精神）。山西的新时代征程需要从山西抗日根据地文化中汲取优势资源，不断激发山西人民干事创业的激情和能耐，进一步发展山西，丰富山西文化和山西精神。

正是从这个意义上而言，深化与发展山西抗日根据地文化传播研究，深入理解和发展山西红色文化和山西精神具有重大意义。

参考文献

[1] 毛泽东选集 [M]. 北京：人民出版社，1991。

[2] 毛泽东同志论教育工作 [M]. 北京：人民教育出版社，1958。

[3] 达格芬·嘉图. 走向革命 [M]. 北京：中共党史资料出版社，1987。

[4] 习近平谈文化自信 [EB/OL]. 人民网－人民日报海外版．http：//cpc.people.com.cn/n1/2016/0713/c64094-28548844.html。

[5] 一切为了人民 一切依靠人民——习近平总书记在全国抗击新冠肺炎疫情表彰大会上的重要讲话引发热烈反响 [EB/OL]. 人民网－人民日报．http：//cpc.people.com.cn/n1/2020/0910/c64387-31855810.html。

[6] 李培林. 中国反抗日本侵略具有无可置疑的正义性 [EB/OL]. 人民网．http：//cass.cssn.cn/yuanlingdao/lingdaoyanlun/201508/t20150828_2140082.html。

[7] 毛泽东给中央妇委的指示信（1940年2月8日）[N]. 人民日报，1977-9-22。

[8] 聂荣臻军事文选 [M]. 解放军出版社，1992。

[9] 老解放区教育资料 [M]. 北京：北京教育科学出版社，1986。

[10] 高平文史资料（第一辑）[M].1986。

[11] 习近平在庆祝中国共产党成立100周年大会上的讲话 [EB/OL]. 新华社．http：//news.cyol.com/gb/articles/2021-07/01/content_n3vY3Iey9.html。

[12] 乔傲龙.《晋绥日报》与边区社会文化动员研究[D].山西大学博士学位论文,2019。

[13] 中共党史资料征集委员会编.第二次国共合作的形成[M].北京:中共党史资料出版社,1989。

[14] 薄一波.七十年奋斗与思考(上卷《战争岁月》)[M].北京:中共党史资料出版社,1996。

[15] 杨奎松.阎锡山与共产党在山西农村的较力——侧重于抗战爆发前后双方在晋东南关系变动的考察[J].抗日战争研究,2015(01)。

[16] 胡服(刘少奇)1937年10月致朱德、彭德怀、任弼时电.转引自:王生甫,任惠媛.牺盟会史[M].太原:山西人民出版社,1987。

[17] 牛荫冠.山西牺牲救国同盟会纪略[J].山西文史资料,2015。

[18] 段云,赵继昌,郭维真,严尚林,冯摇梧.抗战初期的战地总动员委员会——华北敌后模范的统一战线组织[N].人民日报,1986-11-2。

[19] 王生甫,任惠媛.牺盟会史[M].太原:山西人民出版社,1987。

[20] 第二战区战地总动员委员会.战地总动员:民族革命战争战地总动员委员会斗争史实[上册](根据1939年十月影印本重印)[M].山西人民出版社,1986。

[21] 邵挺军.抗战时期山西报刊简介[J].新闻研究资料,1985(4)。

[22] 穆欣.抗日烽火中的中国报业[M].重庆:重庆出版社,1992。

[23] 张赛周.走上新闻工作之路——在太岳区从事新闻工作的回忆[内部资料].太岳新闻史编辑委员会,山西日报新闻研究所.太岳新闻史料选(第五辑),1987(5)。

[24] 晋察冀日报史研究会.晋察冀日报史[M].北京:人民出版社,1983。

[25] 河北省新闻出版局出版史志编委会,山西省新闻出版局出版史志编委会.中国共产党晋察冀边区出版史[M].石家庄:河北人民出版社,1991。

[26] 陈浚. 华北敌后战旗[M]. 太行新闻史学会印, 1990.

[27] 刘江, 鲁兮. 太行新闻史料汇编[M]. 太原: 太行新闻史学会编印, 1994.

[28] 山西日报新闻研究所. 战斗的号角[M]. 太原: 山西人民出版社, 1985.

[29] 李野. 怎样编一个战斗性的地方报纸[N]. 新华日报（华北版）, 1939-1-13.

[30] 杨尚昆. 阅读推销党报应当是每个党员的责任——为《新华日报》华北版一周年纪念作[N]. 新华日报（华北版）, 1940-1-1.

[31] 中共晋冀豫区委对党报的决定（1938年8月1日）[J]. 战斗, 1938(4).

[32] 关于胜利报（1940年9月20日）[J]. 战斗, 1940(42), 第10页.

[33] 毛泽东新闻工作文选[M]. 北京: 新华出版社, 1983.

[34] 陆定一. 晋察冀边区粉碎敌人进攻的几个重要经验[M]. 陆定一文集. 北京: 人民出版社, 1992.

[35] 穆欣. 抗烽火中的中国报业[M]. 重庆: 重庆出版社, 1992.

[36] 曲咏善. 民革通讯社史略[M]. 山西文史资料, 1986(6).

[37] 万京华. 抗战时期中共通讯社事业发展研究[J]. 现代传播（中国传媒大学学报）, 2015, 37(11).

[38] 丁淦林等. 中国新闻事业史新编[M]. 成都: 四川人民出版社, 1998.

[39] 张全盛, 魏卞梅. 日本侵晋纪实[M]. 太原: 山西人民出版社, 1992.

[40] 邓小平. 胜利的回顾与胜利的期待[N]. 新华日报（华北版）, 1941-1-1.

[41] 中共中央宣传部办公厅等. 中国共产党宣传工作文献选编（1937-1949）[M]. 北京: 学习出版社, 1996.

[42] 陈春森口述，陈华整理．从《晋察冀日报》到《人民日报》．人民网读书频道（http：//book.people.com.cn），2012-12-28。

[43] 胡也，邵挺军．紧张、艰苦、愉快的报人生活[M].《晋绥日报简史》编委会编著；阮迪民，杨效农执笔：《晋绥日报》简史．重庆：重庆出版社，1992。

[44] 爱泼斯坦．回忆美国对中国抗日战争的报道[J].新闻记者，1985(9)。

[45] 社论．送别盟邦记者团诸先生[N].抗战日报，1944-10-25。

[46] 张磐石．反省一下党报的建设过程[N].新华日报(太行版)，1945-1-1。

[47] 甘惜分．忘记过去，就意味着背叛[M].山西日报新闻研究所．战斗的号角——从《抗战日报》到《晋绥日报》的回忆．太原：山西人民出版社，1985。

[48] 中共山西省委党史研究室．太岳革命根据地简史[M].北京：人民出版社，1993。

[49] 太行革命根据地史总编委会．太行革命根据地史稿(1937-1949)[M].太原：山西人民出版社，1987。

[50] 群众热烈要求提高文化，各地冬学广泛开展，已创造出许多优良学习方式[N].抗战日报，1944-12-21。

[51] 穆欣．晋绥解放区鸟瞰[M].太原：山西人民出版社，1984。

[52] 穆欣．华北报业巡礼——一年来的华北新闻界[N].新华日报，1943-5-28。

[53] 社论．油印报纸的方向问题[N].抗战日报，1945-7-22。

[54] 苏光文．论抗战文学的历史地位[J].西南师范大学学报(哲学社会科学版)，1995(3)。

[55] 乔傲龙．《晋绥日报》与边区社会文化动员研究[D].山西大学，2019。

[56] 章兴鸣.符号生产与社会秩序再生产——布迪厄符号权力理论的政治传播意蕴[J].湖北社会科学,2008(9)。

[57] 窦晓慧.山西抗日根据地社会动员研究[D].太原科技大学,2017。

[58] 邱宝林.新世纪中国青年导演电影话语建构图景与传播逻辑[D].上海大学,2012。

[59] 张文诺.文学大众化与解放区小说[D].兰州大学,2011。

[60] [德]于尔根·奥斯特哈默.中国革命:1925年5月30日,上海[M].北京:社会科学文献出版社,2017。

[61] 史群.我们戏剧运动的方向[N].新华日报(华北版),1939-2-27。

[62] 巩廓如.戏剧组讨论概况[N].文教大会纪念特刊。

[63] 杨丽珺.山西抗日根据地传媒文化特点研究[D].山西大学,2007。

[64] 闻一多.时代的鼓手——读田间的诗[A].闻一多全集(第3卷),上海:开明书店,1948。

[65] 艾青.开展街头诗运动:为《街头诗》创刊而写[N].解放日报,1942-9-27。

[66] 王美红.论1940—1942年间山西抗日根据地文学传播的特征[J].名作欣赏,2020(2)。

[67] 牛荣雁.晋西北抗日根据地文化建设研究[D].山西师范大学,2014。

[68] 张晓兰.红色文化凝聚中华魂——从几部典型作品看山西抗日根据地文化建设[J].党史文汇,2015(10)。

[69] 王谦.晋察冀边区教育资料选编[M].石家庄:河北教育出版社,1990。

[70] 李田定.太岳革命根据地教育简史[M].太原:山西经济出版社,

2002。

[71] 刘淑珍．晋西北抗日根据地教育简史 [M]．成都：四川教育出版社，2000。

[72] 皇甫束玉．中国革命根据地教育纪事 [M]．北京：教育科学出版社，1989。

[73] 陶行知．陶行知全集（第 2 卷）[M]．成都：四川教育出版社，1991。

[74] 张国祥．山西抗战史纲 [M]．太原：山西人民出版社，2005。

[75] 齐心在抗大生活的日子 [EB/OL]．中国共产党历史网．http：//news.12371.cn/2015/09/23/ARTI1442957072123763.shtml 。

[76] 何磊．延安时期怎样进行党的干部教育 [J]．群众，2019（6）。

[77] 彭真．关于晋察冀边区党的工作和具体政策报告 [M]．北京：中共中央党校出版社，1981。

[78] 原总政治部干部部．中国人民解放军干部工作历史文献选编（第 1 卷）[M]．北京：解放军出版社．2004。

[79] 晋绥分局关于一九四五年冬学工作的指示 [Z]．山西省档案馆馆藏资料。

[80] 董纯才，张腾霄，皇甫束玉．中国革命根据地教育史（第 2 卷）[M]．北京：教育科学出版社，1991。

[81] 李醒悟，李培渊．偏关城关"小先生"教学新方式 [N]．晋绥日报，1945-6-25（2）。

[82] 中央教育科学研究所．老解放区教育资料：抗日战争时期 [M]．北京：教育科学出版社，1986。

[83] 关于边区冬学运动总结 1939—1940（中共晋察冀边区党委）[Z]．河北省国家档案馆藏资料。

[84] 王用斌等．晋察冀边区教育资料选编（续集）[M]．北京：北京师范大学出版社，1991。

[85] 费正清．美国与中国 [M]．北京：世界知识出版社，2008。

[86] 晋察冀抗日根据地第二册（回忆录选编）[M]．北京：中共党史出版社，1990。

[87] 张志伟，栾雪飞．抗战时期中共根据地教育政策述论 [J]．史学集刊，2012（11）。

[88] 朱德．朱德选集 [M]．北京：人民出版社，1983（9）。

[89] 彭吉象．艺术学概论 [M]．北京：高等教育出版社，2019。

[90] 薛首中．山西音乐史 [M]．太原：山西教育出版社，2017。

[91] 山西省文学艺术工作者联合会编．山西文艺史料 [M]．太原：山西人民出版社，1959。

[92] 李雯煜．中国左翼音乐运动研究 [D]．江西：南昌大学艺术与设计学院，2016。

[93] 刘谷．晋察冀革命文化艺术发展史 [M]．北京：中国戏剧出版社，2007。

[94] 陈志昂．抗战音乐史 [M]．济南：黄河出版社，2005。

[95] 董长熙．民族之魂 [M]．黎城县八路军文化研究会、黎城县档案局．黎城：黎城印刷有限公司，2017。

[96] 中国民间歌曲集成全国编辑委员会编．中国民间歌曲集成．山西卷 [M]．北京：人民音乐出版社．1990。

[97] 班成蔗．我怎样到边区来的 [N]．太岳日报，1942-4-15。

[98] 崔元和．晋冀鲁豫边区文艺史 [M]．济南：山东文化音像出版社，1999。

[99] 武永虎．抗战时期的太行歌谣 [J]．山西革命根据地，1985（4）。

[100] 谈《十二把镰刀》与《治病》的演出 [N]．抗战日报，1942。

[101] 刘良模．忆抗日救亡歌咏运动 [J]．人民音乐，1980(6)。

[102] 王剑青，冯健男．晋察冀文艺史 [M]．北京：中国文联出版公司，1989。

[103] 山西省文化政策研究中心. 山西革命文艺史 [M]. 太原：山西出版传媒集团三晋出版社，2017。

[104] 河津县志编纂委员会. 河津县志 [M]. 太原：山西人民出版社，1989，第 378 页。

[105] 李斌. 繁峙县志 [M]. 北京：今日中国出版社，1995。

[106] 严梦. 开展文化工作——写给抗战日报一周年 [N]. 抗战日报，1940-9-18。

[107] 佚名. 中华全国歌咏协会宣言 [J]. 战歌，1938(6)。

[108] 于冰. 晋察冀抗日根据地文艺社团及其音乐创作活动研究 [D]. 沈阳音乐学院，2010。

[109] 太行区剧团概况 [G]. 山西文艺资料（第一辑）. 太原：山西人民出版社，1959。

[110] 兴县革命史编写组. 兴县革命史 [M]. 太原：山西人民出版社，1985。

[111] 凤林. 蒲阁寨民兵演剧队 [N]. 抗战日报，1944-12-13。

[112] 古县志编纂委员会. 古县志 [M]. 西安：陕西人民出版社，2001。

[113] 河曲县志编纂委员会. 河曲县志 [M]. 北京：中华书局出版社，1989。

[114] 中国山西省委党史办公室. 山西革命根据地文化建设专题研究（第四辑）[M]. 北京：中共党史出版社，2018。

[115] 赵世元. 左权县志 [M]. 北京：高等教育出版社，1999。

[116] 晋察冀文艺研究会. 文艺战士话当年 [M]. 北京：文化艺术出版社，1989。

[117] 寿阳县志编纂委员会. 寿阳县志 [M]. 太原：山西人民出版社，1989。

[118] 田间. 庆祝边区首届艺术节 [J]. 抗敌报，1940-11-4。

[119] 新年乐 [M]. 山西：韬奋书店，1945(1)。

[120] 陈毅. 陈毅诗词选集 [M]. 北京：人民文学出版社，1977。

[121] 傅谨.20世纪中国戏剧史 [M]. 北京：中国社会科学出版社，2016。

[122] 田本相. 中国文化艺术丛书·中国话剧 [M]. 北京：文化艺术出版社，1999。

[123] 《当代中国戏曲》丛书编辑部. 当代中国戏曲 [M]. 北京：当代中国出版社，1994。

[124] 晋察冀革命文化史料征集协作组. 晋察冀革命文化艺术大事记 [M]. 石家庄：花山文艺出版社，1998。

[125] 刘增杰等. 中国解放区文学史 [M]. 郑州：河南大学出版社，1988。

[126] 边区戏剧运动的总方向 [N]. 抗敌报，1939-9-1(副刊)。

[127] 朴星潼. 当代运动与艺术潮流（世界戏剧简述卷）[M]. 长春：吉林出版集团有限责任公司，2015。

[128] 盛巽昌. 毛泽东与戏曲文化 [M]. 南宁：广西人民出版社，1998。

[129] 艾克恩. 延安文艺运动纪盛 [M]. 北京：文化艺术出版社，1987。

[130] 亦文，齐荣晋. 山西革命根据地文艺运动史稿 [M]. 太原：山西人民出版社，1989。

[131] 张庚. 论边区戏剧运动和戏剧的技术教育 [N]. 解放日报，1942-9-11。

[132] 李准，丁振海. 毛泽东文艺思想全书 [M]. 长春：吉林人民出版社，1992。

[133] 一田. 聂司令员和艺术工作者们的谈话——一九四〇年十一月十日在军区司令部 [J]. 晋察冀艺术，1941(5)。

[134] 肖秦.关于戏剧工作的几点意见[N].抗敌日报,1946-5-13。

[135] 崔嵬.迎接困难和克服困难[N].晋察冀日报,1941-1-22。

[136] 沙可夫.向高尔基学习——祝《母亲》二次公演[N].晋察冀日报,1941-1-22。

[137] 戈红.演大戏和开展农村戏剧运动[N].新华日报(华北版),1941-8-7。

[138] 赵冠琪.聂司令员在第二届艺术节大会上的演讲[J].晋察冀艺术,1941-7-16。

[139] 刘运辉,谭宁佑.沙可夫诗文选[M].北京:文化艺术出版社,1990。

[140] 胡苏执笔.《母亲》《婚事》《日出》——三大名剧演出之后[N].晋察冀日报,1941-2-6。

[141] 习近平在文艺座谈会上的讲话[N].人民日报,2014-10-15。

[142] [德]莱辛著,朱光潜译.拉奥孔[M].北京:人民文学出版社,1979。

[143] 日本防卫厅战史室编,天津市政协编译组译.华北治安战[M].天津:天津人民出版社,1982。

[144] 谢嘉.日本侵略华北罪行档案10——文化侵略[M].石家庄:河北人民出版社,2005。

[145] 民族总动员委员会.战地总动员[M].太原:山西人民出版社,1986。

[146] 李桦,李树声,马克.中国新兴版画运动五十年[M].沈阳:辽宁美术出版社,1982。

[147] 胡一川.回忆鲁艺木刻工作团在敌后[J].美术,1961(4)。

[148] 王元培.延安鲁艺风云录[M].南宁:广西师范大学出版社,2004。

[149] 罗工柳.鲁艺木刻工作团在敌后方[J].版画,1960(23)。

[150] 胡一川．红色艺术现场胡一川日记（1937—1949）[M]．长沙：湖南美术出版社，2010。

[151] 彦涵．谈谈延安—太行山—延安的木刻活动 [J]．美术研究，1999(3)。

[152] 胡蛮．抗战以来的美术运动 [J]．中国文艺，1941。

[153] 吴星辰．浅谈《新华日报》华北版的战时舆论宣传策略 [J]．采与编，2016(5)。

[154] 山西省出版史志编纂委员会，内蒙古《晋绥边区出版史》编委会．晋绥边区出版史 [M]．太原：山西人民出版社，1997。

[155] 彦涵．忆太行山抗日根据地的年画和木刻活动 [J]．美术，1957(3)。

[156] 罗工柳．生活源泉与民族形式——谈延安木刻工作团的创作经验 [J]．美术研究，1980(2)。

[157] 山西革命根据地 [Z]．山西省档案馆馆藏资料。

[158] 徐灵．战斗的年画——回忆晋察冀抗日根据地的年画创作活动 [J]．美术，1957(3)。

[159] 李公朴．华北敌后——晋察冀 [M]．北京：生活·读书·新知三联书店，1979。

[160] 白炎．彦涵传 [M]．长春：吉林美术出版社，1993。

[161] 王学辉．世纪回望——山西百年美术文献 [M]．太原：山西人民出版社，2018。

[162] 陈申，谢建国．中国影像史（第二卷）[M]．北京：中国摄影出版社，2014。

[163] 申亚雪．晚清灵石杨氏家族学术活动研究 [D]．山西大学，2019。

[164] 蒋齐生，舒宗侨，顾棣．中国摄影史[M]．北京:中国摄影出版社，1998。

[165] 中央档案馆. 中共中央文件选集（第五册）[M]. 北京：中共中央党校出版社，1983。

[166] 司苏实. 沙飞和他的战友们[M]. 北京：新华出版社，2012。

[167] 顾棣，方伟. 中国解放区摄影史略[M]. 太原：山西人民出版社，1989。

致谢

　　三年来，团队成员同心共济、困知勉行，不畏苦累而深入田野，力学笃行而埋身史料，终于迎来了《山西抗日根据地文化传播研究》丛书的顺利完稿。作为阶段性成果，本丛书为山西抗日根据地文化传播的研究拾遗补阙，丰厚了相关领域的研究。如今付梓之际，感慨良多，一路走来的点点滴滴仍历历在目，感佩之情油然而生。

　　丛书的写作，得到了山西传媒学院各级领导的鼎力支持。党委书记吴刚同志、院长李伟博士多次过问丛书的写作情况，他们不仅关心团队的组建，给予经费的支持，更在写作的过程中提出了诸多宝贵的意见和建议。副书记刘锐同志、副院长郭卫东教授、王红叶教授以及校办、党委宣传部、科研部、财务部、文创中心的各位领导倾心尽力，为本书的完成提供了良好的研究环境和写作条件。丛书能在短短三年多的时间内完成，实与他们的大力支持密不可分。

　　丛书的研讨，得到了很多专家学者的前沿引领与热忱协助。他们倾囊相授，不厌其烦地答疑解惑，不仅使团队成员获益匪浅，团队整体的知识结构也得到了不同程度的更新和提升。特别是南京大学李玉教授和山西大学郝平教授曾多次亲临中心，与团队成员数次展开多维度的研讨和交流，他们学术上的通达与精湛、待人接物中的热诚与耿介，至今仍令我感念在怀、没齿难忘。

　　丛书的出版，得到了山西省委宣传部领导的倾力相助。自三年前丛书写作伊始，选题就被省委宣传部组织的专家充分肯定，并荣幸入选重点选题库。三年来，骞进同志无时无刻不关心着丛书的进展，在其频频的过问与敦促中，书稿的写作得以稳步向前推进。连军同志从写作计划的铺陈到整体结构的搭建，从概念的提出到个中观点的再阐释，以及材料的挖掘与素材的运用方面，都无私地贡献了自己的知识与智慧。郭红萍同志则在丛书的写作进度与写作质量方面严格把关，在其督促和勉励下，我们才得以在如此短时间内保质保量完成任务。丛书从立项至出版，离不开三位孜孜的照拂，每每想起，不胜感激。

丛书的完成，凝结着整个团队艰辛的付出和勤劳的汗水，是年轻血液敢于担当、勇于挑战、协同创新的具体实践成果。团队中，大部分成员都是首次接触著书这一工作，能够想象，在一摞摞书稿背后，是他们披星戴月、埋头苦干的执着与勤勉。而团队浓厚的学术氛围、不同学科之间的相互碰撞，以及成员对于学术的苦心钻研，都永远地成为我们在探索真理与求知道路上稳健的精神动力。

丛书的付梓，得到了山西人民出版社领导的不懈关注和用心扶持。社长姚军同志从选题开始就对丛书给予重视，连续三年不遗余力地反复申报。责编张慧兵同志多次亲临中心与作者沟通指导，在书稿交付后精心编排，使丛书增辉不少。他们展现出的专业精神令人钦佩，丛书的顺利付梓集结了他们的智慧和心血。

山西抗日根据地文化传播史的研究，承载着厚实的历史信息与丰硕的文化内涵，更深层次的学术研究仍有待进一步的发掘，前面还有更长的求索之路需要我们砥砺前行。真诚希望各级领导和专家学者对团队下一步的研究给予更多的鼓励和扶助。在此，我谨代表团队全体，对曾支持、指导和关心过我们的所有人表示衷心的感谢。在研究撰写过程中，还参考引用了国内外大量档案资料和近年来许多专家学者的研究成果，在此一并表示诚挚的谢意。

山西传媒学院文创中心
张汉静
二〇二一年十月十八日